绿色新政

大国崛起的软实力

连玉明◎主编

中信出版集团 · CHINA**CITIC**PRESS · 北京

图书在版编目（CIP）数据

绿色新政 / 连玉明主编. —北京：中信出版社，2015.6
ISBN 978-7-5086-5276-4
I. ①绿… II. ①连… III. ①中国经济－绿色经济－研究 IV. ①F124.5
中国版本图书馆CIP数据核字（2015）第117706号

绿色新政

主　　编：连玉明
策划推广：中信出版社（China CITIC Press）
出版发行：中信出版集团股份有限公司
（北京市朝阳区惠新东街甲4号富盛大厦2座　邮编　100029）
（CITIC Publishing Group）
承 印 者：北京楠萍印刷有限公司

开　　本：880mm×1230mm 1/32　印　　张：10.5　字　　数：242千字
版　　次：2015年6月第1版　印　　次：2015年8月第2次印刷
广告经营许可证：京朝工商广字第8087号
书　　号：ISBN 978-7-5086-5276-4 / F · 3403
定　　价：55.00元

服务热线：010-84849555　服务传真：010-84849000
投稿邮箱：author@citicpub.com

生态文明智库报告编委会

目　录>>>

第二篇　“贵阳指数”：中国生态文明风向标

第四章　对中国生态文明的一次“体检”

第五章　生态“金三角”：生活观、生产力和生态美

第六章　贵阳指数告诉我们什么

第三篇 生态之美：转型中国的绿色重建

第七章 生态治理体系和治理能力数据比较

第八章 绿色GDP引领新常态

第九章 新型城镇化的绿色愿景

第四篇　点绿成金：绿色新政的中国样本

第十章　浙江：绿水青山就是金山银山

第十一章　福建：中国最"绿"省的生态示范

第十二章　贵州：精美的石头会唱歌

第五篇　《贵阳共识》：为中国赢得生态话语权

第十三章　凝聚生态文明新共识，传递绿色中国好声音

生态的觉醒和文明的转型

“天人关系”是人类生存与发展的永恒主题，“天人合一”是关于人与自然关系的至高理想。进入工业文明之后的300多年，“人类中心主义”膨胀了人类掠夺和索取的欲望，让自然资源与生态环境过度消耗，远远超出了其承载和自我修复的能力。面对不断爆发的雾霾天、水污染、荒漠化等生态灾难与生存危机，人类开始反思自己的行为，开始思考文明的转型。从半个多世纪前《寂静的春天》的启蒙，到1992年联合国环境与发展大会正式通过《里约环境与发展宣言》《21世纪议程》等，“可持续发展”逐渐成为全球共识，“迈向人类命运共同体”成为我们向世界、向未来做出的最美好的许诺。

“生态兴则文明兴，生态衰则文明衰。”生态文明绝不仅仅是一个技术上的急就章，更不是穷途末路的救命稻草。它首次让东西文明的平等互视成为可能，预示着一场深刻的文明转型，是继农耕文明、工业文明之后世界文明形态的一次新飞跃。生态文明建设需要一场全方位、系统性的绿色变革，其出发点和检验标志就是经济社会的增长不以自然资本的高消耗为代价，并在此基础上探索和推动“生态系统的生产总值”替代“国民生产总值”。对于中国来说，要改变长期以来单纯追求经济增长速度的发展思路，通过“五位一体”的发展目标和发展路径，以更温和的可持续增长速度和方式，对环境、生态、资源的可持续利用和保护，进而推动绿色布局、绿色生产、绿色生活、绿色思想、绿色共享等的重构。从生态文明临界点到转折点，“绿色化”是一个新起点，是中国面向“十三五”发展的基本议程。同时，实施“绿色化”发展战略，还必须弘扬生态文明主流价值观，把生态文明纳入核心价值体系，围绕迈向人类命运共同体，让绿色化指导现代化，让生态观指导政绩观，真正形成人人、事事、时时崇尚生态文明的社会新风尚，为生态文明建设奠定坚实的社会、群众基础。

常言道，念念不忘，必有回响。无论是作为全国第一个生态文明先行示范区的福建，还是生态系统最富集的浙江和贵州等，都已经成为中国生态文明建设的重要增长极、生态文明建设的引领者、美丽经济的受益者。2015年是生态文明贵阳国际论坛举办的第七个年头。7年来，生态文明贵阳国际论坛围绕绿色发展和产业转型、和谐社会和包容发展、生态安全和环境治理、生态价值和全球治理，发出了生态文明的中国好声音；围绕气候变化，绿色城镇化，绿色产业、可持续发展，包容性社会、绿色消费与价值观，全球绿色发展新议程与国际合作，提供了大量生态环境紧迫问题的解决案例。贵州，也因此成为中国生态文明最早的觉醒者，成为中国生态文明建设的一个价值标杆。在生态文明贵阳国际论坛2015年会即将召开之际，这部《绿色新政》的出版正合时宜。它紧紧围绕生态文明“贵阳指数”

这一生态文明的创新性指标，立体化、深层次探讨了生态文明转型和生态文化重构这一重大课题，突出新议程、新常态、新行动，围绕走向生态文明新时代，展现了一种生态文明的理论自信和生态文明历史责任的唤醒。

在纽约联合国总部中国厅，悬挂着两幅中国绘画作品——《互动的世界》和《共同的家园》。联合国秘书长潘基文评价，这两幅画折射出中国在世界和平发展中的重要作用。是的，守护我们共同的家园，不仅需要理念倡导者，更需要负责任、有担当的实践者。中国在世界生态文明转型的道路上一直发挥着引领作用。目前，中国已经将生态文明纳入国家"五位一体"战略总体布局，生态文明已上升到关系人民福祉，关乎民族未来，事关"两个一百年"奋斗目标和中华民族伟大复兴中国梦的实现的高度。国家主席习近平在各类场合有关生态文明的讲话、论述、批示已经超过 60 多次。"绿水青山就是金山银山""两条底线""APEC 蓝"等"习式生态词汇"引发社会广泛共鸣。2013 年 3 月，中国国家主席习近平在莫斯科国际关系学院的演讲，第一次向世界传递了对人类文明走向的中国判断，在世界范围内产生了积极的影响。

有史以来，人类文明一共有 26 种文明，但是 25 种文明的消亡并不是由于政府的腐败衰弱或人民的无力造成的，恰恰都是因为生态系统遭到破坏。生态文明是迄今为止人类文明的最高级形态和最高级阶段。作为一种文明的转型，必定带来生产方式、生活方式、思维方式、价值观念特别是国家战略的深刻变革和调整。我们要着眼 2015 全球气候大会，在更高层面布局和推动国家气候战略，更积极地参与国际话语体系的重构，参与人类发展趋势风向标的重建，参与全球生态议事日程和规则的重定。中国的崛起不仅是富强的崛起，也同时是生态文明的崛起。要全面推动国家生态治理体系和生态治理能力现代化，让生态文明成为大国崛起的软实力和国际竞争的新优势，在世界生态文明话语体系的重构中发出更多中国好声音。

章新胜

世界自然保护联盟主席

生态文明贵阳国际论坛秘书长

2015 年 6 月 6 日

导　论

绿色化引领中国经济新常态

20 世纪什么最重要？人才！ 21 世纪什么最重要？生态！

2015 年 4 月 25 日发布的中共中央国务院《关于加快推进生态文明建设的意见》第一句话就开宗明义指出：生态文明建设是中国特色社会主义事业的重要内容，关系人民福祉，关乎民族未来，事关“两个一百年”奋斗目标和中华民族伟大复兴中国梦的实现。体现了中央对生态文明建设的高度重视，反映了推进生态文明建设的极端重要性和紧迫性。

中国经济正在进入新常态。这个新常态最突出的一个特征，就是经济发展正从拼资源向低碳转变，从要金山银山向要绿水青山转变。与此同时，老百姓也开始从“盼温饱”发展到“盼环保”，从“求生存”升级为“求生态”，这种转变是一种理念的转变，一种思想的转变，一种价值的转变。

认识经济新常态，树立绿色新理念

绿色化是新常态下经济发展的新动力，是中国经济转型升级的新引擎，是稳增长、促改革、转方式、调结构、惠民生的新战略。绿色化是生态文明建设重要标志，而生态文明建设不仅仅局限于“种草种树”、“末端治理”，更是发展理念、发展方式的根本转变，涉及经济、政治、文化、社会建设方方面面，并与生产力布局、空间格局、产业结构、生产方式、生活方式，以及价值理念、制度体制紧密相关，是一项全面而系统的工程，是一场全方位、系统性的绿色变革。绿色化不仅表现为生态系统的自然本性，而且体现在人的精神世界，即把绿色的理念、价值观，内化为人的绿色素养，外化为人的绿色行为。“绿色化”是一种社会价值取向，要把生态文明纳入社会主义核心价值体系，把生态意识上升为全民意识、主流意识，倡导生态道德、生态伦理和生态行为，提倡生态良心、生态正义和生态义务，形成人人、事事、时时崇尚生态文明的社会新风尚，为生态文明建设奠定坚实的社会、群众基础。

适应经济新常态，打造绿色新引擎

应对经济下滑、走出经济低谷，加快转方式调结构，绿色发展是前提，绿色新政是保障。绿色发展是绿色化在发展模式上的体现，强调经济活动和结果的绿色化。绿色化是绿色发展在价值观念上的升华，强调经济趋势和路径的绿色发展。全面推进“绿色化”，必须把生态文明的“绿色芯片”植入中国经济“升级版”，必须用生态文明的“绿色引擎”激发中国经济“新动力”。所有政策制定的出发点，都要关注“求生态”、“盼环保”这个转变的大环境、大趋势，所有措施推进的落脚点，都要聚焦人民群众对干净水质、绿色食品、清新空气、优美环境等生态的迫切需求。生态文明开启绿色低碳增长时代。这是一场执政理念和方式的绿色变革，是一场绿色政治动员，它廓清困顿和迷茫，展现出基于崭新政治认知与政治共识的切实行动。

引领经济新常态，澎湃绿色新跨越

生态文明建设是当前中国最大的政治，“百姓富”与“生态美”是生态文明的最高境界。绿水青山贫穷落后不行，殷实富裕环境恶化也不行。用绿色化引领经济新常态，就是要结束传统的以要素和投资驱动、以追求规模和速度求发展的时代，淘汰高耗能、高排放、高污染的旧行业，以创新驱动引领，以绿色、循环、低碳支撑。绿色发展需要绿色技术支撑，绿色技术创新成为重要的驱动源泉。人类社会正从工业时代、信息时代大踏步迈向大数据时代（DT时代），大众创业、万众创新正在解构和重构传统的利益格局，正在推动和形成中国经济的再平衡，这为生态文明和绿色化提供了前所未有的机遇和条件。放眼未来，包括云计算、大数据等在内的产业的发展，代表了绿色化产业发展的大趋势和风向标。中国要跟上时代的步伐，发展低污染的生态经济，将人与自然之间的物质变换受阻转换为物质变换顺畅，加快中国经济的绿色化跨越和转型。

绿色化为生态文明建设插上腾飞的翅膀，为中国经济升级版打开新的空间与想象。但同时，作为一场利益格局的调整，绿色化与生态文明将面对比触动灵魂还大的挑战。纵然有党中央、国务院对生态文明建设的高度重视，纵然有从中央到地方的一系列重大决策部署，但总体上看，中国生态文明建设水平仍滞后于经济社会发展。资源约束趋紧，环境污染严重，生态系统退化，发展与人口资源环境之间的矛盾日益突出，已成为经济社会可持续发展的重大瓶颈制约。与此同时，“东家污染，西家埋单”依然存在，“宁交罚款，不治污染”屡有发生，对生态“说起来重要，做起来次要”的态度还十分普遍。如此种种，都是生态文明建设道路上的拦路虎、绊脚石，必须移除。法治化和制度化，是美丽中国得以实现的制度轨道。生态文明建设不仅是一场关乎产业结构和生产方式调整的经济变革，也是一次行为模式、生活方式和价值观念的“绿色革命”。实现这样的根本性变革，必须从健全法律法规、完善标准体系做起，按照国家生态治理体系和生态治理能力现代化的要求，着力破解制约生态文明建设的体制机制障碍，筑起“制度屏障”，加固“法治堤坝”。只有最全面的制度和法律，才能遏制种种基于利益冲动的对环境生态的破坏，更好地守护我们共同的家园。

第一篇 绿色价值：生态文化与中国价值观

第一章　穹顶之忧

“世界上最遥远的距离不是生与死，而是我拉着你的手，却见不着你的脸”，“遛狗不见狗，狗绳提在手，见绳不见手，狗叫我才走”……近几年，各类关于雾霾天气的调侃段子在网上广泛流传。这些段子对雾霾的描述虽然有加工夸张的成分，但在一定程度上也形象地反映了雾霾对人们生产、生活的影响。

2013 年 1 月，中国中东部地区的雾霾天气明显增多，成为日益突出的生态环境问题。特别是 2013 年 2 月 20~26 日的雾霾天气，持续了整整一星期的时间，波及中东部大部分的地区，覆盖面积达 143 万平方千米。其中，重雾霾地区为 81 万平方千米，北京、天津、济南、郑州、石家庄等城市都在其笼罩之下，这次雾霾成为我国有记录以来最大规模的雾霾天气。相关报告显示，在中国最大的 500 个城市中，仅有不到 1%的城市达到了世界卫生组织推荐空气质量标准。更为严重的是，世界上污染最严重的 10 个城市中，就有 7 个是在中国。

到了 2014 年，全国 300 多个地级以上城市中，仍有 80% 未达到国家空气质量二级标准。长三角、珠三角，特别是京津冀地区，大面积雾霾频繁发生，引起社会各界和新闻媒体的高度关注。正确认识雾霾，并采取行之有效的行动来应对，成为当前摆在每一个国人面前最紧迫、最重要、最艰巨的任务。

气候变化及生态安全

气候变化及其负面影响是全人类的共同关切和 21 世纪最大的全球挑战之一。雾霾，以及雾霾背后所预示的一个国家正在和将要面对的巨大生态安全危机是所有这些挑战的重中之重。这种挑战对于面临经济社会发展和消除贫困等多重任务的中国来说，意义尤其不同。

雾霾是对生态安全的一记警钟

环境是人类赖以生存的根本，生态系统为人类的生产、生活提供了必不可少的生命维护系统和最基本的物质资源，人类的文明史就是一部生态系统的演变史。但越来越频发的雾霾天气，不仅严重危害到人们的健康，同时也给环境、气候、经济等方面造成明显的负面影响。雾霾，是对生态安全的一记警钟。

雾霾的主要成分是空气中的气态污染物和固体颗粒物，是人们从事生产、生活活动直接排放到空气中的污染物，以及经过光化学反应形成的二次污染物，包括黑炭、有机碳、硝酸盐、硫酸盐、地面扬尘、建筑尘等固态颗粒物成分，以及氮氧化物等气态污染物。这些颗粒物通过对太阳光的吸收、散射或反射，降低了大气能见度。在雾霾中，PM2.5 是“罪魁祸首”。PM2.5 是指空气中直径小于或等于 2.5 微米的颗粒物，也被称为可入肺颗粒物，其直径还不到人的头发丝粗细的 1/20。虽然PM2.5 只是地球大气中含量很少的组成部分，但它对空气质量和能见度等有重要的影响。与较粗的大气颗粒物相比，PM2.5 粒径小，富含大量的有毒、有害物质，且在大气中的输送距离远、停留时间长，因而对人体健康和大气环境质量的影响更大。

中国作为一个生产制造大国，发展工业是无法绕过的。但中国的工业水平长期以来处在高耗能、低产出的低级阶段，正在将脆弱的生态环境逼到绝境。雾霾肆虐反映出中国脆弱的生态环境，折射出的正是中国生态安全的脆弱现状。根据监测，PM2.5 的主要来源有 5 个。一是汽车排放的尾气。近年来，随着城市汽车数量的增多，汽车排放的尾气量对环境的影响越来越严重，其对城市空气中PM2.5 的“贡献”高达 60%左右。二是建筑工地的扬尘和道路扬尘。相关研究结果显示，道路扬尘是PM2.5 的一大主要来源，占到PM2.5 来源的 20%左右。三是冬季取暖时燃烧煤炭向大气排放的污染物。四是工厂制造的二次污染。工厂在生产时产生的有毒有害废气、废水严重污染当地空气、水源，危害附近群众的身心健康。五是农村秸秆、木柴等生物质的燃烧以及垃圾焚烧产生的烟尘。这几个雾霾主要来源，正是中国生态环境的软肋。大城市病所造成的汽车无序扩张，钢筋水泥森林造成的热岛效应，都是日益严重的环境问题的元凶。而原有的生态安全保障在雾霾面前显得形同虚设。

自然界是一个有机体，这个有机体反映在它的相互依存之中，这种依存形成了自然生态环境对人类活动的承载。但生态承载能力非常有限，极易超过自身修复能力。而一旦超过一定的阈值，将严重削弱对经济可持续发展的支撑能力，导致环境难民、政局动荡等生态安全问题呈现。频繁出现的雾霾，其实就是人的活动对自然的破坏超出了大气环境自我修复的能力，再加之一定的气象条件而生成的一种现象。雾霾，是自然对人类的最后的警示。

生态安全是政治进程的无上命令

影响国家安全的因素很多，除了传统的政治、军事等外，非传统安全问题日益突出。其中，空气、水和土地污染等成为影响国家安全的突出问题。尤其是最近几十年来，人类的经济活动对环境破坏很大，造成了大面积的雾霾天，同时水资源污染、地表污染也很严重。其中，人类生存的基本要素——天、地、水、空气都遭到前所未有的破坏。数据显示，1906~2005 年全球地表平均温度上升了 0.74 摄氏度。政府间气候变化专门委员会发出警告，最近 50 年二氧化碳等大气温室气体的浓度大幅增加，造成温室效应增强，致使全球气候变暖。[①]气候的变化不仅大大加大了资源环境保护的成本，对国民的身心健康带来严重影响，也给经济的可持续发展带来很大压力，甚至也成为一国与邻国的外交交涉的内容。美国著名学者诺曼 · 美尔斯在其《终极安全》一书中指出："可以把环境问题视为引起冲突的原因之一。如果我们继续肆无忌惮地破坏地球环境，环境问题很可能将在几十年之后成为引发冲突的主要原因……个案研究表明，在许多地区，环境已成为安全事务中一个基本的因素，而且在未来它将继续处

① 叶小文：《民族文化基因是中国梦的魂与根》，《光明日报》，2014 年 9 月 24 日。

于世界各国安全考虑的中心。”[1]

但是，我们也必须承认，长期以来我们对生态安全重视程度的不足，与生态领域安全威胁相比，公众更多关注食品安全、水安全、空气安全等个人生活领域的安全，因为这些安全与个人利益息息相关。但恰恰是最容易被忽略的生态安全，造成的危害更大、更持久、更难以治理。同时，由于生态安全威胁长期以来不仅没有得到及时遏制，反而不断累积、发酵。越过一定阈值后，污染物排放量超过环境承载和消纳能力，造成整个生态系统不可逆的结构性变化和功能性退化。

作为非传统安全的生态安全，主要是指一个国家所能提供的用以保护个人、社会、国家的切身利益和自然环境免受人为的和自然的因素造成的威胁的能力和水平。从范围上看，生态安全可以分为三个层次。第一个层次是国际生态安全，或说全球生态安全。生态环境问题具有跨国性和全球性，这种特性使得生态环境领域的国家安全和国际安全紧密地连在一起，从而形成了对传统主权观的挑战。[2]二是国家生态安全。用以衡量一个国家的生态承载能力和水平，其生态环境状况是否对本国人民的生存和国家的发展造成威胁，以及这个国家的生态治理的现代化程度。三是地方生态安全。即一个国家内部的各区域、各领域中所发生的水污染、荒漠化、沙尘暴、臭氧层破坏、生物物种锐减和气候异常等生态环境状况。

2014 年 4 月 15 日，我国对生态安全的认识提升到了一个新高度。当天，中央国家安全委员会第一次会议召开，明确将生态安全纳入国

①②　姜振军《俄罗斯保护生态安全的措施分析》，《俄罗斯中亚东欧研究》，2007 年第 6 期。

家安全体系，生态安全由此正式成为国家安全的重要组成部分。①

生态安全是终极安全。俄罗斯学者指出："生态安全是政治进程的无上命令！"②随着全球环境与资源危机的日益加剧，生态环境问题已逐步发展为生态安全问题。生态安全问题是一种非传统安全问题，长期以来被人们所忽视。实际上，除了雾霾污染，还有江河湖泊以及地下水、近海的水污染和土壤污染，以及沙尘暴、石漠化、生物多样性减少等生态问题，它们直接导致人们生活质量下降，制约经济社会可持续发展。我们人均国内生产总值已超过 6 000 美元，面对的却是资源约束趋紧、环境污染严重、生态系统退化的严峻形势③，生态安全不牢固，就意味着大片国土失去对国民经济的承载能力，这与国土的割让一样会给国家造成无法衡量的损失。不仅如此，生态环境出了问题，人们就无法正常生存，甚至会造成一个社会的瓦解。历史上古埃及文明、古地中海文明、印度恒河文明、美洲玛雅文明的相继衰弱和消亡，都与生态环境恶化有密切联系。因此，没有生态安全就没有人类的存在与发展。

从总体国家安全的高度维护生态安全

明者因时而变，知者随事而制。新时代新形势不仅呼唤新的发展观、改革观，还需要新的安全观。习近平总书记审时度势、高屋建瓴，适时提出要"坚持总体国家安全观，走出一条中国特色国家

① 《生态安全是国家安全重要组成》，环境保护部网站，2014 年 4 月 17 日。

② 储昭根：《雾霾折射中国生态安全问题》，《上海商报》，2013 年 2 月 20 日。

③ 武卫政：《生态论苑：面对雾霾，我们需要改变什么》，《人民日报》，2013 年 12 月 28 日。

安全道路”。[1]“总体国家安全观”创造性地提出了富有中国特色的国家安全价值观念、工作思路与机制路径，是新时期下的“新国家安全观”。

国家总体安全，就是把国家安全视为一个超巨复杂的体系。习近平指出，当前我国国家安全内涵和外延比历史上任何时候都要丰富，时空领域比历史上任何时候都要宽广，内外因素比历史上任何时候都要复杂，必须既重视外部安全，又重视内部安全；既重视国土安全，又重视国民安全；既重视传统安全，又重视非传统安全，它是集政治安全、国土安全、军事安全、经济安全、文化安全、社会安全、科技安全、信息安全、生态安全、资源安全、核安全等于一体的国家安全体系。在总体安全体系中，每一个领域的具体的安全，虽然各有侧重点，但首先都必然也必须与其他领域的安全密切相关联，互不可分，任何时候都不能孤立地、片面地理解国家安全的问题。[2]

守护绿水青山，留住白云蓝天，是全体人民福祉所系，也是对子孙后代义不容辞的责任。过去强调的国家安全概念已经不能适应今天的复杂的安全形势，尤其是在生态安全日益上升为影响国家总体安全的重要问题时，就必须用新的方式、新的策略构筑新的国家生态安全屏障。目前国家已经开始部署推进青海三江源生态保护、建设甘肃省国家生态安全屏障综合试验区、京津风沙源治理、全国五大湖区湖泊水环境治理等一批重大生态工程。围绕这些方面，我们将强化科学治理，推广适用技术，实行最严格的源头保护制度，严守生态保护红

① 习近平：《坚持总体国家安全观　走中国特色国家安全道路》，新华网，2014年4月15日。

② 叶自成：《习近平总体安全观的中国意蕴》，人民网，2014年6月4日。

线，以重点区域和关键领域为抓手，实施重大战略性生态工程，充分发挥市场作用，调动各类社会主体投身生态保护和建设的积极性，坚持在发展中保护、在保护中发展，最终目标就是要把建设生态文明、保护生态环境放在国家生态安全的高度构筑起一道坚固的生态长城，让当代人受益，为中华民族永续发展奠定坚实基础。

是雾霾更是心霾

经过多年数轮的雾霾侵袭，再加之世界卫生组织下属的国际癌症研究机构于2013年10月正式将污染的空气确认为“一类致癌物”，所有生活在雾霾笼罩区域的人都认识到了它对健康的威胁。然而，比雾霾给人们造成的生理危害更严重的，是心霾。

防霾口罩“罩”得住雾霾？

雾霾既非发端于中国，也非绝迹于中国。回顾1952年伦敦雾霾事件，我们有理由相信雾霾是可以治愈的。展望亚非拉等一些发展中地区，我们同样有理由预判，大量的欠发达国家也即将出现雾霾天气，这是经济社会发展不可逾越的历史阶段。雾霾本身并不可怕，可怕的是，因雾霾的积垢所导致的“心霾”。当下，雾霾通过一次又一次的侵袭，已经在人们的心中潜移默化成心霾，而且愈加浓郁，愈加难驱。例如，口罩、手机雾霾预警监测软件、空气净化器等和防霾有关的物品，已经成了当下不少人的标配。因为雾霾的发生，很多人改变了原来的习惯，以前每天开窗通风的人们，现在却很少这么做，室内空气很大程度上依赖于空气净化器。以前从来不戴口罩的人们，现在也开始戴口罩，即使在闷热的暑天也不得不戴。然而，据权威调查，防霾口罩未必真能“罩”得住霾。市面上80%的口罩不合格，而且，很多口罩都不是针对防雾霾的，只有一些专业的、经过认证的口罩才有防霾效果，一般的口罩只能是心理安慰。而空气净化器对于改善室内空气质量的效果也有待考证。从防霾效果不佳的口罩的佩戴及空气净化器的使用，足可以看出人们对雾霾已经产生巨大的畏惧心理，谈霾色变。

不久前，国内某门户网站发起了一项关于雾霾对人们心理影响的在线健康调查，在参与调查的人群中，有44.87%的人表示，在雾霾天气时会害怕和恐惧。此外，首尔延世大学的金昌苏带领的研究小组，对韩国7个城市进行了相关的研究，他们分析了4 000多个自杀案例与PM10（空气中粒径小于10微米的微粒）的数量关系，得出一个结论就是，自杀和空气中的微粒污染峰值有着明确的联系。他们还发现，在污染出现峰值后，自杀现象就会慢慢增多。同时，他们将PM10的数量根据历史最高和最低纪录设定在一个范围内，通过计算得出，当污染出现超过中间值的高峰时，人的自杀率就会增加9%。而对于有心血管疾病的人来说，自杀风险的概率更是会增加19%。这些数据已充分证明，雾霾给人们造成的心霾，已经严重影响了人们的正常生活。以下是凤凰网上曾经做过的一个小调查：

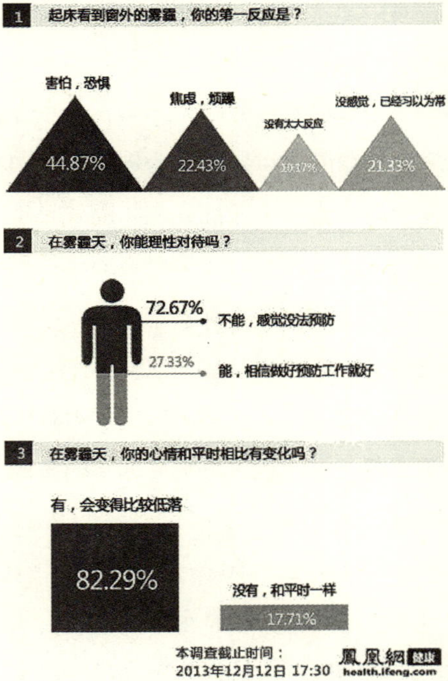

呵护人们的“心态安全”

雾霾治理需要各方齐抓共管，科技治霾、法治治霾、制度治霾都是有效手段，但最关键的还是要先从心霾入手，首先要从心理上消除人们对雾霾的恐惧，呵护人们的“心态安全”。只有当有难同当的责任在每一个人心中觉醒，并得以践行，像雾霾这样的“全民公敌”才能够被最终战胜。

虽然雾霾可以穿透口罩，无孔不入，但我们抵抗雾霾的可能途径却也几乎无处不在，关键是我们是否行动。也许我们做不了力挽狂澜的大事，但从移风易俗、拾遗补阙的小事做起，每一个人都能够从我做起，所产生的影响力同样可以星火燎原。比如：在节日我们不放烟花爆竹，在农村的不要焚烧秸秆，在城市的少开汽车多走路，等等。这就需要媒体多宣传普及与雾霾有关的知识，让人们通过电视、手机、网络等多渠道了解与雾霾有关的知识，尤其是发达国家雾霾治理的经验及历史，增强人们战胜雾霾的信心。同时，要在雾霾天气时，及时公开空气指标，指导人们合理地安排出行，将雾霾对人们生活的影响降到最低，消除人们的恐慌。要让人们科学认识雾霾，认识到雾霾问题是经济社会发展到一定阶段的产物，是任何发展中国家都无法回避的问题。

雾霾伤害我们的身体，但绝不能让我们的心灵也笼罩于雾霾之中。如果我们不看见自己的责任，一味地在虚拟的网络上挖苦讽刺别人，却在现实生活中依然我行我素，那么我们先要抗议和反讽的应当是自己。中国还是一个中等发达国家，正在转型换挡的爬坡过坎时期，但在我国经济发展方式转型成功后，雾霾将不再是问题。只要我们统一思想、统一观念、统一行动，心霾必消，雾霾必除。

树生态文明的正气，接天人合一、道法自然的地气，顺积极有为、众志成城、科学应对的人气，三气合一，就不会再生雾霾的浊气！

雾霾根治十年功

雾霾折磨着人们敏感的神经，拷问着我国的治理策略，时刻警醒着我们，“先污染后治理”的老路已走到尽头，中国经济的转型升级迫在眉睫。得益于改革开放和独特的国际性机遇，过去的30多年，我国经济社会发展取得了举世瞩目的成就。然而，在传统的高速增长模式下，高消耗、高排放、高破坏的发展方式也造成了经济、社会发展的失衡，形成了严重的“生态赤字”，严重侵蚀了我国经济的发展质量。转型升级，成为中国发展的时代选择，守护“碧水蓝天”成为关系可持续发展最为紧迫的一项任务。

西方发达国家的雾霾治理

自近代以来，雾霾在很多西方国家都伴随着工业化的进程而产生过，尤其是工业革命的始发地英国，最先实现了工业化，也最早遇到了环境污染问题，经历了当时最严重的雾霾天气，“雾都”也成为伦敦的代名词。1952年爆发的“伦敦烟雾事件”，成为伦敦历史上最

调整经济结构	大力发展高端制造业和服务业，抑制低端制造业的扩张。淘汰重化工等高能耗产业
改善能源结构	鼓励使用天然气、风电、太阳能等清洁能源。大规模压减煤炭使用量
加强技术创新	发展节能环保技术，提升能源和资源的利用效率，减少污染物排放。
加强环境管理	强化环境约束，规范环境行为
依靠社会力量	让公众来产于并监督重大环境行动

图 1–1　西方发达国家治霾经验

惨痛的时刻之一，当时烟雾污染造成数千人死亡，市民呼吸困难，交通瘫痪多日，数百万人受影响。为了消除雾霾，半个世纪以来，英国、美国、德国等国积极采取应对举措，耗费了大量的人力、物力和财力，空气质量得到明显改善。当前，伦敦雾霾已销声匿迹，摘掉了“雾都”的帽子，经济也成功转型，恢复了发展活力，并已成为全球的生态之城，每年接待大量国内外游客。

国外的治霾经验充分表明，雾霾可治。然而，冰冻三尺非一日之寒，雾霾治理，不是一朝一夕的事儿，需要做好打持久战的准备。需要严明的政策、先进的监管技术，以及大量物力、人力及资金的投入，最终协调好经济发展与环境保护的关系，提高公众的可持续发展理念，并将其落实到点滴的绿色行动中去。更重要的是国际层面的气候变化合作，这将有利于实现应对气候变化与促进能源安全、环境保护和可持续发展的协同效益。各有关方面必须进一步加强国家间关于各项应对气候变化政策的双边、多边高层对话，加强务实合作，特别是在可再生能源、森林碳汇、节能、能效和城镇化低碳发展等领域的合作。这样才能更快地跨越目前这个“雾霭沉沉”的失衡阶段。

雾霾治理的经济学视角

雾霾的生成与治理总是与经济息息相关。而在经济发展与生态环境之间的关系方面，目前存在两种理论范式。一种是“增长极限”说，这是著名的罗马俱乐部在20世纪70年代初期提出的，该学说认为，经济增长受可利用自然资源的制约而不可长期持续下去，所以应有意识地降低经济增长速度，从而达到保护生态环境资源的目的。另一种为环境库兹涅茨“倒U型”曲线。该曲线的内涵是，在经济发展初期阶段，经济的增长和人均收入的提高将会导致环境质量的下降，但是一旦经济发展超越了某一临界点，人均收入的进一步提高反而会有助于降低环境污染、改善环境质量。[①]

对于中国这样的发展中国家来说，雾霾治理既是一个政治问题，也是一个经济问题。必须用市场的办法，通过经济的发展找到对雾霾问题的持续解决方案；要像对贫困宣战一样对污染宣战，不断提高环境治理的重视程度和工作层级；必须认识到，加强生态保护和建设，不仅要加大政府投入，更要用改革的办法，积极探索，创新方式，着力构建生态保护、经济发展和民生改善的协调联动机制，生态补偿的长效机制和多元投入的投融资机制，确立推动科学发展的正确导向和考核评价机制，使重大生态工程建设任务切实落到实处、见到实效，提高经济社会可持续发展能力。[②]同时，建立健全政府目标责任制，以及包括环境质量在内的干部考核体系等，都是行之有效的行政手段。要以各级党委和政府为核心，对污染严重的地区、行业、企业施以重拳，强化污染防治。以雾霾频发的特大城市和区域为重点，以PM2.5（空气中直径小于或等于2.5微米的颗粒物，也称为可入肺颗粒物）和PM10治理为突破口，抓住产业结构、能源效率、尾气排放和扬尘等关键环节，健全政府、企业、公众共同参与新机制，实行区域联防联控，深入实施大气污染防治行动计划。

中国雾霾治理起步

无论如何，治霾工作已经提到国家层面，党和政府消除“心肺之

---

① 包群、彭水军：《经济增长与环境污染》，《世界经济》，2006年第11期。

② 《国务院决定建设甘肃国家生态安全屏障综合试验区》，2013年12月19日。

患”的勇气和决心彰显无遗。但是，我们也要对大气污染治理的艰巨性有清醒的认识和准确的估计，因为雾霾等严重的空气污染问题往往经过长期积累，具有一定的复杂性，对社会经济影响广泛，因而解决这一问题不仅需要强烈的政治意愿，也需要系统、长远的考量，不可能毕其功于一役。

令人欣慰的是，新一届政府在大气污染综合治理上不断出实招、动真格，“雾霾源解析”已成为目前我国重点城市的环保部门最热门的工作词汇。习近平总书记多次提出“不再简单以国内生产总值增长率论英雄”，①标志着中国经济的深刻转型已经开始。党的十八届三中全会历史性地提出推进国家治理体系和治理能力的现代化，建立系统完整的生态文明制度体系，划定生态红线，这都让人们透过浓浓雾霾看到了灿烂的阳光。特别是在新常态下，中国正在适应稳定增长、改善民生、深化改革的新局面，新常态可以说是对构建生态文明的宣誓。而 2014 年再次修订《环境保护法》，亦是中国过去 25 年来的最强有力的一次环境保护立法。

京津冀地区是雾霾重灾区。必须在大气污染防治工作方面率先取得突破。要抓住治理工作的“牛鼻子”，通过建立区域应急联动机制，全面推进、重点突破。

中国经济转型成功之时，就是雾霾治理成功之日。我们相信，在可持续发展理念的主导下，在法律法规的不断完善下，在政策的严格落实下，雾霾必将得到根治。多元视角下的雾霾治理，也必将推动实现经济与环境之间和谐共生的局面。

---

① 习近平：《不再简单以国内生产总值增长率论英雄》，搜狐财经，2013 年 10 月 8 日。

第二章　生态文化的时代价值

进入21世纪，人类从长期对自然的破坏而受到惩罚中觉悟，一个从破坏自然到回归自然的新理念正在形成。生态文化是时代的产物，是在自然资源枯竭、环境污染日益严重、生态危机影响到人类生存发展基础的时代背景下提出来的，生态文化的一个主要特征就是注重自然因素、自然规律、生态环境对人类社会的价值和影响。生态文化是人类创造的自然文化、人文文化、科技文化之后的第4种新文化，是人类文化发展的新阶段。为人类的文明进步提供了新思想、新观念，表明人类将从传统文化走向生态文化，将从工业文明走向生态文明。

生态文化是介于生态学和文化学之间的一门边缘交叉学科。相对于生态文明而言，生态文化更为复杂、更为广泛。从广义上讲，广义的生态文化是指人类新的生活方式，即人与自然和谐发展的生活方式。而狭义的生态文化则是以生态价值观为指导的社会意识形态、人类精神和社会制度。[①]随着生态文化研究领域和学科内涵的不断拓展，已经从研究人与自然相互关系，不断向人与自然、人与人、人与社会以及社会与社会相互关系的领域渗透、延伸和发展，使生态文化成为自然学科与人文学科相互联系、渗透与融合的一门新兴学科。而建立人与自然和谐共存关系，实现人与自然双向良性互动，始终是生态文化研究的主线和方向。

拿破仑有一句名言："世上有两种力量：利剑和思想；从长而论，利剑总是败在思想手下。"这里所言的思想，当属那些准确把握所处时代特征的思想，代表着对历史进步的引领力量。就当前来说，很重要的一个思想，就是关于生态文明建设的理念和思想。21世纪将是生态世纪，是文化世纪，生态文明将替代工业文明，生态文化将成为21世纪的主流文化。中国在推进世界文明的进程中，特别强调道德理念和传统文化。而在中国潜移默化、主动输出理念和文化的过程中，生态文明就是最重要的一个软实力。比如每年一次的生态文明贵阳国际论坛，就让中国政府拥有了生态文明的国际话语权，这将对世界文明的转型产生重要影响。

生态文化的历史底蕴

生态文化的研究虽然起步于现代，但生态文化在人类发展的早期就已经出现，有着丰厚的历史底蕴。"顺天应物，天人合一"是我国传统文化中的重要思想。"中华文化源远流长，积淀着中华民族最深

① 吴章文：《生态文化概论》，北京：科学出版社，2014年6月。

层的精神追求，代表着中华民族独特的精神标识，为中华民族生生不息、发展壮大提供了丰厚滋养。”中国，一个拥有五千年悠久历史的文明古国，其“生态文明基因”由来已久，前人的优秀智慧，汇聚成了今天博大精深的中华文明。挖掘中国传统文化中的生态文明思想，为我们寻找人与自然和谐共生的文化基础提供有力的历史依据，为中国共产党的生态文明建设理念提供了丰富的思想养料，也为我国的生态文明发展提供了有力的文化支撑。

“天人合一”是中国生态文化的基因

中国人自古就有亲近自然、追求人与自然和谐共存的文化传统。2 000 多年前，庄子提出“天人合一”思想，其核心是倡导人与大自然和平共处，而不是征服与被征服。这一思想不断发展，成为中华传统文化的重要组成部分，也是中国文化对人类突出的贡献之一。孔子曾对子贡说：“天何言哉？四时行焉，百物生焉。天何言哉！”①这句话蕴含着敬畏大自然的深厚道理，旨在说明天地之间万物生长都是天的意志，天是最高本体，人类社会以“天意”来协调人与自然的关系，人类的活动规律不能违背自然生态的自身规律。“天人合一”作为中国生态文化的重要基因，已被人们所珍视。任何人在阅读陶渊明、王维等人的诗作，欣赏中国山水画和传统音乐时，都能够体会到其中“天人合一”的思想，“智者乐水，仁者乐山”的睿智。可以说，中国有着深厚的爱护环境的文化积淀，其他国家无法企及。2014 年 5 月 4 日，习近平总书记在与北大师生交流时，引用了不少名言警句，

① 语出《论语 · 阳货》。

其中之一就是“天人合一”。

明确使用“天人合一”这个词的第一人是北宋著名哲学家张载：“儒者则因明致诚，因诚致明，故天人合一。”①“诚”为正确认识大自然的客观规律，“明”乃说明人要遵循自然客观规律。张载用《中庸》的“诚”和“明”来解释人性与天道的统一，目的就要警示后人，如果不承认天的作用，就是不诚；如果不承认知天与知人的统一性，就是不明，“诚明”就是要肯定天道与人性的统一。张载认为“太虚无形，气之本体”。②世界的本源是“太虚”，“太虚”即“气”，“气”是天人合一的基础，二者相即不离，这就是太虚本体论思想，这种思想不仅体现了人与大自然的和谐，更是道德观、价值观及生态观的体现。

“如果秋水泛滥，高粱地成了一片汪洋，暗红色的高粱头颅擎在浑浊的黄水里，顽强地向苍天呼吁。如果太阳出来，照耀浩渺大水，天地间便充斥着异常丰富、异常壮丽的色彩。这就是我向往着的、永远会向往着的人的极境和美的极境。”莫言在《红高粱》中的这段话，把人与大自然的和谐描写到了极致，而这种极致的美，是自然因为我们的尊重而赋予我们的，我们需要这样的美。

“道法自然”是生态文化的升华

“自然无为”作为一种自然主义的空灵，使人们从身体上和精神上对生命产生敬畏，也代表着传统生态思想和文化的一种升华。人要尊重自然中的“道”，即自然界的客观规律。“人法地，地法天，

---

①② 语出张载《正蒙 · 乾称篇》。

天法道，道法自然。上善若水，水利万物而不争”[①]，这些句子都旨在说明要回归自然。另一位道家代表人物庄子，在他的《齐物论》中提出“物我合一”的思想，即你中有我，我中有你，主体、客体完全兼容的境界。把老子和庄子的思想结合起来就是“天人合一、物我两忘”。

“道”的思想涵盖几乎所有领域，其中不乏人际和生态的关系，而“得道”，就是要实现人与世间万物的矛盾统一，人与自然万物是一个整体，不分物我，不分彼此。这种崇尚人物合一、肯定人与自然之间的共性的思想对后世有着深远的影响，在鲁迅的《从百草园到三味书屋》中，这样写道：“油蛉在这里低唱，蟋蟀们在这里弹琴。翻开断砖来，有时会遇见蜈蚣；还有斑蝥，倘若用手指按住它的脊梁，便会啪的一声，从后窍喷出一阵烟雾。”这只是人与自然间通灵的一个场景，但也是“天人合一、物我两忘”核心思想高度吻合于现代的生态伦理学的真实再现。也许正因为如此，英国历史学家汤因比讲道：“避免人类自杀之路，在这点上现在各民族中具有最充分准备的，是两千年来培育了独特思维方法的中华民族。”[②]

“众生平等”是生态文化的本源

佛教的缘起论认为，自然界中所有的一切存在都是由因缘结合而形成。宇宙中所有物种的互知依存组合成一个生态系统，人类一个物种并不能组合成生态系统。在佛性论上，中国的佛教派别都一致承认，世间万物，都具有内在的佛性，具有内在佛性的众生就具有自己

① 语出老子《道德经》。

② 叶小文：《民族文化基因是中国梦的魂与根》，《光明日报》，2014 年 9 月 24 日。

的价值。三论宗的创始人吉藏指出："不但众生有佛性者，草木亦有佛性"，"若众生成佛，一切草木亦得成佛。"玄学化的牛头禅亦言："青青翠竹，尽是法身；郁郁黄花，无非般若。"[①]佛性普遍地存在于一切有生命的有情众生和无情物体之中，它涵盖一切事物，又体现在一切事物之中，它并不因为事物的表现方式而有所不同。因此，万物的本质是平等，是价值平等，作为万物中的人类要以平等的态度尊重和对待万物。

就像自然界对人类的报复一样，佛教慈悲行为的思想中也提出了"业报"，众生作业必然产生相应的报应或果报。就像恩格斯在《自然辩证法》中写道："我们不要过分陶醉于我们对自然界的胜利。对于每一次这样的胜利，自然界都报复了我们。"[②]佛教主张诸恶不做，拯救生命，众善奉行，善业获善报，就体现了一种对生命的保护行为，体现了对生命和人类生存环境的尊重。

始于 18 世纪初的工业文明，改变了人类和自然的关系，人类改造自然力量的日益增强，但随之而生的资源短缺、环境污染、生态平衡失调等生态环境问题不断加剧。生态危机的加剧，把人类自身的发展推入困境。历史是一面镜子，照射出我们粗鄙的发展方式对生态环境造成的严重破坏，以及我们已经和正在付出惨重的代价。生态危机催生了生态文化，促使人类反思自己的发展方式，再不能唯我独尊，更不能凌驾于自然之上，肆意劫掠。

① 余正荣：《中国生态伦理传统的连释与重建》，北京：人民出版社，2002 年。

② 吴国林：《自然辩证法概论》，北京：清华大学出版社，2014 年。

中国特色生态哲学的范式重构

雾霾，不仅仅是可吸入颗粒物，还是人们思想深处的“可吸入颗粒物”。这个“颗粒物”就是近现代几百年指导人类活动的占主导地位的代表工业文明的哲学思想，它指导人类实现工业化和现代化，但同时也埋下了不可持续的祸根。这种以机械论和二元论为出发点的哲学强调主客二分，强调人对自然的主宰和改造,尤其是在强调人的主体地位、发扬人的主观能动性的同时,逐渐形成了人类中心主义（特别是工业社会的个人主义）价值观。现在，我们需要一种新的生态哲学范式。我们将这种新范式称为一种以人类生态共同体为核心的生态文明观，即中国特色生态哲学。它强调共同思想、共同意识和共同行动，强调生态核心价值体系的构建，这里的“生态”一词是深层生态学意义上的。这种新范式产生的是哲学的转向。我们认为，生态哲学就是关注人类未来命运的思想和行为的新范式。

从“主客关系”到“和合共生”

中国特色生态哲学立足中国国情，致力于探索符合国情的生态文明的理论和实践。它从人与自然的根本观点、理念和方法出发，指导我们构建代表中国“绿色化”内在要求的生态环境建设和保护的模式。中国特色生态哲学，扬弃了西方传统哲学思想中的“人类中心主义”、“主客二分”等，延续和传承“天人合一”这一中国哲学最基本最重要的命题，形成人与自然和谐发展的哲学思想。中国特色生态哲学作为一种新的世界观，用生态整体性去观察和解释现实世界；中国特色生态哲学作为一种新的方法论，在和合共生中构建人类走向未来的起点；生态哲学还是一种新的价值观，认为不仅人具有价值，生命和自然界也具有价值，包括外在价值和内在价值。此外，中国特色生态哲学还是一种新的哲学方向，是人们对当代生态危机的反思以及对生态学发展的理论概括。

中国特色生态哲学来源于马克思主义强调人与自然、人与社会的辩证统一，从根本上改变了主客二元对立的思维方式。例如，马克思在《1844年经济学哲学手稿》中指出，自然“是人的无机的身体”，“人是自然界的一部分”。恩格斯也强调，“人本身是自然界的产物，是在他们的环境中并且和这个环境一起发展起来的”。这些论述说明，马克思主义经典作家不仅看到自然先于人的存在，人是自然的产物，而且强调人可以再生产自然，人对于自然具有主观能动性。所以，马克思主义的生态理论是以人与自然统一为前提的，最终也是要实现人与自然、社会的和谐统一。这无疑是对西方近代以来主客二元对立思想的科学纠偏，也为我们克服全球生态危机提供了理论指导。①

中国特色生态哲学范式重构的主要内涵是“两条底线”（即经济发展和生态保护），本质要求是“双赢之路”（即经济发展与生态改善）。底线思维、双赢战略，是生态文明建设的新高度、新认识、新自觉。体现了现代化、工业化的推进过程中，人与自然和谐相处的全新理念。

重构“自然—人—社会”的多元复合生态系统

从哲学实质来看，生态共同体意识的核心就是要在科学认识自然

① 王英：《全球生态危机的思想根源在西方》，人民网，2015年5月19日。

规律的基础上，尊重自然、顺应自然、保护自然。在“自然—人—社会”这一多元复合生态系统中，生态文明建设要涉及人口控制、资源和能源节约、环境保护、防灾减灾等问题，因此，在重构生态哲学范式的问题上，还必须具有一种大生态系统意识，立足于生态安全的高度，增强绿色意识，创新体制机制，统筹过去、现在和未来，统筹整体、局部和个别，统筹人口、资源、能源、生态、环境和防灾减灾等方面的工作，做好绿色化这篇大文章。

“生态兴则文明兴，生态衰则文明衰。”习近平总书记的这一观点蕴含着中国传统文化的哲学思想，贯穿了马克思主义历史唯物主义和辩证唯物主义的哲学思维，按照这样的思维延展开来，就可以实现人与自然的协同发展，人与自然就可以成为一个生命共同体。比如，在城市人口领域，通过采取均衡发展的管理方式，加快城市功能的疏解，减少大城市病的发生，实现区域人口的均衡分布；在能源资源领域，采取节约优先的方针，通过发展新能源产业，按照清洁化要求推动能源的可持续性；在生态环境领域，通过尊重生态系统的整体性规律，坚持自然恢复的方针，加强环境执法监管，扩大环境保护的公众参与，加强环保产业发展，增强生态产品的生产能力，形成生态文明的强大动力支撑。此外，在诸如防灾减灾等方面，也要进一步完善以生态保护为核心的科学有序有效的灾害应对机制，灾后重建要突出绿色发展、可持续发展的理念等，都代表了绿色生态哲学思考对传统生产生活模式的颠覆。换句话说，我们既不是从单纯的自然或工程技术的角度来看待生态环境保护，也不是简单地从反思、批判和超越工业文明的角度来看待生态文明建设，而是高屋建瓴地从人类文明更替、兴亡的社会发展规律的高度来科学定位生态文明。文明和生态须臾不可分离，生态文明的实质就是要遵循自然规律。

自然规律的客观性与人的主观性是一对矛盾，要处理好这个矛盾，就要抓住主要矛盾和矛盾的主要方面。主要矛盾就是如何破除人的虚妄的主体性，矛盾的主要方面就是人类要认识和尊重自然界的客观的物质存在，必须遵循自然规律的系统性，必须遵循自然规律的和谐性，必须认识到自然规律是不以人的主观意志为转移的。要围绕自然界这个复杂系统，从自然规律的系统性的特征出发，把生态文明建设融入经济、政治、文化、社会建设各方面和全过程，协同推进新型工业化、城镇化、信息化、农业现代化和绿色化，为子孙后代留下天蓝、地绿、水清的生产生活环境。这是马克思主义唯物论在生态文明建设问题上高度自觉的体现，充分彰显了当代中国对自然规律的科学认知水平。

“人类命运共同体”是关于生态哲学的最高智慧

习近平总书记从系统思维的高度指出：“山水林田湖是一个生命共同体，人的命脉在田，田的命脉在水，水的命脉在山，山的命脉在土，土的命脉在树。”[①]可以说，以“生命共同体”为主要内容和特征的新思维范式，就是要保护、呵护和养育并举，就是要探索人与自然和谐发展的基本规律，为中华民族伟大复兴中国梦的实现形成有力托举。“生命共同体”是衡量人类生态文明高度的基本标尺，是地球文明的时代刻度，是凝聚我们这个星球走向持续繁荣共识的底线。超越人类，整个山水林田湖、花鸟鱼虫贝，都是我们的“生命共同体”；

---

① 习近平：《关于〈中央中央关于全面深化改革若干重大问题的决定〉的说明》，人民网，2013 年 11 月 16 日。

在所有应该适宜的温度和环境之下，所有生命都是命运攸关的呼吸综合体。环境就是民生，青山就是美丽，蓝天也是幸福。给子孙留下天蓝、地绿、水净的美好家园，才能赢得人类永续发展的美好未来。

每个时代，都有哲人喜欢仰望星空、对话苍穹；思考未来的图景，探寻时代的轨迹，也一直是人类不可抑制的渴求。生态文明是一场新的文明复兴，它要继续人的解放，但也要把过度膨胀的人改变成和谐的人。它要继续促进发展，但也要实现各国相互尊重、平等相待、合作共赢、共同发展的目标。它要保障人类的安全，但应该实现共同、综合、合作、可持续的安全。一言以蔽之，“人类只有一个地球，各国共处一个世界”。这一次新的文明复兴，要落实到建设“命运共同体”上。面对人类生态共同体的命运抉择，我们既要有像先哲们那样足够的智慧，更要有足够的决心、毅力和马上行动的自觉。地球母亲，美丽依旧。美丽地球，每一个温度都在母亲的额头留下刻痕。就像马克思所说“世界历史”中的全球性时刻，一个崭新的世界温度史正由我们这一代人书写，它倒逼着人类理性的升级，呼唤着人类观念的转变。

中国特色生态文化的愿景与行动

21 世纪是人类全面走向生态文明的世纪。中国正全面致力于生态文明建设的伟大实践。作为生态文明的先导和风向标，中国特色生态文化的产生、扩展、融合和繁荣是必不可少的内容。中国特色生态文化汲取中华民族的生态智慧，植根于传统文化的生态基因中，吸收现代文化的生态成果，展现“四个全面”的总体布局，是融合现代文明成果与时代精神，建设人与自然和谐共荣的精神家园，并成为民族凝聚力、向心力、创造力的重要源泉。中国特色生态文化的核心是崛起，与生态文明时代的发展趋势契合，体现了先进文化的前进方向和社会主义核心价值观。

生态文化是一种全新的文化形态

文化是民族的血脉。生态文化是关系人民福祉、关乎民族未来的血脉中的“动脉”。中华文明孕育了博大精深的生态文化。它通过确立人与自然交往的生态理念、价值取向和行为规范，维护和增强生态系统的可持续发展功能，是推动绿色发展的原动力和思想基础。中国特色生态文化的发展与繁荣，预示着一个生态文化的春天的到来。

作为一种新的文化形态，中国特色生态文化主张以人类的生态自觉、生态自信和生态自律，强调在自然价值基础上创造文化价值，在增加文化价值的同时，保护自然价值，实现两者统一。人类靠自然界生活，只有依赖与掌握自然，实现人与自然之间的双向适应，才能保证人类的生存和发展，在自然价值基础上创造文化价值。文化是人类力量，生态文化是人类可持续发展的力量。

文化是一个国家的软实力，生态文化是这个软实力的重中之重。大家都对2014年APEC（亚太经济合作组织）会议期间首都北京的“APEC蓝”印象深刻，其实那就是一个生态文化的重要符号。不仅仅给北京添了彩，更给国家增了光，在国际上展现了中国生态文化的软实力。

一国强盛，军事上的优势可以保持十年，经济上的霸主可以维持百年，唯有文化上的影响才可以延续千年。2015年5月18日~26日，国务院总理李克强对巴西、哥伦比亚、秘鲁和智利四国进行正式访问，此次访问的一大亮点是人文交流。作家铁凝、莫言、麦家等组成的中国人文方面的代表团首次随总理出访。是的，国家间的“交流”，可以是军事上的对抗，也可以是经济上的合作，而最好的方式却是文化上的交流，通过交流让彼此获得智慧的提升和文明的融合。生态文化也是一国的软实力，这种文化的发展和繁荣，不仅推动生态文明本身的发展，而且还将提升和展现一国强大的生态自信。未来的中国，应该有更多样和多元的生态文化的交流、融合和发展，应该有反映中国生态文化水平的文学、影视、音乐等作品的产生和繁荣，这将是中国生态文明建设的题中应有之义。

生态文化不仅仅是软实力，它还是生产力。习近平同志指出，要“牢固树立保护生态环境就是保护生产力、改善生态环境就是发展生产力的理念”。[①] 这一重要论述，深刻阐明了生态环境、生态文化与生产力之间的关系，揭示了正确处理好经济发展同生态环境保护关系的极端重要性，这也是对马克思主义生产力理论的重大发展。

生态文化不仅仅是生产力，它同时还表现为对生产关系的一种影响和重构。众所周知，生产关系是人们在物质生产过程中形成的不以人的意志为转移的经济关系和社会关系，是生产方式的社会形式，是人类社会存在和发展的基础。这种关系需要建立社会规则和秩序。在生态文明提出以前，这种规则和秩序是以人为中心，以人的占有、使用为中心。但在生态文明时代，需要确立一种新的文化形态，这种文化形态就是以人与自然协调可持续发展为核心的生态文化。这是一种

① 《深刻领会、准确把握习近平总书记一系列重要讲话的内涵与实质》，《瞭望新闻周刊》，2013 年 6 月 29 日。

基于保护资源环境生产力基础上的人与社会关系的建立与协调。没有这样一种建立与协调，生态文明就是无源之水、无本之木。这样一场生态文化的重构涉及生产方式、生活方式、思维方式和价值观念的革命性变革，实质上也是一种生产关系的变革。现实地看，目前我国生态环境保护中存在的一些突出问题，大都与体制不完善、机制不健全、法治不完备有关。解决这种生产关系的滞后，就要依靠根本性变革，也就是说，必须依靠体制改革、制度规范和法治保障。习近平同志指出："只有实行最严格的制度、最严密的法治，才能为生态文明建设提供可靠保障。"①必须建立系统完整的制度体系，用制度保护生态环境、推进生态文明建设，这种制度体系的依托和保障，就是中国特色的生态文化的生成。

生态文化体现在价值观念上，要求我们转变现代文化只承认自然生态存在对于人的工具价值、经济价值的观念，重新认识自然生态存在的价值，树立"自然—人—社会"协调发展的价值目标，树立尊重生命、尊重自然的价值观、伦理观。在生态文化的新的价值体系中，自然是第一位的，是基础，人的活动和行为不能凌驾于自然之上，而是要在尊重自然、顺应自然、保护自然的基础上实现人自身的全面发展和人类整体的长远发展，实现经济利益、社会利益、生态利益的共同实现。中国特色生态文化将价值观与社会制度、生产方式相结合，探讨生态危机的根源及其解决方式的相关认识，对于我们认识"自然—人—社会"协调发展的内涵具有启迪意义。

---

① 赵建军：《最严格的制度最严密的法治——学习习近平总书记关于生态文明建设的重要论述》，《光明日报》，2013 年 12 月 2 日。

凝聚中国特色生态文化的共同愿景

生态文化是培植生态文明的根基。生态文化建设重在倡导绿色发展，共建生态文明，最终实现树立生态理念的目标。生态文化建设的首要任务，是要通过文化启蒙，将生态意识和生态价值观逐渐渗入公众的心中，用先进的生态理念为指导，在宏观上指导决策行为、管理体制和社会风尚；在微观上引导公众转变价值取向、生产方式和消费模式。中共中央、国务院发布的《关于加快推进生态文明建设的意见》提出要把培育生态文化作为建设生态文明的重要支撑，进一步强调了生态文化在生态文明建设中的地位和作用。加强生态文化建设，在全社会牢固树立生态文明理念，成为当代中国从根本上转变经济发展方式的必然路径。

中国特色生态文化的共同愿景所在，就是按照党的十八大把生态文明建设纳入五位一体的建设布局中,实现生态物质成果和物质文化成果在生态文化与生态文明层面的综合，并最终形成理念文明、制度文明、行为文明的文明价值体系。依托这一体系，对自然生态系统实行最有效的保护，强化自然资产用途之路，牢固树立生态红线。这一体系所表现出来的共同愿景，就是倡导人们爱护自然、亲近自然,避免无视自然、破坏自然，甚至杀鸡取卵的恶性循环，从根本上杜绝人们对森林植被肆意砍伐的做法。生态文明是公众事业，离不开公众的支持、社会的参与。这种参与的基础就是共同愿景。要通过挖掘、整理、创作等生态文化形式，为社会群众提供丰富多彩、喜闻乐见的生态文化作品，凝聚最大的生态共识，使我们携手在生态文明的大路上大步前进。

践行中国特色生态文化行为准则

走向生态文明新时代，打造生态文明新常态，需要中国特色生态文化的大环境、大氛围和大平台。植根于中国特色生态文化的美丽中国建设，是实现中华民族伟大复兴的中国梦的重要内容。在这其中，顺应自然的行为是关键，尊重自然的理念是先导，珍爱自然的文化是灵魂。行为、理念、文化的一致性、协调性,共同构成引领中国生态文明建设的必要条件。因此，从战略的高度，形成关于中国特色生态文化的行为准则至关重要，这一行为准则包括但不限于以下几个方面：

一是强化生态共同体意识。从人与自然和谐共生关系的角度出发，形成整个社会的生态自觉和生态修养，尊重人与自然平等、和谐、互利的价值观。将对生态环境的保护转化为自觉行为，将生态意识融入生产生活全过程。

二是弘扬和合共生的生态文化。社会公众应主动倡导生态文明理念和生态伦理道德，多形式、多方位、多层面普及生态文化，营造全社会关心、支持生态环境保护的文化氛围，让环保生态理念成为社会文化风尚。

三是参与和践行生态环境保护。包括积极参与生态建设，保护和重建生态环境；关注社会生态治理，参与社区生态共建共享等公益事业和活动，有所作为，在日常生活中关注生态环境变化，举报破坏环境的不法行为。

四是自觉培养低碳绿色生活方式。倡导低碳生活方式，自觉养成绿色增长、共建共享的理念，践行自然、环保、节俭、健康的生活方式，包括食品适量化、用品循环化、能源节约化、垃圾分类化、低碳出行化、休闲健康化等。

五是推动和深入实施清洁生产。围绕节能减排，有效利用资源，减少生产活动对人类环境的危害；保护土地资源，守护耕地红线，积极发展生态环保产业，提高科学技术对于生态环境的第一生产力的先导作用。

六是推动中国特色生态文化大繁荣。在社会生活中积极开展生态文化活动、扩大生态文化宣传、培育生态文化观念，将资源节约、环境保护的生态文化植入人类社会生产生活中。

七是推动生态法治文化建设，把生态保护纳入法制轨道，在全社会形成依法保护环境、依法严惩破坏生态环境的氛围。推动生态环境保护立法和执法，建立GEP（绿色国民生产总值）核算。实施生态保护终身问责和追责机制，遏制生态保护法律法规失之于软的现象。

第三章　把生态文明纳入社会主义核心价值体系

每一个时代，都有属于自己特点和主题的核心价值观，这种核心价值观所触及和改变的一个国家或社会的方方面面，就构成一种主流特点的核心价值体系。2006年10月，党的十六届六中全会通过的《中共中央关于构建社会主义和谐社会若干重大问题的决定》，第一次明确提出了“建设社会主义核心价值体系”这个重大命题和战略任务。2007年，胡锦涛在“6 · 25”重要讲话中强调，要大力建设社会主义核心价值体系，巩固全党全国人民团结奋斗的共同思想基础。2013年12月，中共中央办公厅印发了《关于培育和践行社会主义核心价值观的意见》，正式确立了“富强、民主、文明、和谐（国家层面的价值目标），自由、平等、公正、法治（社会层面的价值取向），爱国、敬业、诚信、友善（公民个人层面的价值准则）”这24个字的社会主义核心价值观的基本内容。2014年2月24日，习近平总书记主持中共中央政治局第十三次集体学习，主题就是培育和弘扬社会主义核心价值观、弘扬中华传统美德。习近平在主持学习时强调，把培育和弘扬社会主义核心价值观作为凝魂聚气、强基固本的基础工程，继承和发扬中华优秀传统文化和传统美德，广泛开展社会主义核心价值观宣传教育，积极引导人们讲道德、尊道德、守道德，追求高尚的道德理想，不断夯实中国特色社会主义的思想道德基础。

2015 年 3 月，国务院发布的《关于加快推进生态文明建设的意见》明确指出："必须弘扬生态文明主流价值观，把生态文明纳入社会主义核心价值体系，形成人人、事事、时时崇尚生态文明的社会新风尚，为生态文明建设奠定坚实的社会、群众基础。"生态文明作为当代中国的主流价值体系的重要组成部分，是对中华民族优良传统中的生态思想的继承与发展，也是马克思主义生态文明思想的中国化，更是我党对社会主义建设规律、人类社会发展规律的重要认识成果。

核心价值缺失与"先污染、后治理"反思

经济发展与环境退化之间经常呈现"倒U形"曲线关系，许多学者将其定义为环境库兹涅茨曲线，并将其运用到对发展中国家和发达国家的"先污染后治理"的发展模式的解释之中。所有工业化国家走的都是一条"先污染后治理"的路。中国是否跳出了这个铁律？情况似乎并不令人乐观。改革开放以来，经济建设一直都是我国的首要任务。在这一时期，由于对生态环境保护工作的认识不足，尤其是生态文明核心价值观的缺失，造成我国的生态环境持续恶化。尽管在这之后，我们对环境的保护力度无论从思想上还是制度上都在有所重视和逐步完善，但是，"我国已经开展了 30 多年的环境保护工作，客观上

并没有摆脱‘先污染后治理’的路径。因为中国还是将经济发展作为第一要务”。[①]明知道这条道路弊端重重、代价巨大，甚至是条死路，但是我们还是无法摆脱这一魔咒，有必要探究这背后深层的根源。

当企业到了取缔不了的程度

现代工业文明彻底打破了自然的和谐与宁静。就自身而言，我国处于发展中国家，历史的发展证明，唯“发展才是硬道理”,不发展注定落后挨打。为了尽快实现现代化，让国民共享富裕生活，改革开放后，粗放型的经济增长方式成为主要发展方式；加之我国的特殊国情，即生态环境先天脆弱，人口基数大且人均资源占有率很低，发展极为不平衡。过快的经济增长及力求平衡发展的发展模式，让我国在较短的时间内暴露出发达国家要50~100年才出现的生态环境问题，资源短缺、生态破坏、环境污染等问题交织重叠，加剧了生态环境问题的复杂性和复杂性。

在这种赶超发展中，几乎所有的行业都开足了马力。以钢铁行业为例，整个行业65%都是违法企业，没有任何审批手续。《中华人民共和国环境评价法》被甩在一边，即使停止审批——不管合法不合法的都停止审批，仍然堵不住“黑户”，而监管部门也不愿意去碰。为什么关不了？一千万吨的产量带来多少人就业？十万人。一旦这些企业到了取缔不了的程度，环保能有多大的威力？不仅不能倒，这些企业甚至还要接受政府的大量补助。截至2015年4月29日，沪深两市披露2014年年报的上市公司中，已有2 473家获得政府补

① 王毅：《思想上的雾霾不除　环境中的雾霾难消》，人民网，2013年3月5日。

助，计入当期损益的政府补助合计金额达 894.21 亿元。而 2012 年和 2013 年，A 股上市公司总共计入当期损益的政府补助分别为 757.83 亿元和 768.02 亿元，对应“进补”的上市公司数量分别为 2 511 家与 2 542 家。在这方面，柴静在她的关于雾霾的纪录片《穹顶之下》里甚至讲到这样一个故事：一个已经严重亏损的企业，在拿到政府的补助之后，在他们的办公室里面挂了这么一个条幅：贴身肉搏、刺刀见红、誓比某钢便宜 100 块。央行的副行长刘士余把这些企业叫作“僵尸企业”，他们在消耗着大量的金融资源，将给我们的实体经济带来不可估量的风险。而这些企业到目前为止还在扩张。

与钢铁紧密联系的还有煤。煤本身并不一定意味着“脏”，德国人也用褐煤，但是德国人会对它们进行清洁、提质，同样的，英国 95% 以上的煤都要先“洗干净”。那么在中国洗了多少呢？不到一半。剩下的另外一半中基本有几亿吨是没有任何用而且造成污染的“灰分”。我们就这么把它拉着，用汽车拉，用火车拉，满世界地跑，再放到煤炉子里烧，而且还有很多煤是被普通的居民给烧掉了。在中国很多中小城市，约有 1/4 的人还是在烧散煤。他们烧的量不算大，只有 20%，但是这 20% 排放出来的二氧化硫，跟所有的大电厂加起来一样多。最要命是，二氧化硫的毒性还非常大。

“绿色化”是对“先污染后治理”的彻底否定

党的十八大首次把“美丽中国”作为生态文明建设的宏伟目标，把生态文明建设纳入中国特色社会主义“五位一体”的总体布局之中，提出“促进工业化、信息化、城镇化、农业现代化同步发展”。中共中央政治局 2015 年 3 月 24 日召开会议，审议通过《关于加快推进生态文明建设的意见》，指出“把生态文明纳入社会主义核心价值体系，协同推进新型工业化、城镇化、信息化、农业现代化和绿色化”。[①]这是中央第一次明确提出“绿色化”概念，并将其上升为战略部署，定性为“政治任务”，这可以看作对“先污染后治理”的全面修正，是生态核心价值观的最高级体现。

如果说污染所对应的颜色是黑色的话，那么绿色，就是对它的彻底否定。绿色，代表着整个人类生存和发展的基础。所以，“绿色化”是生态核心价值的最高级表达，它把社会主义核心价值观日常化、具体化、形象化、生活化，使每个人都能感知它、领悟它，内化为精神追求，外化为实际行动。它以国家顶层设计之名，将其变成重大国家战略、价值理念予以贯彻，这既与对“为发展而付出环境代价”的经验教训的反思有关，更与国家未雨绸缪于良性循环发展的战略目标相连。新“五化”中，绿色化起到了将“五化”首尾衔接的贯通作用。所有个体人生与社会发展的追求目标，必然会是披着丛丛绿衣的累累果实。

绿色化，其实是一个形象化的概括，而一旦上升到一种清晰可见的社会文明的价值理念，马上就变得更加传神。绿色化是生命、生存、生活、生态和其他“四化”追求的重要目标和价值依托，其所要实现的目标，将是一个生活于绿色生态文明之上的家园。绿色化是一场全方位系统性的绿色变革。这场变革所带来的不仅仅是企业社会责任，政府主体责任等的强化，更是人类文明形态的一次前所未有的重构。没有绿色的翅膀，所有发展都难升空、落地、开花结果；没有了

① 习近平：《把生态文明纳入社会主义核心价值体系》，新华网，2015 年 4 月 3 日。

绿色的梦想，所有物质与精神追求，将会无着无靠，也就会落入空谈。绿色化为核心的生态文明价值理念，是我们的价值观良性循环、生生不息的“血液”。重塑绿色生态这一核心价值理念，既是公众的福音，也是中华民族永续发展的举措，更是实现中国梦、功在当代、利在千秋的伟业。

生态之美与核心价值养成

生态文明纳入核心价值体系，更重要的还在于它对于生态之美的潜移默化的进化和提升。从审美角度看，“先污染后治理”是一种生态之丑。把生态文明纳入核心价值体系，就是要让生态之美成为一种共同意识。生态美育对于核心价值的重要性与基于欣赏生态美、维护生态美而形成的生态审美教养须臾不可分离。

生态美育，本质上就是一种值得特别赞美和推崇的，诗意地栖居于大地之上的高级人生价值。望得见山、看得见水、记得住乡愁，是一种生态之美；“苍山不墨千秋画，洱海无弦万古琴”也是一种生态之美。为什么人类会沉迷于工业文明的狂热之中，不惜破坏和污染每一条江河、侵蚀每一寸土壤、毒害每一种生物，使对大自然的破坏到了一种无以复加的严重程度，就是物质的利益迷惑了对于自然之美的生态本心，就是片面追求奢侈浅薄的物质生活而牺牲了高尚的环境美的生活需要，这种生活时尚最终导致了人类后代极度缺乏生态审美的需求和欣赏能力。由此，人们的心灵日益荒芜，关切物种的生态良心也日益麻木，对自然的热爱和对生命的关心也就完全被荒唐的物质享受所代替。

“先污染后治理”的形成，源于人们对污染本身的麻木。把人们从这种麻木中拯救出来的关键，就是要发挥生态文化的教化和审美的培育的功能，让更多的人认识到“天育物有时，地生财有限，而人之欲无极”，进而提高每个人感受自然生态美的固有能力，充分发挥生态美感体验的神经机能，达到“一松一竹真朋友，山鸟山花好兄弟”的意境。这时，人们就会在郊游时沉醉于百草鲜花的四季芬芳，在进入荒野时流连湖光山色的壮美俊秀，就懂得观赏羚羊麋鹿的戏耍游玩、竞走赛跑，聆听无数鸣禽在丛林天堂里的即兴吟诗、纵情欢唱，也会倾慕羽毛如雪的天鹅长颈相交、两心相许的终身守候。

人们一旦知道欣赏生态美，自然会对“先污染后治理”深恶痛绝。就绝不会听任青山绿水变为荒漠浊流，就不会为了经济指标而毁灭具有生物多样性之美的大自然，就不会让珍禽异兽变为锦衣华服或餐桌上的美味佳肴，就不会为了放纵物欲的膨胀去牺牲美好、愉悦、自由、脱俗的生存享受。就会对“破坏了山、砍光了林，也就破坏了水，山就变成了秃山，水就变成了洪水，泥沙俱下，地就变成了没有养分的不毛之地，水土流失、沟壑纵横”深恶痛绝。因此，生态美的培育和养成，是开启人类生态心智的钥匙。欣赏和维护生态美不仅是当代人的美好生活所必需的文化素养，而且也是人们健康、文明生活的一个非常重要的尺度。有了这样一种生态美的尺度，我们才能不仅认识到“既要金山银山，又要绿水青山”的现实性，更能认识到“绿水青山就是金山银山”的超越性。绿水青山本身就是金山银山，我们种的常青树就是摇钱树，生态优势变成经济优势，一旦形成了这种浑然一体、和谐统一的关系，人类就进入一种生态文化的最高境界，从而彻底告别了“先污染后治理”的路径依赖。

“五化一体”重构生态文明核心价值理念

建构生态文明指引下的新型工业化

党的十六大报告明确指出，要走“科技含量高、经济效益好、资源消耗低、环境污染少、人力资源优势得到充分发挥的新型工业化路子。”①在此之后，有学者认为，还应有以下三个方面内容：“第一，重点开发可再生能源，创新绿色革命技术；第二，高度重视智能化；解放劳动力；第三，工业发展选择新材料和纳米科技革命，解除资源限制。”②生态文明作为人类发展的一种高级文明形式，它的首要目标是爱护自然、尊重自然、维护人与自然和谐，它的发展理念与新型工业化道路的发展要求，二者相互统一，相互协调。

其统一性具体表现为：第一，建设生态文明的主要路径是走新型工业化道路；第二，新型工业化道路的目标和导向是生态文明；第三，全面建成小康社会是二者统一协调发展的结果。在二者发展过程中，生态文明又具有引领新型工业化的作用，其原因主要有：一是走新型工业化道路必须是经济和环境双赢之路，而这必须要靠生态文明来引领；二是在人类文明发展史中，生态文明阶段的发展基础是生态环境的良性循环，唯有靠生态文明引领新型工业化道路，才能有良好的环境发展基础；三是生态文明的引领作用是顶层设计的必然要求。党的十八大明确指出，要将生态文明融入经济社会发展的各个方面。

---

① 《中国共产党第十六次全国代表大会文件汇编》，北京：人民出版社，2002 年。

② 贾根良：《第三次工业革命重新定义“新型工业化道路”》，光明网，2013 年 2 月 22 日。

建构生态文明指引下的新型城镇化

城镇化既是人类社会发展的客观趋势，也是国家现代化的重要标志。据统计资料显示：我国在建国初期的30多年里，城镇化进程缓慢；但自改革开放以来，我国的城镇化建设便进入全面推进、快速发展的阶段。1949年，我国的城镇化率仅为10.64%；到1981年也才首次突破20%，达到20.16%；而到2013年，我国的城镇化率已经达到53.7%。这些数据表明我国目前正处于城市化水平的中期加速阶段。然而，在这些举世瞩目的成果背后，我们应当正确认识到在推进城镇化的进程中，部分地区仅把经济利益作为主要目标而忽视了生态环境的承载力，并由此引发了众多严峻的问题。由城镇化所导致的主要问题大致可概括为六个方面：一是大量农业转移人口难以融入城市社会，市民化进程滞后；二是“土地城镇化”快于人口城镇化，建设用地粗放低效；三是城镇空间分布和规模结构不合理，与资源环境承载能力不匹配；四是城市管理服务水平不高，“城市病”问题日益突出；五是自然历史文化遗产保护不力，城乡建设缺乏特色；六是体制机制不健全，阻碍了城镇化健康发展。[①]为了解决在城镇化进程中所带来的问题，党的十八大已经明确提出走“新型城镇化”道路，这为我国城镇化健康发展指明了具体的道路和方向。

新型城镇化与生态文明是辩证统一的，因为生态文明的载体是新型城镇化，而新型城镇化的目标是生态文明，两者相互依存、缺一不可。为使二者有机结合并形成“一体化”发展，需做好四个方面的工作：一是强化生态文明理念，把生态文明理念和原则融入城

---

① 中共中央国务院印发《国家新型城镇化规划（2014~2020年）》，新华网，2014年3月17日。

镇化的整个过程；二是优化新型城镇化的空间布局，使城镇化和生态化有机结合成一体；三是走新型工业化道路，并不断加强工业化对城镇化和农业现代化的带动作用，健全以工促农、以城带乡的长效机制，推动城乡经济社会一体化发展；四是注重环境的保护和生态产业的发展。①

建构生态文明指引下的信息化

在处于信息时代的今天，信息资源、信息技术和相关智能化设施的投入与广泛应用，在节约资源和保护生态环境等方面都发挥了举足轻重的作用，为人类社会由工业文明迈向生态文明提供了技术保障。信息化建设能够极大地促进生态文明的构建。国家环保部从 2013 年就开始推进“信息强环保”战略，当年成立的国家环境信息化顾问专家委员会也说明了信息化在这一领域的重要性，主要涉及污染防治、生态保护、环境质量、环境监测、总量控制、环境影响评价、执法监督等业务板块。只有通过深入推进环境信息化建设，实现环境信息采集、传输和管理的信息化，才能从大量繁杂的信息中发现趋势、把握重点，使环境管理决策体现时代性、把握规律性、富于创造性，提高环境管理决策的水平和能力。②

---

① 李冠辰、高兴武：《生态文明视角下的新型城镇化的几个相关问题》，《山东社会科学》，2014 年 S1 期。

② 洪黎明：《以信息化支撑　引领生态文明建设》，中国信息产业网，2013 年 4 月 1 日。

建构生态文明指引下的农业现代化

2015 年 2 月 1 日，中共中央、国务院印发《关于加大改革创新力度加快农业现代化建设的若干意见》（以下简称《意见》），文件提出要走出中国特色新型农业现代化道路。“新型”二字的增加，意味着告别过去“拼资源、拼环境、高投入、高消耗”的“两拼两高”道路，农业发展将更加重视生态环境的可持续。《意见》指出：“中国要强，农业必须强。做强农业，必须尽快从主要追求产量和依赖资源消耗的粗放经营转到数量质量效应并重、注重提高竞争力、注重农业科技创新、注重可持续的集约发展上来。走产出高效、产品安全、资源节约、环境友好的现代农业发展道路。”[①]农业现代化被赋予新的内容，更加注重“生态”二字，强调生态环境的可持续。换句话说，农业现代化的发展，要在生态文明的指导下发展，真正建立“美丽中国”。生态文明与新型农业现代化，二者的核心都是“生态”，生态文明的理念对新型农业现代化更具指导和引领的作用，它是农业现代化的内核，引领我国农业的发展。可持续发展道路就是生态文明发展之路，而新型农业现代化是实现生态文明发展的基本路径之一，也是为实现生态文明发展从“理念”向“落实”的转变，提供的物质基础；而生态文明确实是农业现代化发展的精神支柱，它体现了我国农业发展的本质。建构生态文明下的农业现代化发展，是物质与精神的辩证统一，重构人与自然和谐发展的生态文明，将在更高层次推动农业现代化的发展，在经济新常态下助推中国经济的发展，共同为美丽乡村、美丽中国谱写绿色乐章。

---

① 中共中央和国务院印发《关于加大改革创新力度加快农业现代化建设的若干意见》，人民网，2015 年 2 月 2 日。

重塑生态文明现代治理体系

生态文明核心价值的意义不仅在于思想文化层面，更要内化为一种国家意识、国家制度，制度是体现核心价值的最重要载体，是核心价值的保障。在一个国家的治理体系与治理能力中，生态文明核心价值要贯穿始终，就必须形成生态文明治理体系，提高生态文明治理能力，通过优化空间布局、发展低碳产业、构建低碳生产模式、碳汇建设、低碳建筑、低碳能源、低碳交通、低碳能力建设、构建低碳生活方式等行动，在国家治理体系中把生态文明核心价值落到实处。

绿色治理是一场政府治理的革命

绿色治理，以生态文明核心价值体系为指导，以可持续发展为目标，在政府管理行政事务中优先践行保护环境、人与自然和谐相处的绿色理念。政府是绿色转型的第一推动力，必须承担起保护环境和自然资源的第一责任，推动人与自然和谐、生态与经济协调可持续发展。政府绿色治理的战略重点是绿色转型，包括推进绿色经济技术模式、绿色激励机制、绿色经济管理体制以及制定实施绿色标准等。绿色治理的核心是建立健全生态环境方面的法律法规，形成包括环境保护、资源合理利用和生物多样性维护方面的政策体系，在国家治理中细化和理清政府生态保护的责任。生态协同共治是推进生态治理现代化的重中之重，其核心内容是明确治理主体，实现各主体协同共治，共同承担生态治理责任，从而走出“边治理边破坏”的粗放发展模式。

绿色治理是对传统政府治理模式的一种颠覆，是政府行为方式和执政理念的一种再造，是政府治理的一场革命。因此，必须首先在国家层面强化生态治理顶层设计和总体协调，有效提高生态治理现代化水平。由于生态环保问题的复杂性，所涉及方方面面的部门，必须在国家层面建立总的生态治理领导协调机构，统筹协调立法与行政执法、政府与民众共治、明确政府各项职责，在国家生态治理现代化中起总枢纽作用。

绿色治理的核心是依法治理。必须进一步完善生态环境方面的立法，建立生态文明法治体系，促进生态立法与环保执法、环保法庭以及政府之间的共同治理责任的落实。新修订的环境保护法虽然更加严厉，但还没有明确规定政府各部门如何履责并进行监管。现行的环境资源法律主要以公民、法人和其他组织为调整对象，很少对政府行为进行规范和约束。尤其是在立法方面，目前还缺乏一部专门的生态治理机构组织法来理清和界定生态治理体系中各治理主体的关系，明确国家生态治理机构设置、职能权限、职责分工、利益分配等事项。因此，加快生态补偿立法，必须将生态环境资源开发与管理、生态环境建设、资金投入与补偿的方针政策等内容纳入法律规范。同时，要在一些地方已有的实践探索基础上（如贵州的生态环保法庭），加大力度研究环境司法在国家治理中的定位与落实问题，探索建立生态保护警察和检察官等制度，为生态保护执法工作提供强有力的司法保障。

与社会治理一样，绿色治理也是一种公共治理，其核心要义就是要形成社会共治关系，强化生态治理主体多元化，把民众与社会纳入治理主体之中，包括建立利益相关方协商机制。其中，要特别重视和鼓励企业履行社会责任并形成相关制度。企业是生态治理的重要主体，在工业化过程中，应把企业对生态环境的影响降到最低。此外，应建立全民参与生态治理的监督机制。重视发挥各类行业组织、公益组织、环保非政府组织以及民众的作用。同时，要进一步理顺生态治理中各级政府之间、同级政府各部门之间的关系。扭转政府部门和机构间职能错位、管理范围冲突等体制性障碍，建立有效的生态治理议事协调机构、环境管理联席会议制度、部门联系通报制度、环境违法案件移交制度等。

但仅仅这些还不够，要让“绿色化”真正“走心”和过脑，还得有一个全面的顶层设计。生态文明的社会共识已基本形成，但对于一些地方来说，一碰到实实在在的利益，马上就原形毕露。改变这一现状，就得对政绩考核体系做出修改与完善，科学认识发展的内涵，合理评估GDP中的绿色占比，同时用业已取得的发展成果反哺环境欠账，逐步消化转型阵痛。我一直主张，要通过开展GEP的核算，从而形成一个反映生态文明的整体的指标体系。要修正传统的以GDP为主要内容的经济增长评价指标体系，建设生态文明的指标体系，形成GEP和GDP共同衡量体系。像贵州、云南、青海这样的地区，GDP可能是低值，但是它的GEP很可能会超过北京和上海。GEP关注的是生态系统的运行状况，对应于GDP关注的经济系统运行状况。在这方面，深圳市的盐田区已经开始尝试并发布了盐田区生态文明建设重大改革成果——“城市GEP”，即城市生态系统生产总值核算体系，主要是进行生态系统的生产和服务总和的核算，反映的是生态系统为人类福祉提供的产品和服务的经济价值总量。但“城市GEP”还仅仅是就一个城市进行的核算，还不是“全域”的概念。因此，接下来，应该在诸如福建、贵州等生态文明示范区适时开展全域GEP核算，通过区域协调、综合治理、生态工程等方式，建设生态红线管控平台，弥补自然生态系统自我修复的不足。

生态环境是最公平的公共产品

一个社会生态文明核心价值观的缺失，可以表现在企业行为的偏差上，也可以表现在公民个人行为的无序上，但更重要的是它所造成政府治理的误区，而这恰恰是对生态环境最大的破坏以及很多无法挽回的损失的根源所在。长期以来，政府与生态的关系上，我们一直存在误区，一直没有底线，一直被动应付。在政府各个部门之间，许多重要的部门还无视生态环境的发展目标，各部门之间缺少协调，跟污染相关的很多部门都没有把环境保护和生态发展纳入自己的议事日程和工作目标。很多地方的政府甚至把生态环境保护与经济发展、民生幸福对立和割裂开来，一手硬、一手软，造成很多的生态欠账。因此，“先污染后治理”问题的主要责任，就在于政府自身生态核心价值观的缺失，就是没有把良好生态环境看作最公平的公共产品和最普惠的民生福祉。为此，2014 年生态文明贵阳国际论坛年会上，国务院总理李克强发来贺信。他表示，中国把生态文明建设放在国家现代化建设更加突出的位置，坚持在发展中保护、在保护中发展，健全生态文明体制机制，下大力气防治空气雾霾和水、土壤污染，推进能源资源生产和消费方式变革，继续实施重大生态工程，把良好生态环境作为公共产品向全民提供，努力建设一个生态文明的现代化中国。

把良好生态环境纳入公共产品之中，这是中国政府对于国际社会的承诺，也是中国政府对于自身使命的宣示，意味着生态环境具有消费或使用上的非竞争性和受益上的非排他性。随着改革开放的深入，生态环境属于公共产品正在成为社会共识。如今，国家强调把良好生态环境作为公共产品向全民提供，既体现了执政为民的理念，也符合世界发展潮流。

把良好生态环境纳入公共产品之中，要求我们的政府必须进行执政方式的变革，统筹兼顾发展经济与保护环境的重要性，发挥好政府在生态文明建设方面的主体作用。通过加强立法、完善政策、经济转型、增加投入、强化宣教等，逐渐步入经济社会与生态环境健康协调发展的正轨。要把节约优先、保护优先、自然恢复作为基本方针，把绿色发展、循环发展、低碳发展作为基本途径，把深化改革和创新驱动作为基本动力，把培育生态文化作为重要支撑，把重点突破和整体推进作为工作方式，内化于各级地方领导的执政方式和执政理念之中。

目前，中国政府正大力推动大众创业、万众创新，简政放权以前所未有的力度推进。但是，除了宽松的营商环境、不断优化的审批流程和大幅缩减的政府审批事项外，是否有一个良好的生态环境，是否有一个清新的城市空气，是否有效遏制住了雾霾的侵袭，有时候比硬件环境的改善更为重要，也更具深远意义。因此，对于一个政府来说，要把良好生态环境作为政府公共服务的重中之重，提供更加高水平的生态环境公共产品，并首先在政府的核心价值观中融入生态文明这个核心要求，用生态文明核心价值观改变政府的执政方式，将生态文明的核心价值观融入政绩考评体系，用生态文明这个指挥棒再造政府流程，实现政府的生态文明的价值转化。

人民有所呼，改革有所应。生态环境这一公共产品已经成为衡量改革“获得感”的重要标尺。正如习近平总书记所指出的：“人民群众对清新空气、清澈水质、清洁环境等生态产品的需求越来越迫切，生态环境越来越珍贵。我们必须顺应人民群众对良好生态环境的期待，推动形成绿色低碳循环发展的新方式，并从中创造新的增长点。生态环境问题是利国利民利子孙后代的一项重要工作，决不能说起来重要、喊起来响亮、做起来挂空挡。”①

推动国家生态环境治理体系和治理能力现代化

国家生态环境治理体系和治理能力现代化是国家理体系和治理能力现代化的核心内容。按照党的十八届四中全会审议通过的《中共中央关于全面推进依法治国若干重大问题的决定》，在对全面推进依法治国做出总体部署的同时，明确提出要用严格的法律制度保护生态环境，加快建立有效约束开发行为和促进绿色发展、循环发展、低碳发展的生态文明法律制度，强化生产者环境保护的法律责任，大幅度提高违法成本；建立健全自然资源产权法律制度，完善国土空间开发保护方面的法律制度，制定完善生态补偿和土壤、水、大气污染防治及海洋生态环境保护等法律法规，促进生态文明建设。从党的十八大将生态文明建设纳入中国特色社会主义事业“五位一体”总体布局，提出推进生态文明建设的目标任务，到十八届三中全会提出生态文明体制改革的主要任务，再到四中全会明确提出了生态文明的建设任务、改革任务、法律任务，这充分表明，党中央、国务院对推进生态文明建设和加强环境保护态度上更加坚决，内容上更加丰富，要求上更加明确。这为我们进一步加强环境保护、建设美丽中国、走向生态文明

① 《十八大以来习近平60多次谈生态文明》，新华网，2015年3月10日。

新时代指明了方向。①

目前，国家环保部正全面构建生态文明建设和环境保护的四梁八柱，目标是形成一个生态文明建设和环境保护的宏观性、系统性、轮廓性的整体架构，是对我国生态环境保护探索实践的认识升华。四梁八柱的主要内容包括：以积极探索环境保护新路为实践主体，进一步丰富环境保护的理论体系；以新修订的《环境保护法》实施为龙头，形成有力保护生态环境的法律法规体系；以深化生态环保体制改革为契机，建立严格监管所有污染物排放的环境保护组织制度体系；以打好大气、水、土壤污染防治三大战役为抓手，深化生态环境保护管理体制改革，构建改善环境质量的工作体系。②

生态文明的成效是衡量现代化质量的重要指标和判断执政能力的重要标尺。但同时也要看到，环境保护、污染治理不可能一蹴而就，生态文明建设注定是一场持久战、攻坚战。围绕推进生态环境治理体系和治理能力现代化，接下来还需要着力推进的工作包括：推进环境管理战略转型，深化改革助推职能转变，完善环境管理体制机制，强化生态环保能力建设。

理念是行动的先导。国家生态治理能力现代化作为国家治理能力现代化的重要内容，必须破除思维定式、僵化观念，确立以制度为基本遵循的现代化生态治理理念。重中之重是牢固树立生态红线的观念，从制度上保障生态红线，让透支的资源环境逐步休养生息，加大环境治理和生态保护工作力度、投资力度、政策力度，以解决损害群众健康突出环境问题为重点，打好大气、水、土壤等污染防治的攻坚

---

①② 《环保部：推进生态环境治理体系和治理能力现代化》，《中国高新技术产业导报》。2014 年 12 月 3 日。

战和持久战，不断巩固和扩大森林、湖泊、湿地等绿色生态空间，同时健全国土空间开发、资源节约利用、生态环境保护的体制机制，将生态优势转变为经济优势，把生态资本转变为发展资本，以绿色产业发展引领经济转型升级，将绿色发展转化为新的综合国力和国际竞争新优势，推动国家生态环境治理体系和治理能力现代化。

第二篇 “贵阳指数”：中国生态文明风向标

第四章　对中国生态文明的一次“体检”

2014 年 7 月 8 日，由北京国际城市发展研究院和贵州大学贵阳创新驱动发展战略研究院联合发布了《2014 年中国生态文明发展报告》，首次采用“贵阳指数”来对中国生态文明建设进行量化评价，并从 2014 年起逐年发布中国生态文明建设评价报告。

“贵阳指数”，是我国第一个以地方命名的生态文明评价指数，亦称“中国生态文明发展指数。”贵阳指数是一个创新性的指数，它借鉴国内外研究成果，结合地区发展实际，在生态文明评估领域进行理论创新，设计了一套全面反映生态文明发展情况的指标体系，该体系包括生态经济、生态环境、生态文化、生态社会、生态制度 5 个二级指标以及 22 个三级指标，同时对中国 31 个省区市和 35 个大中城市进行了生态文明发展水平的综合评价。

人均淡水资源：在 206 个国家中排名第 126 位

从目前情况来看，我国水资源呈现总量丰富、人均占有量少，地区分布不均，南多北少，东多西少，与人口、耕地、矿产和经济分布不相匹配的特点，水资源对于经济社会发展的正向促进作用并不明显。以人均可再生内陆淡水资源这一指标为例，2011 年我国人均可再生内陆淡水资源为 2 092.80 立方米，在 206 个比较的国家中排名第 126 位，处于中等收入国家的平均水平，与澳大利亚、俄罗斯、巴西等国家相比，差距比较明显（见图 4–1）。

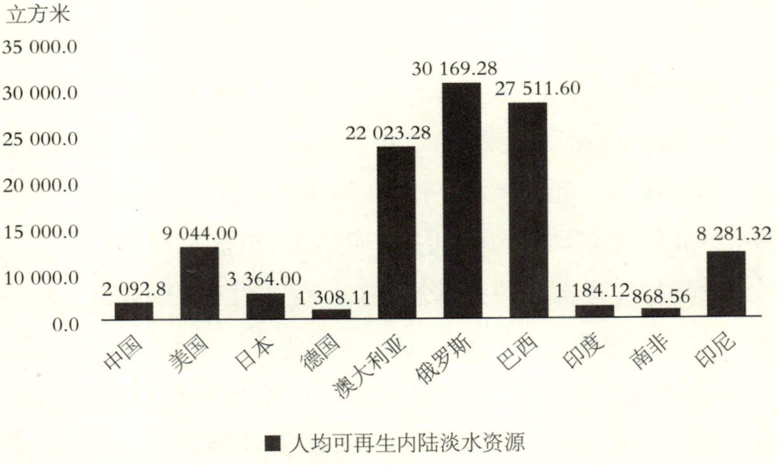

图 4–1　2011 年人均可再生内陆淡水资源国际比较

从基本国情看，我国资源总量大、种类多，但人均占有量少，人均耕地、林地、草地面积和淡水资源分别仅相当于世界平均水平的 43%、14%、33%、28%，主要矿产资源人均占有量相当于世界平均水平的比例分别是：煤为 67%、石油为 8%、铁矿石为 17%、铜为

25%、铝土矿为11%，资源短缺已成为制约我国经济发展的重要瓶颈。据专家估计，到2020年，在45种重要战略性资源中，我国将有9种严重短缺（依赖进口）、10种短缺。

在资源利用情况上，我国资源综合利用率比发达国家低10%；每吨标准煤实现的GDP为世界平均水平的30%；矿产资源回收率比国外先进水平低20%；单位产值能耗是世界平均水平的2倍；机动车消耗比欧洲高25%；工业用水重复率比国外先进水平低5%~20%。2010年，我国能源消耗总量已经占世界总量的20%，但是GDP却不足世界的10%；我国的人均能源消费与世界平均水平大体相当，但人均GDP仅是世界平均水平的50%。

经比较我们发现：一是我国人均占有资源较少，能源供应紧张，能源短缺现象严重，部分能源对外依存度较高；二是资源利用率低，经济效益低，能源浪费现象严重，低产值、高污染的工业生产模式不利于国家经济发展。当前我国尚未摆脱以要素投入和规模扩张为主要特征的粗放型发展模式，经济发展成就主要还是建立在对资源的消耗和环境的破坏之上，由此造成了经济发展与资源环境之间的矛盾激化，可持续发展、生态文明建设形势依然严峻，任务依然艰巨。

生态文明建设，就是要加快转变经济发展方式，推动产业结构优化升级，走新型工业化道路，大力发展循环经济。加强国家宏观调控，利用经济、法律和行政手段鼓励各行各业节约资源，降低污染排放。企业要采用先进技术和科学管理方法提高经济效益，提高资源的利用率。坚持“走出去”与“引进来”相结合，积极开展国际能源合作，充分利用国际国内两个市场、两种资源。

BOD排放量：中国在87个比较国家中排名第一

随着人口的增长和经济的发展，2013年中国废水排放总量达694.9亿吨[①②]，成为世界上废水排放量最高的国家。水体有机污染物污染程度，通常用COD（化学需氧量）和BOD（生化需氧量）两个指标来测量。根据《2014年中国生态文明发展报告》显示，2007年中国的BOD日排放量达到9 429吨，是有统计数据的87个国家中日排放量最高的，也是2006年美国BOD日均排放量的5倍以上（见图4–2）。

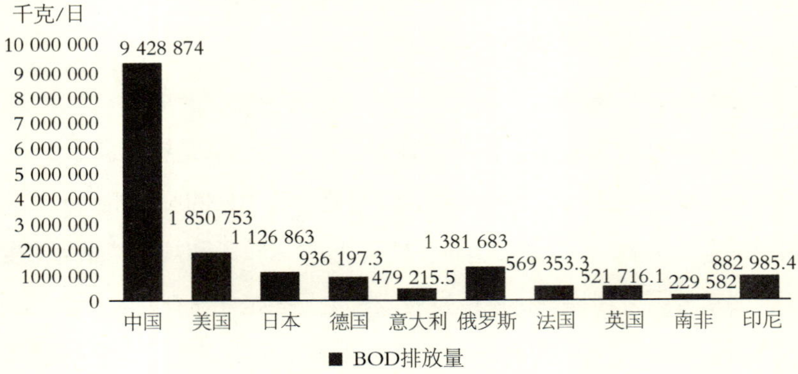

图4–2 BOD排放量国际比较

资料来源：《2014年中国生态文明发展报告》

据《全国环境统计公报》发布的数据显示，2013年中国COD排放量为1 209.28万吨。多家研究机构的研究认为，中国水环境的COD承载力为740.9万吨，但全国第一次污染源调查发现，COD实

①② 环境保护部：《全国环境统计公报》，2015年3月16日。

际排放量为 3 028.96 万吨，约为中国水环境COD承载力的 4 倍。① COD和BOD排放量在一定程度上反映了水环境承受的污染压力。数据表明，我国这两个指标的排放量远远超过环境容量的情况还会长期存在，因此，水体有机物污染严重问题很难在短时期内得到改善。

此外，2013 年中国的烟（粉）尘排放总量达 1 278.14 万吨，居世界第一位，而且还在增长之中。中国的二氧化碳和二氧化硫排放量世界最大，根据国际能源机构的最新数据，截至 2011 年，中国二氧化碳排放量达到 80 亿吨，已占到全球碳排放总量的 25.5%。②2013

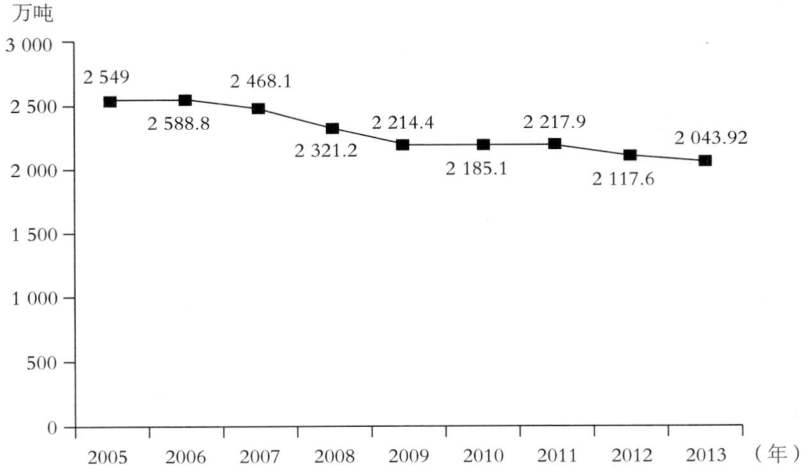

图 4–3　2005~2013 年我国二氧化硫排放量情况

资料来源：《2013 年全国环境统计公报》

①② 章轲：《中国污染到底有多重？污水总量超环境容量三倍》，第一财经网，2014 年 5 月 22 日。

年中国二氧化硫排放量达 2 043.92 万吨，占世界二氧化硫排放量的 26%。烟尘、二氧化硫是造成空气污染的重要因素，虽然我国近年来采取了一系列环保措施使二氧化硫的排放量有所下降，但排放总量仍高居世界第一（见上页图 4–3）。

大气污染不断蔓延，“大气的平均能见度从 1961 年的 4 000~10 000 米减小到如今的 2 000~4 000 米”。[①]2013 年以来，中国多地多次出现持续性雾霾，波及 25 个省份、100 多个城市，约 6 亿人受影响，雾霾中的PM2.5 成为人民群众的“心肺之患”。2014 年，全国有 190 座城市公布了PM2.5 浓度，仅有 18 座城市的PM2.5 浓度达到国家二级标准（35 微克／立方米），90%以上的城市超标，有 1/4 的城市甚至达到国家二级标准的两倍以上。环保部 2014 年发布统计监测数据显示，74 个重点城市中只有 8 个城市的空气质量达标。

中国是世界最大的能源消费国。2012 年，中国的煤炭消费超过全球消费总量的一半。2013 年，中国能源消费占全球消费总量的 22.4%，占全球净增长的 49%。中国的能源需求在 2007 年超过欧盟，2010 年超过美国，2012 年超过整个北美。而根据国家发改委能源所的一项研究显示，中国能源结构转变和能源消费下降的转折点在 2050 年左右才能出现。

快速工业化进程忽视了环境保护，带来了污染物的大量排放。在环境污染治理中，国家正在大力编制和推行《大气污染防治行动计划》《水污染防治行动计划》《土壤环境保护和污染治理行动计划》等排放污染治理措施，在污染防治上下大力、出真招，力图在责任、任

① 《环保专家：中国已成世界上PM2.5 污染最严重地区》，腾讯网，2013 年 7 月 21 日。

务、措施、体制机制上有所突破，更好地不断推进空气、水环境质量的改善。

贵阳指数：北京得分 0.735，排名第一

《2014 年中国生态文明发展报告》显示，中国 31 个省区市生态文明发展指数，北京为 0.735，排名第一；35 个大中城市生态文明发展指数，北京得分 0.759，排名第一。

从表 4–1 可以看出，在 31 个省区市中国生态文明发展指数分项指数排名中，北京在生态经济建设、生态文化建设、生态社会建设均排名第一，对其生态文明发展指数的贡献率分别为 24%、16%、19%；生态环境建设排名第二，贡献率为 22%；生态制度建设排名第三，贡献率为 19%。作为首都，北京是全国的政治、经济、文化中心，在生态文明建设上有先天优势，属于均衡发展类型。

在 31 个省区市中国生态文明进步指数和排名中，北京得分 0.215，排名第 31 位（见表 4–1）。在生态环境质量建设中，北京排名相对落后，成为其生态文明建设的短板。奥运会召开前，北京空前重视资源节约型和环境友好型社会的建设，生态文明建设水平有了较大提高，2008 年后北京从奥运会获得的环境红利已经式微，而为应对全球金融危机采取的经济强刺激措施却带来了环境负效应，尤其是雾霾和沙尘暴问题如今已开始显现。

31 个省区生态文明发展水平排名前 10 的地区中除重庆和安徽外，均为东部省份。35 个大中城市生态文明发展指数排名最高的 10 个城市中，除贵阳外均为东部沿海城市。在两项排名中，北京均居首

表 4–1　31 个省区市中国生态文明发展指数分项指数北京的得分和排名

	生态经济建设	排名	生态环境建设	排名	生态文化建设	排名	生态社会建设	排名	生态制度建设	排名	总得分	总排名
生态文明发展指数	0.175	1	0.161	2	0.115	1	0.143	1	0.142	3	0.735	1
生态文明进步指数	0.089	29	0.015	30	0.102	30	–0.001	29	0.01	29	0.215	31

资料来源：《2014 中国生态文明发展报告》

位，甘肃和兰州排名最后。环境污染问题是与经济发展伴生的产物，通常情况下经济发达地区要先遇到环境问题，所以东部沿海地区发达省份生态文明建设起步较早和水平较高。但排名相对靠后的中西部省份不能再走“先污染后治理”的老路，需要重点推进产业转型升级，改其艰难的生态文明建设局面。

19 世纪，作为工业革命发源地和工业中心的伦敦进入工业急速发展期，大量化石燃料，尤其是煤炭的消耗量不断增加，使得伦敦的空气污染形势渐趋严峻，“雾都”之名举世皆知。几十年来，伦敦采取了一系列大气污染治理措施和清洁空气行动计划，空气质量才慢慢有所改善。北京正在遭受 20 世纪伦敦“雾都”问题的困扰，而其他正在急速前进的中国省区是否会重蹈覆辙，需要考验主政者的智慧。

环境污染治理投入的力度在一定程度上影响着环境质量的缓解与改善，最终会影响生态环境与经济、社会发展的匹配程度。对生态文明发展水平的观察，不仅要注重结果，更应关注过程。党的十八大将生态文明建设纳入“五位一体”总体布局，表明生态问题不是孤立的，而是贯穿于经济、社会、文化发展的方方面面与各个环节，不能单一地看待和处理某一个环境问题。生态文明建设融入“五位一体”，既是一个生态化的过程，也是一个绿色转型和质量提升的过程。

制度建设：30% 贡献率助贵阳进入前 10

《2014 年中国生态文明发展报告》评价结果显示，贵阳生态文明发展指数为 0.498，在 35 个大中城市中排名第 8 位，是排名前 10 的城市中唯一一个西部城市。具体来看，贵阳生态制度和生态文化建设在全国35个大中城市中居于领先水平，生态制度建设二级指标排名第3，仅该项指标对贵阳生态文明发展指数贡献率就达到了30%（见图4–6与图4–7）。在生态制度建设指标中，贵阳生态文明试点创建

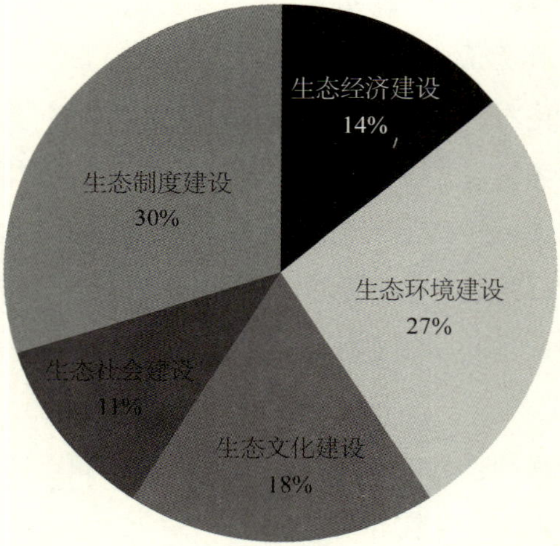

图4–6　贵阳生态文明发展指数二级指标贡献率

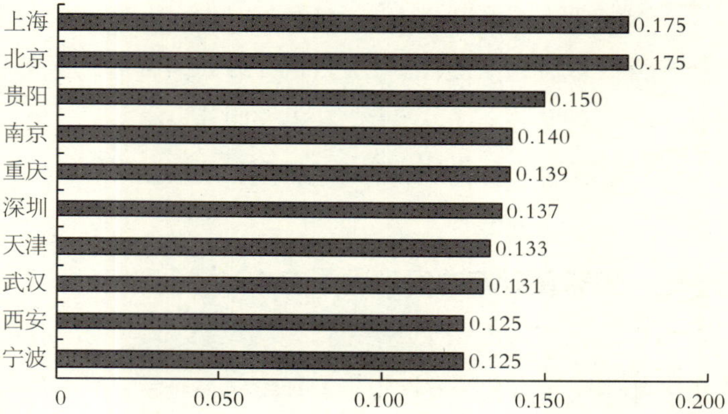

图4–7　35个大中城市生态制度建设指标前10名

情况和生态文明建设规划完备情况两项指标均排名第 4，表明在生态文明建设实践中，贵阳在制度建设方面一直走在前列。

从 15 年前发展循环经济，到 5 年前建设生态文明城市，经过 15 年的坚持不懈，贵阳市逐渐摆脱了当初典型的粗放式资源依赖型发展模式，从“大量生产、大量消费、大量废弃”的传统经济发展模式逐渐转向“低消耗、低排放、高效率”的现代化生态产业发展模式。城市环境也从“全球十大污染城市”和“全国三个酸雨污染最严重城市之一”变成了“中国避暑之都”，变成了享誉全球的“爽爽的贵阳”。

贵阳在生态文明建设上起步较早，一系列的顶层设计明晰了生态文明建设的实施路径，分别陈列如下：

- 2000 年 → 先于全国其他城市开始探索循环经济发展，2011 年 8 月，贵阳定位为“森林之城”
- 2002 年 → 贵阳成为全国建设循环经济生态城市首个试点城市
- 2004 年 → 贵阳市颁布施行了我国第一部循环经济方面的地方性法规《贵阳建设循环经济生态城市条例》，提出了建设生态经济市的战略定位，同年被联合国环境规划署确认为全球唯一的循环经济试点城市及被国家授予首个“国家森林城市”称号
- 2005 年 → 贵阳市成为入选国家 6 部委第一批国家循环经济试点单位中唯一的省会城市
- 2007 年 → 贵阳市公布《关于建设生态文明城市的决定》，在国内众多城市中率先提出以生态文明理念引领经济社会发展的战略方向，正式启动创建国家环境保护模范城市
- 2010 年 → 贵阳市出台《贵阳促进生态文明城市建设条例》，是国内首部促进生态文明建设的地方性法规
- 2012 年 → 国家发改委批复了《贵阳建设全国生态文明示范城市规划（2012~2020 年）》，贵阳成为全国首个生态文明示范城市
- 2013 年 → 生态文明贵阳会议升格为生态文明贵阳国际论坛，这是中国目前唯一以生态文明为主题的国家级国际性论坛。2013 年 5 月 1 日起，《贵阳市建设生态文明城市条例》施行，这是全国第一个建设生态文明城市的专项法规
- 2014 年 → 《贵阳市湿地公园保护管理规定》施行，贵阳市开始着力推动公园城市建设

2014年贵阳市完成生产总值2 497.27亿元，增长13.9%，增速比全国、全省分别高6.5、3.1个百分点，绝对值占全省的比重达27%；完成财政总收入654.69亿元，增长16.1%。图4–8为近5年贵阳市、贵州省、全国经济增速对比情况。

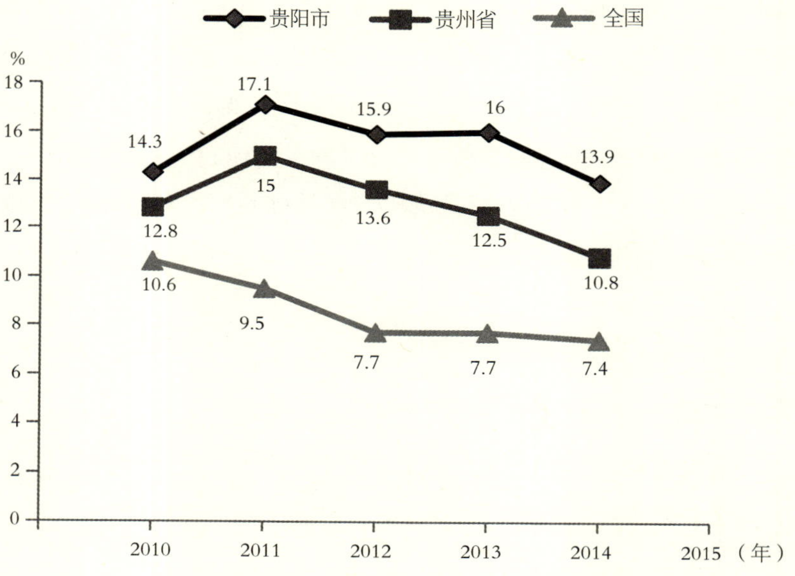

图4–8　2010~2014年贵阳市、贵州省、全国经济增速对比

在当今经济换挡转型的大背景下，转方式、调结构已成为各界达成的共识。如果由于各种原因贵阳错过了30年前改革开放发展的机会，那么30年后的今天良好的生态保护为贵阳迎来了后发优势。如今的贵阳紧紧抓住新一轮科技革命和产业革命的机遇，坚持以生态文明引领城市可持续发展的理念，由于没有传统产业形成的“包袱”，在转型道路上轻装上阵，直接引进和发展全球最新技术，站在时代潮流的前头，实现后发赶超的跨越式发展。

在生态文明建设的实践中，贵阳创造性地形成了一套完整的生态文明建设理论体系。“制度先行”推动经济发展与生态改善“互动共赢”，使贵阳成为生态文明建设的先行者，于群山万壑中发出了影响整个世界的生态共鸣。西部“两欠”城市的贵阳，特别强调坚守“两条线”，保护“两座山”，选择科技引领发展、创新驱动发展的战略路径，奋力走出了一条西部欠发达城市经济发展与生态改善双赢的可持续发展之路，为贵州乃至中国的生态文明建设提供了有价值的参考。

“生态文明”并不是一蹴而就的，需要长期的制度安排与改革推进。2015 年 5 月印发的《关于加快生态文明建设的意见》，对生态文明建设做出顶层设计和总体部署，在生态文明制度体系建设上提出了 10 条硬措施。中国城市未来的发展，既不是沿袭传统的工业文明，也不是提前进入后工业化的生态文明，而是要走出一条具有自身特色的以制度获取“生态红利”的文明发展之路。如果不能引导社会改进传统的发展模式，那么生态文明建设的预期将难以实现。

平均得分 0.468：生态文明建设水平总体较低

根据《2014 年中国生态文明发展报告》结果，除几个东北省份和西北部省份外，各省区市在生态文明进步指数和发展指数二维坐标下分布较为集中，发展指数得分主要集中于 0.450~0.550 之间（见图 4–9）。聚焦到范围更小的全国 35 个代表性城市，除北京和兰州单项指标差异较大外，其他城市生态文明进步指数和发展指数得分相近，生态文明发展指数得分主要集中于0.4~0.6之间（如图4–10所示），平均值为0.468。在全国31个省区市中，除局部地区环境质量状况有改善外，整体的生态文明建设水平较低，生态保护形势严峻。

在31个省区市和35个大中城市的发展指数和进步指数的组合分析图中添加的趋势线均为倾斜向下，斜率为负数（如图4–9、图4–10所示）。可以看出，虽然我国整体生态文明建设水平呈上升趋势，但总体的进步趋势变缓，与发达国家的差距仍在加大。

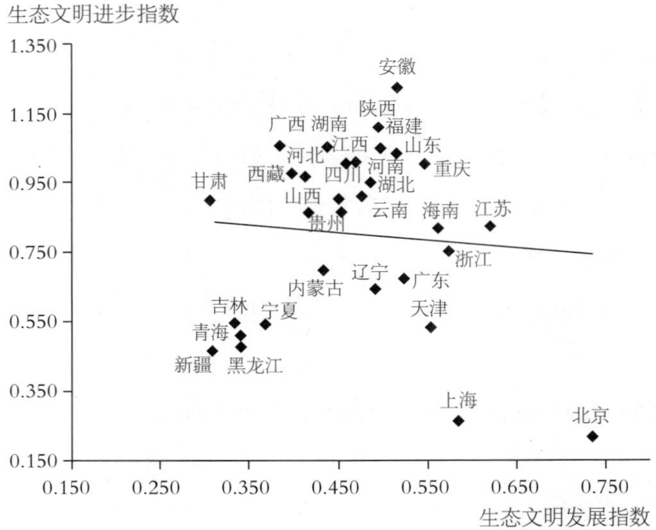

图4–9　31个省区市生态文明发展指数和进步指数相关关系

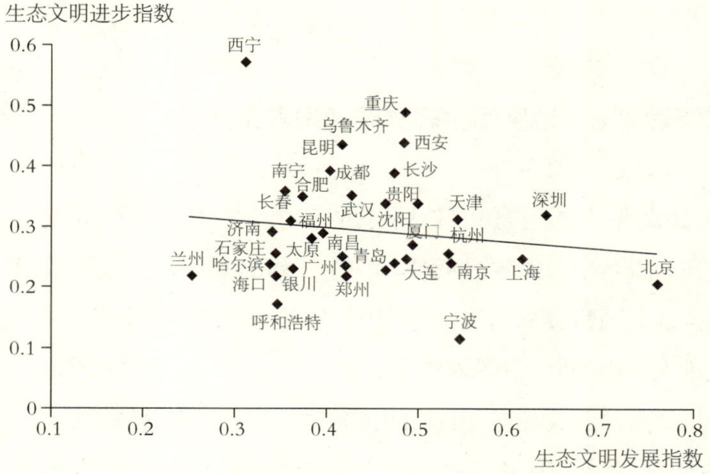

图 4–10 35 个大中城市生态文明发展指数和进步指数相关关系

粗放的经济增长模式是造成当前生态建设、环境保护、资源利用和经济发展对立关系的症结。放弃经济增长是消极应对生态危机的做法，打破高投入、高消耗、高排放、高污染的旧经济增长模式，建立生态、环境、资源压力与经济发展脱钩的新经济增长模式已成为必然。我国生态文明建设还是要“强体善用”，一方面要改变不合理的资源、环境利用方式；另一方面要加强生态系统的修复和建设，使自然生态系统与经济运行系统平衡协调。

资源环境已经成为实现全面建成小康社会目标最紧的约束、最矮的短板，已是一个躲不开、绕不过、退不得的必须解决的紧迫问题，而现实却是生态文明建设总体滞后于经济社会发展。生态文明建设由于各地区自然地理、经济社会条件的巨大差异，实现整体水平的飞跃还需要较长一段时间。各地区生态文明建设的水平参差不齐，在不同的建设方面各有优势和劣势，不平衡性决定了我国生态文明建设是一项长期的任务。

进步指数 0.8：地区间生态文明建设差距缩小

《2014 年中国生态文明发展报告》显示，31 个省区市生态文明进步指数排名中，安徽、陕西、广西、湖南、福建、山东、河南、江西、重庆、西藏分列前 10 位，但省份间生态文明进步指数得分情况差异不大，平均值在 0.8 左右（如图 4–11）。从 31 个省区市生态文明发展指数得分的差异程度看，除排名第一的北京得分情况远远高于其他地区外，其他省区市间的生态文明建设水平差距较小（如图 4–12）。2007 年以来，31 个省区市中的生态文明建设水平呈现地区收敛的态势，地区间在生态文明建设方面的差距在逐渐缩小。

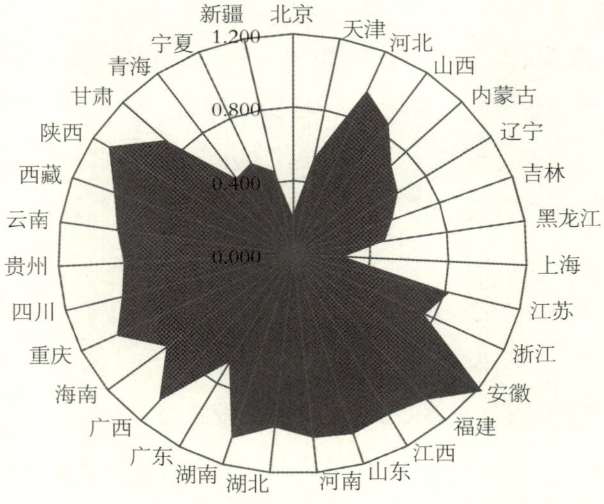

图 4–11　31 个省区市生态文明进步指数得分分布情况

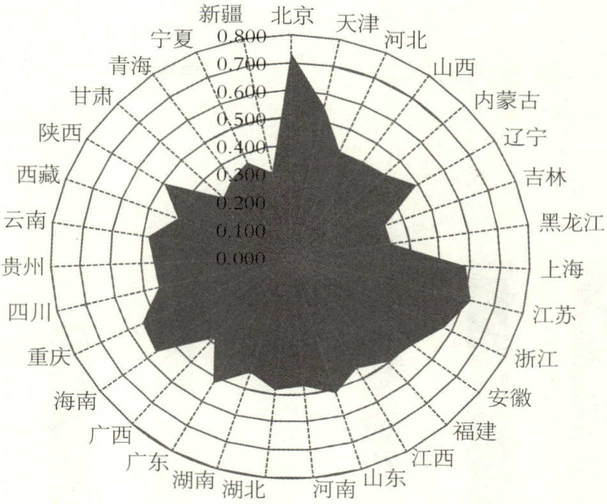

图 4–12　31 个省区市生态文明发展指数得分情况

因 35 个城市所在地区的经济发展水平存在较大差异，基于经济区划分视角进一步分析生态文明发展情况的区域特征，结合地理和经济条件将我国划分为华东地区、华南地区、华中地区、华北地区、东北地区、西北地区和西南地区 7 个区域，并将 35 个城市分布划归这些区域中。从各区域生态文明发展指数的整体情况看（如图 4–13），华北和华东地区生态文明的建设水平较高，华南和华中地区紧随其后，西北和西南地区的平均得分最低，但总体得分情况相差不是太大，各地区在生态文明建设方面的差距在逐渐缩小。

天蓝、地绿、水净，是每个人心中美好家园的图景。虽然各省市区地理条件有差异，经济条件有差距，但是都把关系人民福祉、关乎民族未来的生态文明建设和经济、政治、文化、社会建设统筹布局。“既要金山银山，也要绿水青山”已成为人们的共识。对于每个地区来说，自然条件不同，发展阶段不同，对生态文明建设的方法也不尽相同。每个省份、每个城市在发展绿色经济以及在建设城市生态文明上，应在立足当地情况基础上，制定完善的、适合的可持续发展政策。

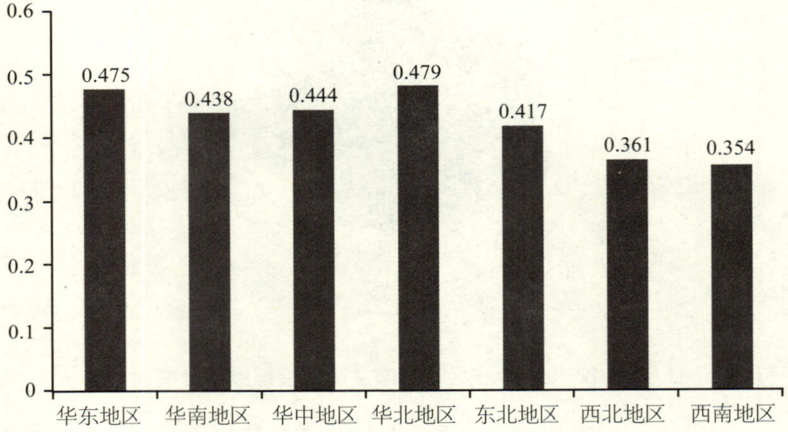

图 4–13　经济区域生态文明发展指数平均水平比较

生态文明建设要与经济发展水平相适应，才会在实现经济可持续发展的同时，确保地区生态良好状态的持续存在。随着经济的快速发展，工业化和城镇化进程的加快，生态保护和经济发展的矛盾越来越突出，陷入了“鱼和熊掌不可兼得”的两难境地。解决环境问题，其本质上是如何处理好人与自然、人与人、生态保护与经济发展的关系。所以，各省区市在生态文明建设的路径选择上不能一味地照搬复制，需要因地制宜，自我实践创新。

生态环境和生态经济：对提升指数的贡献率最大

《2014 年中国生态文明发展报告》将 31 个省区市和 35 个大中城

市生态文明发展指数的二级指标平均贡献率做了比较，在5个二级指标中，31个省区市和35个大中城市后三个指标的平均贡献率得分和排序各有不同。但前两位指标保持一致，都是生态环境建设居首位，指标平均贡献率均超过25%；生态经济建设的指标平均贡献率得分紧随其后（见图4–14、图4–15）。

这一数据结果表明，生态环境建设和生态经济建设仍然是当前加强生态文明建设的核心环节。

当前，对生态文明的理解存在着两种不同的版本。一种是将生态文明简单地等同于资源节约、环境友好、生态保护等活动，而较少涉及经济社会过程本身的改革和转型。另一种是从文明更替的角度认识生态文明，认为生态文明的关键是通过经济社会发展模式转型，从根子上解决资源环境问题。

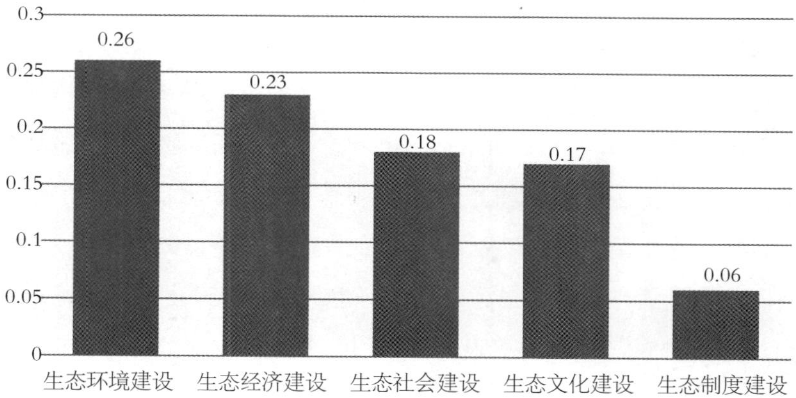

图4–14　31个省区市二级指标贡献率

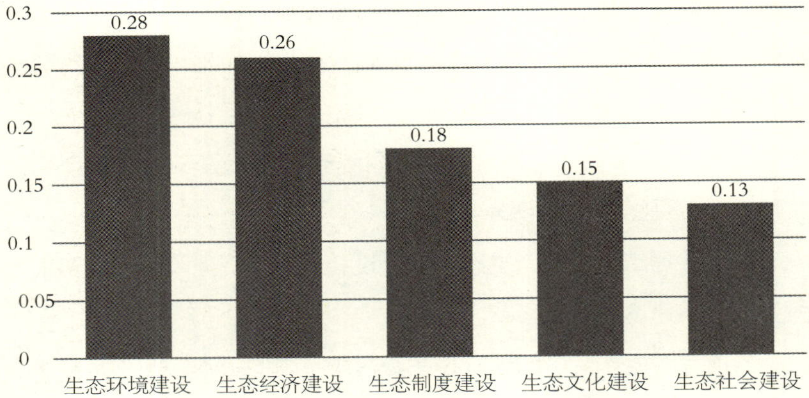

图 4–15　35 个大中城市二级指标贡献率

事实上，对于传统工业文明的经济增长模式造成的资源环境问题，可以有两种不同的调整方式。一种是在不改变工业文明经济发展模式的情况下进行修补式、应对式的反思和调整，例如在污染造成以后进行治理。从理论形态上，在传统的新古典经济学基础上发展起来的处理资源环境的学说，例如关注微观效率的资源经济学和环境经济学等，属于这样一类可以补充改进的理论，它们在本质上是以服从和支持经济增长范式为前提的。另一种则是要求对传统工业文明的经济发展模式进行革命的变革式、预防式的反思和调整，例如通过变革生产模式和生活方式，使得污染较少产生甚至不再产生。从理论形态上，是 1972 的《增长的极限》一书和后来崛起的生态经济学或稳态经济学，让人们开始对工业文明的经济增长范式进行系统性的反思。

我们认为，这两种不同的理论在下述三个方面存在着重要差异。一是在驱动机制上，前者较多地关注资源环境问题的描述和渲染它们的严重影响；而后者则重在探讨资源环境问题产生的经济社会原因。

二是在问题状态上，前者常常游走在经济增长与环境退化的两极对立之间，甚至演变成为反发展的消极意识；而后者则是弘扬可持续发展的积极态度，并努力寻找环境与发展如何实现双赢的路径。三是在反对策略上，前者较多地从技术层面讨论问题，并聚焦在针对问题症状的治标性的控制对策上；而后者则更多地提出针对问题本原的预防性解决方法，强调从技术到体制和文化的全方位透视和多学科研究。

总而言之，前者的反思是就环境论环境，较少研究工业文明的经济增长模式有什么根本性的问题，结果是对传统工业文明的修补与改良；后者的反思则洞察到资源环境问题的根本在于工业文明的发展模式，要求从发展机制上防止资源环境问题的发生，因此它更崇尚工业文明的创新与变革。

中国未来的发展，既不应该沿袭传统的工业文明，也不会是提前进入后工业化的生态文明，而是要走出有中国特色的生态工业文明道路来。中国的生态文明需要落实到工业化、城市化以及现代化三个方面。正是这些大规模的物质层面的建设，为中国提供了走生态文明道路的有利条件。这是因为，工业化的发达国家经过 200 多年慢慢创建起来的成熟但是传统的物质设施（包括城市、工厂、道路等），其实并不适合进行全方位的脱胎换骨的生态变革，而且在工业文明基础上建造起来的城市、公路、街道、工厂、住宅区和公共设施越多，生态导向的改造和变革就会越困难。中国虽然经历了 30 多年的改革开放，但是与庞大的人口和空间分布相比，中国总体上的物质基础建设仍然是不够的，因此物质层面的发展中状态为发展生态文明提供了机会和空间。

四象限分析：10 地区处于“双高”的第一象限

根据《2014 年中国生态文明发展报告》，各省市自治区生态文明发展指数和进步指数的得分情况，分别以平均值 0.468 和 0.800 作为象限划分的坐标轴，得出了 31 个省市自治区的四象限分布格局（见图 4–16）。

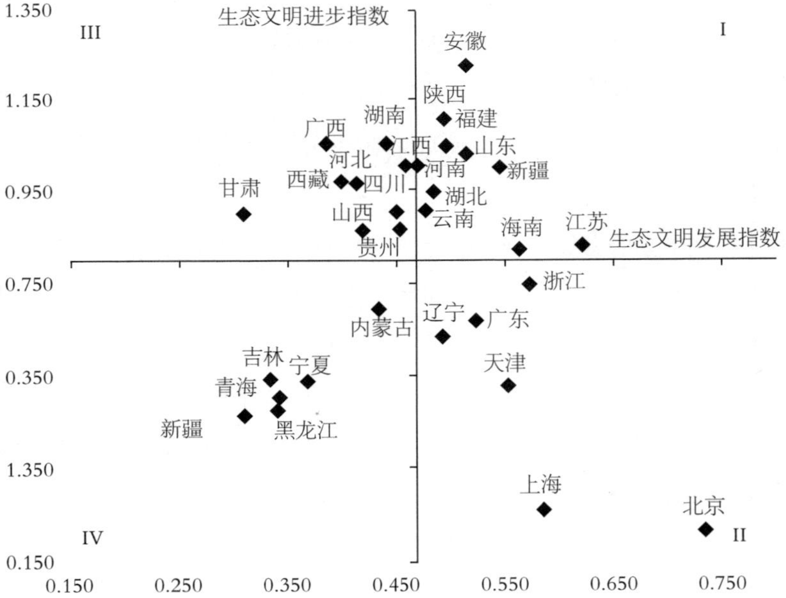

图 4–16　31 省区市生态文明发展指数和进步指数象限分布图

资料来源：《2014 中国生态文明发展报告》。

第一象限表示生态文明发展指数和进步指数均高于平均值，共 10 个省份。东部地区的江苏、海南、山东、福建，中部地区的安徽、湖北、河南，西部地区的重庆、陕西和云南。东、中、西部地区省份比例为4：3：3。位于这一象限的省份除了生态环境基础较好、生态经济优势明显外，生态文明意识也较强。例如，福建实现了从“生态省”到“生态文明先行示范区”的跨越。福建生态文明建设起步早、力度大。早在2001年，习近平在福建主政时就非常强调生态文明理念，亲自担任福建省生态建设领导小组组长，开始了福建有史以来最大规模的生态保护工程，前瞻性地提出建设“生态省”的战略构想。2002年8月，福建成为全国首批生态省建设试点省之一。此后，相继出台《福建省生态省建设总体规划纲要》《福建生态省建设“十二五”规划》等战略规划文件，福建的“生态省”建设构想迅速推进。2014年4月，国务院正式印发《关于支持福建省深入实施生态省战略加快生态文明先行示范区建设的若干意见》，这意味着福建的“生态省”战略已上升为国家战略。目前，福建正在努力实现“百姓富”与“生态美”的统一，其生态文明发展指数与进步指数已高于平均值，“福建经验”值得推广。

在生态文明发展指数较高但进步指数较低的第二象限里，共有北京、上海、浙江、广东、天津、辽宁6个地区。这6个地区全部为东部发达地区。这一集群的特征主要表现为工业基础良好，经济发展水平较高。从某种意义上说，生态文明进步指数与GDP高低有一定的关系。这些省份应在保持经济发展的同时，着重把环境保护和满足人们对高品质生活的需求作为发展的重点。

在生态文明发展指数较低但进步指数较高的第三象限里，共有湖南、江西、广西、河北、四川、西藏、甘肃、山西和贵州9个地区，除河北外，剩余全部是中西部省份。东、中、西部地区省份比例为1：3：5。位于这一象限的省份资源禀赋较好，但由于生态文明建设长期不受重视，所以生态文明发展程度不高。随着生态文明建设意识的提高，各项生态政策的落实，加上良好的资源禀赋，这些省份的生态文明发展具有巨大的潜力。

而在生态文明发展指数和进步指数均较低的第四象限里，共有内蒙古、宁夏、吉林、青海、黑龙江和新疆6个省区。这一象限的特征主要表现为总体发展水平较低，资源禀赋差，生态文明建设起步晚。因此，在一段时间内改善生态环境存在一定的困难。

总的来说，从全国情况看，位于第一象限的省份较少，生态文明发展指数和进步指数普遍较低，这说明我国生态文明总体发展水平较低。随着经济的发展，进步指数较低的省份，生态环境有进一步恶化的可能。

第五章　生态“金三角”：生活观、生产力和生态美

从“以人为中心”到“天人合一”的生态文明观

生态文明是对人类发展观念的一次重构，展现了对生态文明的理论自信和对生态文明历史责任的唤醒。是从单纯经济增长发展观到以人为中心的整体发展观，再到生态文明发展观的新的飞跃，其核心内涵包括三个方面：一是全面的发展观，强调与单纯的经济增长的区别，可持续发展是集社会、科技、文化、环境等多项因素于一体的完整发展模式，是人类共同和普遍的权利，发达国家和发展中国家都享有平等的、不容剥夺的发展权利；二是生态的发展观，突出人与自然的协调共生，人类必须学会尊重自然、师法自然、保护自然，与之和谐相处，人类的经济和社会的发展不能超越资源和环境的承载能力；三是公平的发展观，强调人与人关系的公平性，当代人在发展与消费

时应努力做到使后代人有同样的发展机会，同一代人中一部分人的发展不应当损害另一部分人的利益。

1987年，联合国环境与发展委员会发表了《我们共同的未来》的报告。该报告深刻检讨了“唯经济发展”理念的弊端，全面论述了20世纪人类面临的和平、发展、环境三大主题之间的内在联系，并提出将它们作为可持续发展的内在目标来追求，这是人类建构生态文明的第一个国际文献。报告将可持续发展定义为：“既能满足当代人的需要，又不对后代人满足其需要的能力构成危害的发展。”这个定义后来被国际社会和学术界广泛接受。

2011年，联合国环境署在《迈向绿色经济》的报告中，将“绿色经济”定义为：“可促成提高人类福祉和社会公平，同时显著降低环境风险与生态稀缺的经济。”

2015年，是联合国2000年启动的“千年发展目标”的实现年份。在此之前的2012年“里约+20”联合国可持续发展峰会，启动和提倡了全球可持续发展目标的讨论进程。2014年12月，联合国公布了关于“2015后议程”的报告，明确提出2030年之路，是要终止贫困、生活转型和保护地球，走向人类尊严。

纵观由联合国主导的全球议程，从人权与发展、环境与发展，再到可持续发展，不断转型调整工业文明的发展观，生态文明的要素不断得到体现。人类社会的发展观，已经悄然转向天人合一、人与自然和谐的生态文明观。

鉴于此，2015年“贵阳指数”评价体系，较之2014年有了比较大的调整，也正是出于对这一问题的新的思考：从“以人为中心”到“天人合一”的发展观转变。很长一段时间里，自然界的可持续发展被理解为从属于人类的可持续发展，被当作人类发展的环境和条件来看待。今天，我们需要更辩证地看待自然界的可持续问题：这不仅与人类可持续发展密切相关；同时，自然界本身也应有同人类一样的生存权和发展权，即地球需要保持清洁，需要保持自调节能力。2015年“贵阳指数”的编制，希望通过简明的指标，突出“天人合一”的双重可持续发展理念，为生态文明发展构建一个风向标，加快推进国家和地区的生态文明建设进程。

生态文明发展的生态“金三角”模型

2012年“里约+20”联合国可持续发展峰会确定的两大主题分别是：“可持续发展和消除贫困背景下的绿色经济”和“促进可持续发展的机制框架”，充分肯定了绿色经济是实现可持续发展的重要手段。而如前所述，2015年3月中央审议通过的《关于加快推进生态文明建设的意见》，则首次提出“把生态文明建设融入经济、政治、文化、社会建设各方面和全过程，协同推进新型工业化、城镇化、信息化、农业现代化和绿色化”，这项提议被称为“新五化”。绿色化与绿色经济，都意味着生产方式、生活方式与价值取向的双重改变，是制度建设和价值共识的彼此推进，是社会关系与自然关系的和谐共进，是硬实力与软实力的互相砥砺。

从生态文明的价值衡量角度看，“绿色化”主要体现为以生态文明为主导的社会价值系统；以绿色经济为特征的国民经济系统；以生态健康为标志的可持续发展能力建设系统。为此，从2015年开始，我们将生态文明发展的“贵阳指数”的系统指标正式确定为“生活观、生产力和生态美”三大指标。这三大指标相互关联，共同构成了支撑生态文明发展的生态“金三角”（图5–1所示）。正如联合国秘书长潘基文所说：“我们对一个繁荣、健康、稳定未来的希望取决于寻找到一条将经济、社会、环境三大发展支柱融为一体的道路。可持续发展思想的时代已经来临。这就是我们期望的未来。”生态“金三角”的模型，就是在生态文明背景下将经济、社会、环境三大发展支柱融为一体的一个基本模型。

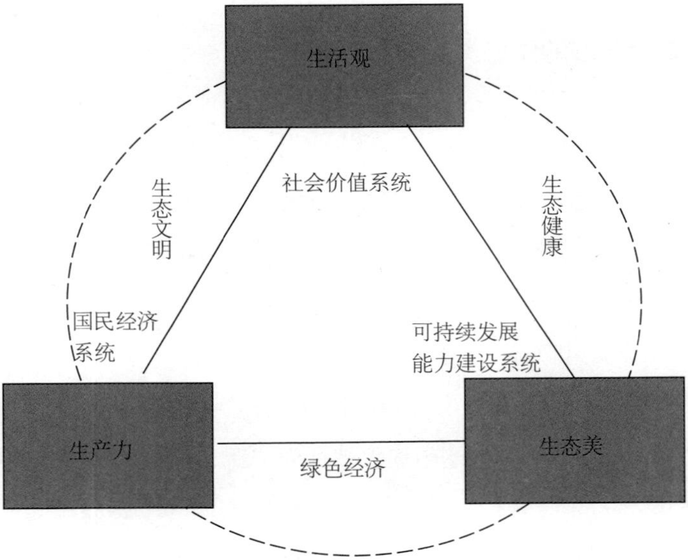

图5–1　生态文明发展的生态“金三角”模型

加快推动生活方式绿色化

1992年，在里约热内卢召开的联合国环境与发展大会通过的《21世纪议程》中，把改变消费模式列为一个专门的项目明确指出所有国家均应全力促进可持续发展消费模式。1994年，联合国环境署在内罗毕发表的报告《可持续消费的政策因素》中明确指出，可持续的实现依赖于人民消费观念的转变，用可持续消费理念修正消费者的不当消费行为、不良消费心理，形成理性消费观念，从而实现可持续发展。

有学者认为异化消费是产生生态危机的直接根源，资本要增值。就要人格化，就要刺激大众消费，大众买得越多，资本利得就越高，只有把全球的每个角落都变成资本的市场，让每一个地球人都疯狂地购买、消费，资本才能获得最大的利润。

目前，过度消费、超前消费、透支消费、炫耀消费和奢侈消费让美国成了全球消费主义的“领头羊”。美国以世界4%的人口消耗着世界1/3的资源，美国年人均能源消耗量是全球平均水平的9倍，温室气体排放量是全球平均水平的8倍。2010年世界自然基金会（WWF）全球总干事吉姆·利佩说：“如果按照美国或阿联酋的平均生活水平，我们将需要4.5个地球。”

衡量生态文明的一个重要标准是绿色理念成为社会的主流价值观，绿色生活方式成为百姓的自觉行为。为此，必须加快推动生活方式绿色化，实现生活方式和消费模式向勤俭节约、绿色低碳、文明健康的方向转变，力戒奢侈浪费和不合理消费，形成人人、事事、时时崇尚生态文明的社会新风尚，为生态文明建设奠定坚实的社会基础与群众基础。要倡导绿色理念、形成共识，政府强力推进、落实责任，严格执法惩处、监管到位，激励人人参与、齐抓共管。

从一些现代化国家的成功经验看，“绿色化”的实现固然是由立法、制度建设、政策引导、惩罚机制设计等国家治理措施主导的，但也同样深深得益于社会的环保启蒙和民众环保意识的觉醒，与集体性的低碳生活、绿色消费、循环利用习惯密不可分。

一个环境友好型社会，必然会有习惯垃圾分类、自觉节约水电、选择可回收包装的普通市民，这几乎成为生态文明所特有的生活方式体现。

实际上，按照人类自身再生产的理论，生活方式的“绿色化”有着更丰富的内涵。它不仅意味着绿色的、低碳的生活，而且也意味着简单的、讲文明规则的人际关系和社会关系；不仅意味着勤俭节约的个人生活，而且也指向涤浊扬清的政治生态。多一分风清气正，少一些庸懒散奢；多一分廉洁自律，少一些奢靡追求，这也是“绿色化”向价值共识层面延伸的合理结论。

加快推动生产方式绿色化

数据显示，中国资源约束日益趋紧，重要资源人均占有量远低于世界平均水平，耕地、淡水人均占有量只相当于世界平均水平的43%、28%；石油、天然气等战略性资源对外依存度持续攀升，2014年已经达到59.5%、31%。特别是中国发展方式依然比较粗放，进一步加剧了资源约束。尽管近几年来我国GDP能耗虽然一直处于下降趋势，但我国单位GDP能耗仍然是世界平均水平的两倍，甚至高于同为发展中国家的巴西、墨西哥。对于最能体现“人与自然关系”的农业生产，有专家指出，中国不到世界10%的耕地，耗掉了全球化肥总量的1/3。这种高能耗、低能效，高污染、低环保的生产方式，决定了之后整个消费、交换、分配等链条的走向，迫切需要彻底转型调整。

在生态文明建设过程中，转变生产方式是重中之重。为此，必须构建科技含量高、资源消耗低、环境污染少的产业结构，加快推动生产方式绿色化，大幅提高经济绿色化程度，有效降低发展的资源环境代价。这里，生产方式的“绿色化”，就是要按照自然法则对经济社会系统进行革命性的重组和调整，按照自然生态系统物质循环和能量流动规律重构人类的经济活动和能量利用系统，使人类的活动和谐地纳入自然生态系统的物质循环过程中，建立起一种新形态的经济，使之变为绿色的、环境友好型的，最终实现国家环境代谢的“零排放”、“零污染”。

具体到产业层面，就是要从产业结构中挖掘提高资源生产率的潜力。首先，应当注重提升资源节约、环境友好型的第三产业比重，这是有利于减物质化的。其次，我们需要对高能耗、高物耗、高排放的第二产业进行减物质化的改造和提升，在第二产业中提倡发展具有清洁生产、生态工业性质的行业和企业。最后，我们还应该大力发展对生产和消费后的废弃物进行再加工利用的循环利用产业，将原来的对资源环境的压力转化为经济活动的动力。

加快推动生态环境绿色化

关于中国环境方面的基本国情，国家发展改革委员会主任徐绍史将其概括为两个方面。一是环境污染严重。污染物排放总量远超环境容量，大气、水、土壤污染问题比较突出，雾霾天气频发，2014 年 74 个重点城市中只有 8 个城市的空气质量达标。二是生态系统退化。森林总量不足，草原退化、水土流失、荒漠化等问题严峻，全国生态整体恶化趋势尚未得到根本遏制。[①]可以说，环境问题已经成为实现全面建成小康社会目标最紧的约束、最矮的短板，是一个躲不开、绕不过、退不得的必须解决的紧迫问题。而生态环境的“绿色化”，就是坚持把保持自然生态系统健康作为“绿色化”的基本内核。

一个国家发展经济的根本目的在于为人类福祉服务，为地球健康服务；一个国家走绿色发展之路，应该把保育“生态健康”摆在突出位置；一个国家的生态服务功能的价值是否实现了随着国家财富的增长而保值、增值，是否实现了由被动的生态治理到主动的生态修复、由严峻的生态赤字到丰裕的生态盈余的根本转变，这是判断一个国家生态文明程度的科学判据和标准。[②]

构成“贵阳指数”的12个指标

从生态“金三角”出发，我们将构成“贵阳指数”的影响因素概括为“适度、紧凑、和谐、健康、节能、绿色、低碳、循环、天蓝、地绿、山青、水净”，并以此来选择确定了12个影响生态文明的指标。这些指标体现了人与自然和谐统一的“天人合一”的生态文明发展观，也体现了“生活观、生产力和生态美”互融互促的发展思路。

适度

一份由美国世界观察研究所提供的资料显示：2008年，全球人

① 《发改委解读加快推进生态文明建设：严守资源环境生态红线》，发改委网站，2015年5月6日。

② 《推进生态文明建设对实现绿色复兴具有重大意义》，中国网，2015年5月15日。

类消费了680亿吨物质，包括金属、矿产、化石燃料以及生物质，平均每人消耗10吨，每人每天消耗27公斤。与此同时，人类所消耗的物质已经是地球生态承载力的1.5倍，远远超出了地球可持续供应的能力。

为什么人们消费那么多？答案并不仅仅是他们能够支付得起，这种消费方式源自一种文化规则的构建。人类生活的核心部分是他们所处的文化。人类文化所包含的规范、故事、惯例以及传统，几乎决定着他们所有的选择，从饮食、子女教育，到工作、运动。不幸的是，在过去几个世纪里，由商业领袖和政府官员所共同培育的一种文化模式，即消费主义，现已席卷全球并在众多文化中占据主导地位。人们将消费作为自身定位的首要途径，努力去占有或使用更多的东西。

在中国，自1978年实行改革开放以来，由于经济体制的成功转型释放了巨大的生产力，中国社会很快进入产品丰富的时代，居民消费力也随之以惊人的速度得到发展。20世纪60~70年代，在西方发达国家有代表性的十几种高档耐用消费品（彩色电视机、洗衣机、冰箱等），不到20年的时间已经在我国城乡基本普及。进入21世纪后，社会的消费热情持续升温、场面更是蔚为壮观，私有住房热、高档居室装修热、私有汽车热、名牌服装热、海外旅游热、各类五花八门的奢侈品热，等等。在大中城市，特别是经济较为发达的地区，不仅消费品更新换代的速度很快，而且，许多从前没有的消费品如雨后春笋般在一夜间出现，令人目不暇接。比如，圣诞节消费、情人节消费、分期付款消费，甚至零首付消费等，尤其是奢侈性消费的势头愈演愈烈。据《世界奢侈品协会2011官方报告蓝皮书》称，2010年2月~2011年3月底，中国奢侈品市场消费超过全球总量的1/4，全球近 2/3 的奢侈品牌进入中国。另有数据显示，到 2010 年，中国已经超过日本成为全球第二大奢侈品市场。而 2013 年，中国已经成为奢侈品全球消费第一大国。《2014 中国奢侈品报告》显示，2014 年，中国消费者的全球奢侈品消费达到 1 060 亿美元，约合 6 400 多亿元人民币，同比增长 4%，中国人买走了全球 46% 的奢侈品。

可以说，这种消费方式的背后，是一种毫无顾忌、毫无节制地消耗物质财富和自然资源，并把消费看作人生最高目的的消费观和价值观。它追求消费的炫耀性、奢侈性和新奇性，追求无节制的物质享受与消遣，并以此作为生活的目的和人生的价值。对自然资源的肆意挥霍和无节制的消费，必然造成资源的过度消耗和生态环境的严重破坏。

因此，生态文明建设必须摒弃消费主义的消费观和价值观，树立崇尚节俭、合理消费、适度消费的理念，用节约资源的消费理念引导消费方式的变革，积极构建与生态文明相适应的生态消费方式和生活理念，把消费纳入生态系统之中，使之与生态系统协调。它要求人类消费既要符合物质生产发展水平，又要符合生态生产发展水平；既要满足人的消费需求，又不对资源环境造成损害；既要满足当代人的基本需求，又不能以损害后代人的发展能力为代价。

在具体的代表指标上，我们分别选择了人均二氧化碳排放量、城市人均生活用水量等指标，其中人均二氧化碳排放量用于国家比较方面，而地区比较和城市比较方面则使用人均用水量。

紧凑

作为集约人口、集约经济和科学技术文化的区域空间，城市在经济发展、文明传播以及解决世界最复杂最迫切的问题过程中发挥着决定性作用。据世界银行专家估计，当前城市化水平每提高一个百分点，至少能带动GDP增长1.5个百分点。但是，正如联合国的一份报告指出的那样，虽然城市面积只占全世界土地总面积的2%，却消耗着世界75%的自然资源，产生着占世界总量75%的废弃物。联合国助理秘书长沃特·恩道曾经感叹：“城市化极可能是无可比拟的未来光明前景之所在，也可能是前所未有的灾难之凶兆。所以，未来会怎样就取决于我们当今的所作所为。”

发达国家在工业化、城市化过程中是无约束地排放温室气体，一般来说，发达国家在人均GDP达到4万~5万美元的时候，温室气体排放才开始下降。迄今为止，多数发达国家（以美国为代表）和拉美等完成城市化的发展中国家（以墨西哥为代表），走过的是一条以“城市低密度蔓延、私人轿车为主的机动化和化石燃料为基础”等为特点的粗放型城市化发展道路。

目前，中国人均GDP水平还比较低，人口多、排放总量大。我们绝不会沿袭发达国家传统的发展方式，必须走一条有中国特色的社会主义现代化道路。能否在人均GDP比发达国家减一半甚至更低的时候出现这个拐点，关键是看选择什么样的城市化的发展模式。为此，我们需要坚持低碳发展，以科学发展观为统领，遵循环境友好型的低碳模式，建构多中心、紧凑型、网络化的城市空间格局，发展公共交通和轨道交通，提倡低碳建筑和公共住宅，转变居民消费观念，促进科技创新能力，提高城市能源的利用效率，增加可再生能源比例，实现人口、资源、经济、环境和社会相协调的可持续发展，最终建立以低能耗、低污染、低排放和高效能、高效率、高效益为特征的城市发展模式。

在推进绿色城镇化的过程中，紧凑型的城市空间格局是需要坚持的一个重要思路。《关于加快推进生态文明建设的意见》中明确提出，科学确定城镇开发强度，提高城镇土地利用效率与建成区人口密度，划定城镇开发边界，从严供给城市建设用地，推动城镇化发展由外延扩张式向内涵提升式转变。

都说中国人多地少，很多地方人口稠密，为何还要强调紧凑型的空间发展格局呢？客观情况是，在加快城镇化过程中，不少城镇的规模已经过度扩张，土地资源利用中粗放浪费现象十分突出，建设用地面积不仅超过国家规定（占城市面积 30% 左右），甚至高于土地资源丰富的国家。

鉴于此，《国家新型城镇化规划（2014~2020）》提出，密度较高、功能混用和公交导向的集约紧凑型开发模式成为主导，人均城市建设用地严格控制在 100 平方米以内，使建成区人口密度逐步提高。

在具体的代表指标上，在国家比较方面选用了城市化率（城市人口占总人口比重），而地区比较方面选用了人均建成区面积，城市比较方面则使用人均城市建设用地面积。

和谐

生物多样性是生物及其与环境形成的生态复合体以及与此相关的各种生态过程的总和，其丰富程度可以反映环境生态质量的状况。生物多样性具有很高的生态环境价值，能够涵养水源、调节气候、净化空气、维持生态平衡。

生物多样性是人类生存的物质基础，是生态文明的重要本源。

没有自然界的生物多样性，就没有人类的出现。地球的历史达 46 亿年之久，而人类的诞生才不过 300 万年的历史，这是因为适于人类生存的环境形成历史还不长。生物多样性是亿万年地球环境演化的产物，同时又是人类及其他生命环境的缔造者与维持者。可以设想，虽然今天人类已经拥有了一个适宜的环境，但是如果离开了生物多样性，尤其是绿色植物，这个环境很快就会变得破败不堪，人类就会难以生存。

但是，随着环境的污染与破坏，比如森林砍伐、植被破坏、滥捕乱猎、滥采乱伐等，世界上的生物物种正在以每小时一种的速度消失。消失的物种不仅会使人类失去一种自然资源，还会通过生物链引起连锁反应，影响其他物种的生存。35 亿年前，从地球上有生物出现时起，就不断有新的物种产生与灭绝，迄今为止，地球上存在的生物有 300 万~1 000 万种，有案可查的大约有 150 万种，而被人类研究和利用的生物只是其中一小部分。

中国是世界上生物多样性最丰富的国家之一，也是生物多样性受到最严重威胁的国家之一，加强生物保护尤为重要而紧迫。党的十八大提出的“尊重自然、顺应自然、保护自然”的“三个自然”的生态文明理念，对人与自然的关系进行了科学概括，揭示了“人与自然和谐”的本质特征。

面对生物多样性下降、生态系统服务功能退化的严峻形势，时任中国生物多样性保护国家委员会主席的李克强，在 2012 年主持召开中国生物多样性保护国家委员会第一次会议时提出，当前和今后一个时期，要统筹生物多样性保护和经济社会发展。坚持在发展中保护、在保护中发展，保护是为了更好的发展。要突出加强重点区域、重点物种的生物多样性保护，推进自然保护区、生物遗传资源库等重大工程建设。

出于对以上特征的理解，在具体的代表指标上，在国家比较方面选用了受威胁动物占总物种的百分比；在地区比较方面选用了自然保护区占辖区面积比重；而在城市比较方面，由于直接反映物种多样性的指标较少，选用了具有间接替代性的建成区绿化覆盖率进行描述。

健康

进行生态文明建设，实现可持续发展，是以提高人类福祉和社会公平，同时降低环境资源风险为目的的。无论是发达国家还是发展中国家，在经济发展过程中除了要面对资源、环境、生态问题，还要试图消除贫困，使人们均等化地享有卫生、健康、教育和就业的机会。人作为进行经济活动的主体，其健康水平是实现可持续发展的最根本保证。

然而，全球发展的不平等问题触目惊心。《2010 年人类发展报告》首次公布了全球 104 个国家和地区的多维贫困状况，在 104 个国家和地区中，约 1/3 的人口，即 17.5 亿人，正经受着多维贫困。他们可能生活在这样的家庭中：家庭中有人营养不良、曾有孩子早夭、家里没有人接受过 5 年以上的教育、学龄儿童不能去学校上学。他们也可能生活在这样的家庭中：其做饭用燃料、卫生设施、饮用水、电、屋内地面和耐用消费品被剥夺。在多维贫困人口中，51%的人居住在南亚，28%的人居住在撒哈拉以南非洲。[①]撒哈拉以南非洲的多维贫困发生率最高，在 37 个非洲样本国家中，多维贫困发生率差异相当大。

① 撒哈拉以南非洲，又称撒哈拉地区，泛指撒哈拉大沙漠中部以南的非洲。

南非多维贫困发生率仅 3%，而尼日尔高达 93%。

与此相对应的是，现在全世界有 19 亿人超重或者肥胖，并且经受着相似的健康问题。肥胖已经给地球增加了 5.4% 的额外人体生物质，即 1 550 万吨人肉，这意味着，人类现在每年所吃的多余食物足够养活 2.42 亿健康体重的人。肥胖仅仅是不健康消费造成疾病中的一个表现，由于过度消费，我们加快了城市向郊区的扩张和交通建设，也加剧了来自汽车和工厂的污染。

针对以上特征的考虑，我们在指标选择时从不同分析层面选取了三个差异较大的指标。其中，在国家比较方面，选择了每千人互联网用户数，侧重于信息时代不同国家间的发展基础问题的考量；而在地区和城市比较方面，则选取了每万人拥有公共交通车辆数，以反映绿色交通、健康出行的情况。

节能

能源问题是人类可持续发展的永恒课题。就世界范围来说，目前世界人口处于稳定增长的态势，世界人口总量已突破 70 亿，并将很快达到 90 亿。由于科技的发展和人类对美好生活的追求，国家 GDP 的增长对人均能源的需求也越来越大。这两个因素导致能源总量需求的不断上升。而地球能源供给很难承担和满足人类不断增多的能源需求。同时，在能源开发利用过程中，也会对生态环境带来不好的影响，特别是化石能源的大量使用，使环境、生态的承载力面临严峻的挑战。提高能源利用效率，以最少的能源消耗最大限度地支撑经济社会发展，是人与自然协调发展的必然要求，也是实现生态文明建设的重要保障。

根据初步的统计数据，我国2013年的能源消费总量占世界的比重已接近22.8%，而位居世界能源消费第二大国的美国，其2013年的能源消费总量占世界的比重已经下降到16.5%。短短几年，我国不仅超过美国成为名副其实的世界能源消费大国，而且与美国和其他大的能源消费经济体的差距在急剧扩大。

为了遏制能源需求超速增长，“十五”计划末期，我国提出在“十一五”期间把节能减排作为经济社会发展的约束性指标，使我国的单位GDP能源消耗在“十一五”末期降低20%左右。从“十一五”以来的实践看，提出节能减排约束性指标，强化能源环境对经济社会发展的约束，对推动经济发展转型、提升经济发展质量、提高能源经济效率、减少能源浪费和主要污染物排放发挥了积极作用。在这个方面，我们选取了万元GDP能源消耗量作为主要的衡量指标。

绿色

产业结构是人类作用于生态环境系统的主要环节，它的组合类型和强度在很大程度上决定了经济效益、资源利用效率和对生态环境的胁迫，良好的产业结构能使资源效率最高，对生态环境的不利影响最低。

一般来说，第二产业是物质的经济，而第三产业是相对去物质化的，所以可以预见，第三产业占GDP的比率越高，生态文明水平亦会趋于较高。从我国现有的产业状况来看，70%的能源消耗在工业企业，所以要通过产业结构调整，实现经济的绿色化、高级化的重点领域：一个是在工业领域，要坚定不移走绿色工业化道路；另一个关键领域，就是要加速提升第三产业特别是生产环节的绿色现代服务业比重，逐渐降低第二产业尤其是重化工业的比重。具体来看，要加快发展低能耗、高附加值的第三产业和高技术产业，积极发展生产性服务业和生活性服务业，推动特大城市形成以服务业经济为主的产业结构，大力发展战略性新兴产业，不断提高服务业和高技术产业在国民经济中的比重。

从具体测算指标的选择上，我们选取广泛使用的第三产业占GDP的比重来进行产业结构调整方面的衡量。

低碳

改革开放后，我国的比较优势仍然是廉价劳动力或各种自然资源和广阔的市场，在很长时间里仍然以代工者的角色参与全球价值链中的低端制造加工环节。我国经济结构的主体部分仍是纺织印染、有色冶金、金属材料、煤炭、石油、天然气、建材、化工、汽车、造船、机电设备、电子电器、IT产业的硬件制造等等。重化工业规模大，大多数仍属于资源能源消耗大、技术含量低、附加值低、环境污染大的劳动密集型和资金密集型产业。中国成了“世界工厂”。显然，这种“低端锁定”的产业基础和技术基础，正是我国当今高能源、资源消耗以及高排放、高污染的结构性根源。因此，以产业低碳化、高级化为方向，推动传统产业转型升级，是夯实生态文明经济基础的根本性、战略性措施。

产业低碳化的本质是寻求经济与生态环境之间的良性平衡发展，通过构建生态产业链，实现废弃物的资源化循环利用，从而实现绿色发展。产业高级化的本质是突破“中国制造”的“低端锁定”，通过人力资本开发和科技创新，挺进全球价值链中的核心技术研发设计、材料采购、创造品牌和销售终端等高端环节，改变国际经济分工格局，提升中国产品在国际高端市场的核心竞争力。

从提升国民经济的整体运行质量看，应抓住淘汰落后过剩产能的有利时机，抓紧对现有工业存量进行生态化改造，推进清洁设计、清洁生产、清洁管理、清洁消费和循环经济模式，全力推动绿色技术创新，充分利用信息技术、生物工程技术和新能源、新材料、新工艺，使传统工业脱胎换骨。

在具体指标的选择上，在国家比较方面，我们重点考量的是清洁能源等新能源的使用情况，所以选取了核能和清洁能源使用比重；在地区比较和城市比较方面，则选取了单位工业增加值水耗，突出反映工业企业技术改造与升级的成效。

循环

推进生态文明建设，实现可持续发展的一个重要方面，就是要把资源利用方式从粗放型向集约节约型转变，从“资源—产品—废弃物”单向式直线过程向“资源—产品—废弃物—再生资源”式循环过程转变。《关于加快推进生态文明建设的意见》提出要发展循环经济。按照减量化、再利用、资源化的原则，加快建立循环型工业、农业、服务业体系，提高全社会资源产出率。

循环经济是一种通过模仿自然生态系统的资源循环利用原理，构建生态经济产业链，实现废弃物的资源化循环利用，从而实现节能减排、变废为宝、清洁生产的可持续发展模式。

要按照循环经济原则优化生产力布局：就是“减量化—再利用—再循环”，它是循环经济最重要的生产力布局实际操作原则。“减量化”原则旨在减少进入生产和消费过程的物质量，是从生产和消费的源头上节约资源和减少排放；“再利用”原则属于在生产与消费过程中控制消费、节约资源的方法，旨在提高资源的利用效率，废物通过反馈或封闭利用越来越少，最终形成“零排放”；“再循环”原则属于输出端方法，要求物品完成使用价值后能够重新变成再生资源。

显然，以循环经济原则布局生产力，是一项系统工程。从系统微观层面来说，它包括在企业建立小循环模式，使每个企业寻找对环境危害最小的原料的替代，以及在工艺流程、技术支撑、人员与设备配置及生产过程的精细化管理上，都要立足资源的充分循环利用和严格控制对环境的污染，构建企业绿色发展、集约发展的生产方式。从系统中观层面来说，它包括在一定区域范围内建立中循环模式即建立生态工业园区和生态种植养殖园区。生态工业园区模拟自然生态系统食物链原理，把一定地域内的不同工业企业间，以及企业、居民与自然生态之间的上下游关联，建立起产业系统内的闭路循环链条，实现废物资源化、废品产业化、废热废气能源化，达到物质、能量的充分利用，向系统外实现零排放的目标。在当今中国，以生态产业集群为核心的生态工业园区和生态种植养殖农业园区如雨后春笋般涌现，已成为我国区域循环经济的重要载体。从系统宏观层面来说，必须在全社会建立资源再生系统，废物分类、回收系统，废物拆解、利用系统以及无害化处理系统。只有微观、中观、宏观系统上都协调行动起来，生态经济生产方式才能在全社会确立和正常运行。

在具体指标的选择上，在国家比较方面，我们选取了平均每千公顷化肥施用量，近似反映人类活动对农业生产可持续领域的影响；在地区比较和城市比较方面，则选取了工业用水重复利用率，突出反映工业企业实施循环经济的成效。

天蓝

在2013年年初，被媒体称为涉及人口之多、范围之广、时间之长和污染物之有害程度都是前所未有的雾霾污染席卷全国。京津冀、长三角、珠三角等区域PM2.5污染严重，一些城市雾霾天数达100天以上，个别城市甚至超过200天。我国城市能见度10年来下降了2 000米。

大气污染损害人们身体健康，也给经济生产和社会进步带来了严重影响，这是不争的事实。据世界卫生组织调查，2012年全球因空气污染死亡约700万人，其中约260万人死于室外空气污染，这个数字还在逐年递增。世界卫生组织下属国际癌症研究机构发布报告，首次指认大气污染“对人类致癌”，并视其为普遍和主要的环境致癌物。报告说，有充足证据显示，暴露于户外空气污染中会致肺癌，而且患膀胱癌的风险会相应增加。大气污染在致癌方面的危险程度已经与烟草、紫外线和石棉等致癌物处于同一等级。2012年年底发布的《2010年全球疾病负担评估》显示，2010年，因空气污染，中国有124万人过早死亡。北京市卫生局披露的数据，2002年，每10万北京居民中的肺癌发病人数为39.56，而到了2011年，这一数据激增至60.09。

蓝天白云是人们对美丽中国最朴素的理解，治理大气污染是生态文明建设的重要任务。大气污染防治当之无愧地成为生态文明建设的一大突破口。大气污染不是一人所为，也不是一时所为。大气污染不是由单一因素引起，也不是一天两天内形成的，它是工业化、城市化进程中很难避免的问题。这不应简单归咎于盲目追求经济速度不计环境成本的发展方式，背后的人为原因也需关注，因为这是我们可以直接解决的因素。我们在检视并且调整经济结构的同时，也应该探讨在环境问题上政府相关部门是否尽到了应尽之责。

2013 年 9 月中国政府发布《大气污染防治行动计划》，这被外界称为“史上最严”的空气污染治理计划；从 2014 年开始，中国实时发布空气质量信息的城市增至 190 个；法规也要求国家重点监控企业监测并发布其污染排放信息……海外媒体和学者认为，信息公开、“以奖代补”等多项环保措施“动真格”，有望让监管和治理的力度超过污染扩散的速度。

我们按照数据获取的完善度和代表性相互平衡的思路，在具体指标选择上，在国家比较方面，选取了 PM10 含量；在地区比较方面，选取了单位 GDP 对应的废气污染物排放强度；在城市比较方面，选取了 PM2.5 年平均浓度。

地绿

目前，人类生活垃圾一直困扰整个社会，对环境造成的污染越来越严重。据法国环境与能源控制署预计，到 2020 年全球的年垃圾量将比现在翻一番，达到 20 亿吨。世界银行警告，如果继续当前的生活模式，到 21 世纪末，人类将不得不处理相当于现在三倍的垃圾。一个重要的解决办法就是将垃圾当作资源来看待——这样既能减少对地球的污染，还能避免资源短缺的危机，降低制造成本，更能减少温室气体的排放。而据住房和城乡建设部（简称住建部）的一项调查数据表明，目前全国有 1/3 以上的城市被垃圾包围。全国城市垃圾堆存累计侵占土地 75 万亩。“垃圾围城”不仅是城市病，而且蔓延到了农村。前环保部部长周生贤就环保问题做报告时指出，全国 4 万个乡镇、近 60 万个行政村大部分没有环保基础设施，每年产生生活垃圾

2.8 亿吨，不少地方还处于“垃圾靠风刮，污水靠蒸发”的状态。

中国人民大学发布的《中国城市生活垃圾管理状况评估研究报告》显示，中国城市生活垃圾清运量大且增长快速，从 1979 年的 2 508 万吨增长至 2012 年的 17 081 万吨，增加了 5.8 倍，已成为中国可持续发展的重要障碍。与巨大的垃圾总量相对的，是目前仍然很低的垃圾回收利用率。其中 2013 年的废纸综合利用率仅为 44.7%，废塑料回收率为 23.2%。北京的纸类回收率仅为 25.32%，距离北京市“十二五”规划要求的 2015 年垃圾资源化率 55% 的目标仍有较大差距。城市生活垃圾的收集状况也不容乐观。如果考虑市辖区的农村部分，2012 年垃圾收集总覆盖率只有 65.85%，接近 40% 的垃圾没有收集或收集后只是简单堆放，未进行无害化处理。

垃圾，其实也是被浪费的资源。《关于加快推进生态文明建设的意见》提出，完善再生资源回收体系，实行垃圾分类回收，开发利用“城市矿产”，推进秸秆等农林废弃物以及建筑垃圾、餐厨废弃物资源化利用，发展再制造和再生利用产品，鼓励纺织品、汽车轮胎等废旧物品回收利用。推进煤矸石、矿渣等大宗固体废弃物综合利用。

在具体指标选择上，在国家比较方面，选取享有卫生设施人口占总人口比重，这个指标也是联合国千年目标的组成指标。所谓享有卫生设施是指具有最基本的处理排泄物的设施，这些设施能够有效防止人畜以及蚊蝇与排泄物接触。在地区比较和城市比较方面，选取的是城市生活垃圾无害化处理率。

山青

森林作为地球上面积最大、结构最复杂、功能最多和最稳定的陆地生态系统，对于维持地球陆地生态平衡起着决定性的支撑作用。离开了森林，人类生存与发展的环境条件就丧失了存在的基础。由于人类对森林的大规模利用和破坏，全球森林面积已从人类文明初期的76亿公顷减少到20世纪末的34.4亿公顷。联合国在一份报告中发出警告：“由于人类对木材和耕地的需求，使全球森林减少了50%，难以支撑人类文明大厦。”

第八次全国森林资源清查结果显示，全国森林面积为2.08亿公顷，森林覆盖率达21.63％。与6年前的上一次森林资源清查结果相比，森林总量持续增长，森林覆盖率提高了1.27个百分点。随着中国大地版图越来越绿，森林对生态环境的改善发挥着越来越大的作用。数据显示，全国森林植被总碳储量达84.27亿吨，每年涵养水源量5 807.09亿立方米，年固土量81.91亿吨，年保肥量4.3亿吨，年吸收污染物量0.38亿吨，年滞尘量58.45亿吨……数字背后，反映的是我国森林资源进入了数量增长、质量提升的稳步发展时期。特别是实施的一系列重点林业生态工程，取得了显著成效——天然林增加到12 184万公顷，人工林增加到6 933万公顷，人工林面积继续居世界首位。

但是，我国森林覆盖率远低于全球31％的平均水平，人均森林面积仅为世界人均水平的1/4，人均森林蓄积只有世界人均水平的1/7，森林资源总量相对不足、质量不高、分布不均的状况仍未得到根本改变，人们期盼山更绿、水更清、环境更宜居，造林绿化，改善生态，任重而道远。

在具体指标选择上，国家比较和地区比较方面，选取森林覆盖率及其变化率；在城市比较方面，选取的是人均公园绿地面积。

水净

水对于人类和自然界具有同等重要的意义，饮用水安全问题是人类生活质量的基本保障。中国水科院研究员王建华说：“人的命脉在田，田的命脉在水，水的命脉在山，山的命脉在土，土的命脉在树，自古以来，山水林田湖就是一个生命共同体。如果水出了问题，我们的生态系统就会崩溃，又谈何天蓝、地绿、水净？”

水利部资料显示，我国人均水资源量仅为世界人均水平的 1/4，全国年平均缺水量高达 500 多亿立方米。中国是全球 13 个人均水资源最贫乏的国家之一。全国 600 多个城市中有 400 多个属于“严重缺水”和“缺水”城市。京津冀人均水资源仅 286 立方米，为全国人均的 1/8，世界人均的 1/32，远低于国际公认的人均 500 立方米的“极度缺水”标准。

实际上，中国水资源有两大痛点，除了水资源短缺，还有水污染问题。此前，有专家曾推算，我国每年水污染对工业、农业、市政工业和人体健康等方面造成的经济损失约 2 400 亿元。对这一数字，有专家分析说，水污染涉及各个行业，从归口上，又涉及农业部、水利部、住建部等多个部门，用一个数字来衡量水污染损失实际上较难。

2014 年 3 月，环保部发布首个全国性的大规模研究结果显示，我国有 2.5 亿居民的住宅区靠近重点排污企业和交通干道，2.8 亿居民使用不安全饮用水。《2013 中国环境状况公报》数据显示，2013 年我国地表水总体轻度污染，部分城市河段污染较重。全国 4 778 个地下水监测点中，水质较差和极差的比例将近 60%。31 个大型淡水湖泊中，17 个为中度污染或轻度污染。

有美国学者在《外交事务》杂志上撰文指出，中国的水危机问题已经到了必须马上解决的地步，如果处理不当，必成大患。

面对此种情况，中国政府正在行动。2015 年 4 月 16 日，国务院印发《水污染防治行动计划》，从全面控制污染物排放、推动经济结构转型升级、着力节约保护水资源、强化科技支撑、充分发挥市场机制作用、严格环境执法监管、切实加强水环境管理、全力保障水生态环境安全、明确和落实各方责任、强化公众参与和社会监督十个方面开展防治行动。

在具体指标选择上，国家比较方面，选取了享有清洁饮用水源人口占总人口的比重；在地区比较和城市比较方面，选取了城市污水处理率。

分层构建的“贵阳指数”评估体系

指标体系的确立原则

我们主要基于以下四项原则建立“贵阳指数”指标体系：

第一，导向性。指标选择需要突出体现坚持价值评判的研究导向。

第二，关联性。所选指标的数量变化必须与所研究对象某一方面特征变化存在一定的相关性。

第三，可度量性。所选指标尽量是单一指标，同时为保证指标的权威性和数据的持续可获得性，所选指标均来自公开出版的年鉴和数据库。

第四，有限性。整个指标体系的构建是对生态文明进程定量评估的有效但有限的研究工作。正是因为这种有限的目的，我们选取指标时才力求用最核心、最重要的要素来进行测量。

分层级的评价指标体系

生态文明"贵阳指数"指标体系包括国家评价指标体系、地区评价指标体系和城市评价指标体系三个方面（见表 5–1、表 5–2 与表 5–3）。

表 5–1 "贵阳指数"指标体系（国家评价）

系统指标	状态指标	要素指标（国家评价指标）
生活观	适度	人均二氧化碳排放量
	紧凑	城市人口占总人口比重
	和谐	受威胁动物占总物种的百分比
	健康	每千人互联网用户数
生产力	节能	GDP 单位能源消耗
	绿色	服务业占 GDP 比重
	低碳	核能和清洁能源使用比重
	循环	平均每千公顷化肥施用量
生态美	天蓝	每立方米空气中颗粒物（PM10）含量
	地绿	享有卫生设施人口占总人口比重
	山青	森林平均变化率（2000~2011 年）
	水净	享有清洁饮用水源人口占总人口比重

表 5–2 "贵阳指数"指标体系（地区评价）

系统指标	状态指标	要素指标（省区市评价指标）
生活观	适度	城市人均日生活用水量
	紧凑	人均城市建成区面积
	和谐	自然保护区占辖区面积比重
	健康	城市每万人拥有公共交通车辆数
生产力	节能	万元 GDP 能源消耗量
	绿色	第三产业占 GDP 比重
	低碳	单位工业增加值水耗
	循环	工业用水重复利用率
生态美	天蓝	单位 GDP 对应的废气污染物排放强度
	地绿	城市生活垃圾无害化处理率
	山青	森林覆盖率
	水净	城市污水处理率

表 5–3　“贵阳指数”指标体系（城市评价）

系统指标	状态指标	要素指标（城市评价指标）
生活观	适度	人均生活用水量（市辖区）
	紧凑	人均城市建设用地面积（市辖区）
	和谐	建成区绿化覆盖率（市辖区）
	健康	每万人拥有公共汽车数（市辖区）
生产力	节能	单位GDP能源消耗
	绿色	第三产业占GDP比重
	低碳	单位工业增加值水耗
	循环	工业用水重复利用率
生态美	天蓝	PM2.5 年平均浓度
	地绿	生活垃圾无害化处理率
	山青	城市生活污水处理率
	水净	人均公园绿地面积

评估过程与方法

第一，是指标标准化处理。由于所收集到的指标数据的计量单位和量纲不同，指标数值之间的差距较大，部分数据甚至相差好几个数量级，直接进行计算会弱化数值较小的指标的作用，造成评价结果不准确。因此，在计算之前，必须对各指标进行标准化处理，将各指标的数据都统一到同一区间，才能进行综合计算。无量纲化的方法比较多，但一般来讲比较常用的方法主要有四种：总和标准化、标准差标准化、极值标准化、级差标准化。这里，我们采用简单实用的极值标准化法来对指标进行无量纲化处理。无量纲化后，每个指标的数值都在 0~1 之间，并且极性一致。

第二，是指标权重的确定。某一指标的权重是指该指标在所有指标中对评价目标所起作用的相对重要性程度。指标权重的确定是在对指标进行分析评价之前至关重要的一项工作，权重的计算结果将直接影响对各指标及各样本的评价结果。权重的确定方法分为定性和定量两类，本报告中，由于各指标的数据量较少，因此采用主观赋权法对要素指标的权重进行确定。经过多次论证，我们最后确定了 12 个指标均等权重的结果。

第六章　贵阳指数告诉我们什么

基于“经济发展、社会进步和环境保护是可持续发展三大支柱”的论断，我们构建了包含“生活观、生产力、生态美”的生态“金三角”模型，进而从“适度、紧凑、和谐、健康、节能、绿色、低碳、循环、天蓝、地绿、山青、水净”12 个方面，对 G20（20 国集团）国家、中国 31 个省区市和 35 个大中城市在生态文明发展方面的情况进行评估。

看国家：生态差距是国家间最大差距之一

在进行国别评估时，我们选取了 G20 的成员国家，这些成员包括：美国、日本、德国、法国、英国、意大利、加拿大、俄罗斯、欧盟、澳大利亚、中国、南非、阿根廷、巴西、印度、印度尼西亚、墨西哥、沙特阿拉伯、土耳其、韩国（实际测算时，未包含欧盟）。据百度百科的资料显示，这些国家的GNP（国民生产总值）总计约占全世界GNP的85%，人口则约占世界总人口的2/3。评估数据来源于世界银行等在线数据库、《2014国际统计年鉴》、《人类绿色发展报告》和部分机构研究与统计资料，数据年份为各资料来源的最新年份。

指数排名

根据贵阳指数国家评价指标体系和数学模型，G20国家贵阳指数的排位和得分情况如表6–1所示。

表6–1　G20国家贵阳指数得分和排名

G20国家（未包括欧盟）	贵阳指数得分	位次
法国	10.41	1
英国	9.80	2
日本	9.23	3
加拿大	9.22	4
德国	9.20	5
阿根廷	8.67	6
意大利	8.50	7
韩国	8.39	8
巴西	8.21	9
土耳其	8.11	10
澳大利亚	7.81	11
美国	7.57	12
墨西哥	7.37	13
俄罗斯	6.96	14
南非	6.67	15
沙特阿拉伯	5.49	16
中国	4.91	17
印度尼西亚	4.51	18
印度	4.26	19

贵阳指数得分越高，说明所测评对象在生态文明发展方面所取得的成绩越好，指数排名也就越靠前。

从得分和排名情况看，在 19 个国家中，贵阳指数得分最高的三个国家分别是法国、英国和日本，印度尼西亚和印度排在最后两位。而中国的指数得分是 4.91，排在第 17 位。

水平分级

根据G20 国家贵阳指数的得分区间，将所评估国家大致分为四个级别，分别代表四类不同程度的生态文明发展水平（见表 6–2）。

表 6–2　G20 国家贵阳指数分级情况

水平等级	G20 国家（未包括欧盟）	贵阳指数	位次	均值	个数
第一级别	法国	10.41	1	9.57	5
	英国	9.80	2		
	日本	9.23	3		
	加拿大	9.22	4		
	德国	9.20	5		
第二级别	阿根廷	8.67	6	8.38	5
	意大利	8.50	7		
	韩国	8.39	8		
	巴西	8.21	9		
	土耳其	8.11	10		
第三级别	澳大利亚	7.81	11	7.27	5
	美国	7.57	12		
	墨西哥	7.37	13		
	俄罗斯	6.96	14		
	南非	6.67	15		
第四级别	沙特阿拉伯	5.49	16	4.79	4
	中国	4.91	17		
	印度尼西亚	4.51	18		
	印度	4.26	19		

从具体级别情况看，第一级别的国家得分在9.20~10.41之间，均值为9.57，包括法国、英国、日本、加拿大和德国，全部是西方七国集团成员，经济发展水平较高；第二级别的国家得分在8.11~8.67之间，均值为8.38，包括阿根廷、意大利、韩国、巴西和土耳其，属于生态文明发展水平中上，但部分单项指标较弱的第二集群；第三级别的国家得分在6.67~7.81之间，均值为7.27，包括澳大利亚、美国、墨西哥、俄罗斯和南非；第四级别的国家得分在4.26~5.49之间，平均值为4.79，包括沙特阿拉伯、中国、印度尼西亚和印度，这一集群与前三个等级相比，生态文明发展方面的差距较大。

交叉分析

为了进一步了解中国生态文明方面的情况，我们将G20国家贵阳指数和人类发展指数放在一起进行分析。人类发展指数（Human Development Index，HDI）是联合国开发计划署在1990年创立的，以“预期寿命、教育水准和生活质量”三项基础变量，按照一定的计算方法得出综合指标，用以衡量联合国各成员国经济社会发展水平的指标，是对传统的GNP指标挑战的结果。自创立以来，人类发展指数已在指导发展中国家制定相应发展战略方面发挥了极其重要的作用。

在图6–1中，贵阳指数（生态文明指数）描述的是生态文明发展状况，人类发展指数刻画的是人类发展的最新进展，两者共同构建的坐标系真实反映了各个国家在“促成提高人类福祉和社会公平，同时显著降低环境风险与生态稀缺”方面的努力与成效。

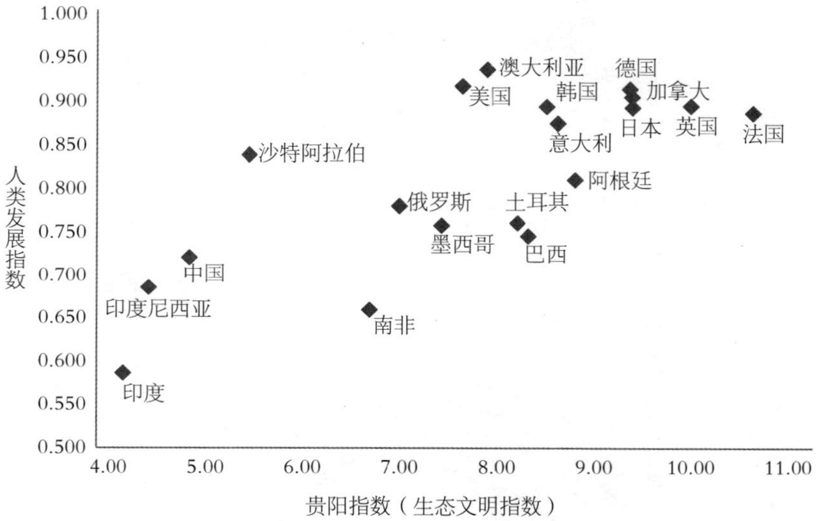

图 6–1 G20 国家生态文明指数和人类发展指数交叉分析

从坐标系的位置看，中国位于左下半区，意味着在G20的国家群体中，中国处于较低的生态文明指数和较低的人类发展指数并存的“双低”状态。

进一步分析中国在贵阳指数国家评价指标体系的12项指标得分情况，与G20国家各项指标的平均值相比，中国只有在森林覆盖率变化率、人均二氧化碳排放量和受威胁动物占总物种的百分比三这项中超过平均水平，其余均处于G20国家的平均水平之下。

与改革开放30多年中取得的经济奇迹相比，已经成为世界第二大经济体的中国，所付出的生态代价也是巨大的。可以说，目前生态差距已经成为中国和世界发达国家最大的差距之一。

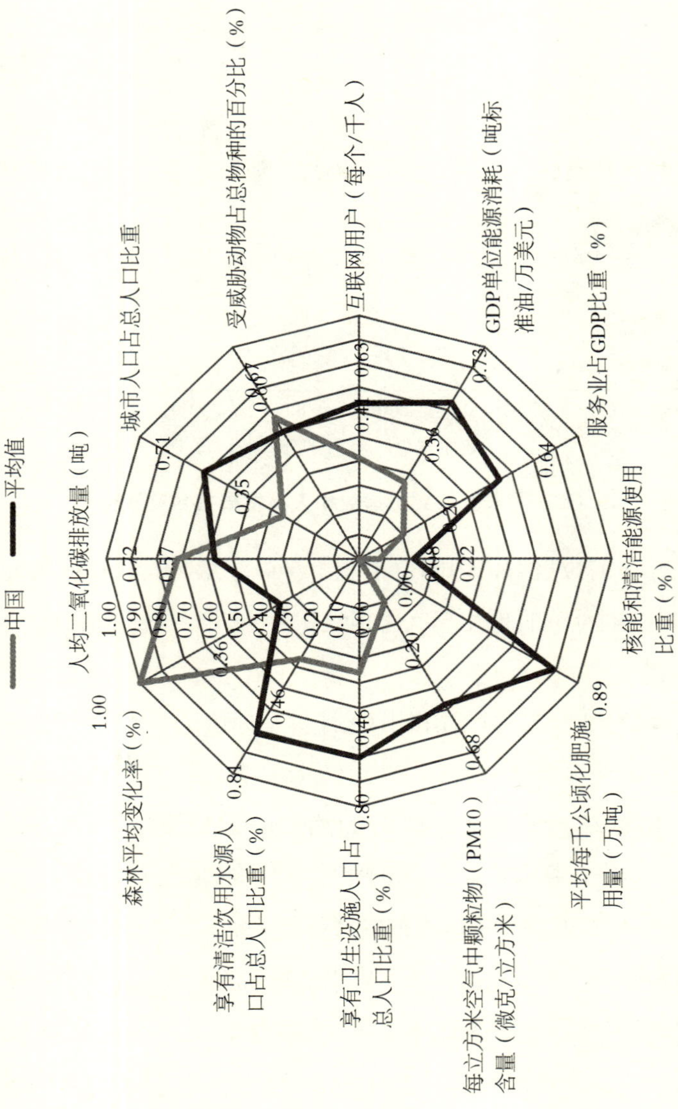

图6-2 中国各指标与G20国家平均值比较

结论

在G20国家中，中国当前处于生态文明发展和人类发展的“双低”状态，生态差距已经成为中国和世界发达国家最大的差距之一。中国改革开放所经历的30多年，与西方发达国家200多年的发展的历史背景和社会条件都是不同的。西方发达国家在发现自己的环境受到严重污染以后，可以利用其资本和技术优势把污染性产业转移到发展中国家，我国没有这样的优势，也缺乏这样的国际条件。另外，西方发达国家的人口密度没有我国这么大。如果我们不及时调整产业结构和转变经济增长方式，而仍追求人均收入和人均消费水平的提高，则可能导致生态崩溃。

此外，中国总体的生态文明发展水平较低，从细分方面看，12项测试指标中有9项低于G20国家的平均值，分别是：城市人口占总人口比重、每千人互联网用户数、GDP单位能源消耗、服务业占GDP比重、核能和清洁能源使用比重、平均每千公顷化肥施用量、PM10含量、享有卫生设施人口占总人口比重、享有清洁饮用水源人口占总人口比重。

看地区：两条生态文明“绿色发展带”

在进行地区评估时，我们计划选取中国大陆31个省级行政区域作为评估对象，但由于西藏自治区的相关数据缺失较多，为保障其他地区的可比性，实际进行计算和排名时未包括西藏在内的其他30个省级行政区。评估数据来源于《2014中国统计年鉴》、《2014中国环境统计年鉴》、《2014中国绿色发展指数报告》、国家统计局在线数据库和部分地区统计公报资料，主要数据年份为2013年，部分地区因当年指标数值缺失，选用了更早年份的数据。

指数排名

根据贵阳指数国家评价指标体系和数学模型，30个省区市贵阳指数的排位和得分情况如表6–3所示。

表6–3　中国30个省市区贵阳指数得分和排名（未包括西藏）

地区	贵阳指数	位次
北京	8.69	1
天津	8.37	2
陕西	7.85	3
浙江	7.81	4
山东	7.64	5
福建	7.51	6
辽宁	7.49	7
广东	7.35	8
四川	7.29	9
河北	7.20	10
河南	7.10	11
云南	6.84	12
上海	6.78	13
内蒙古	6.60	14
重庆	6.58	15
安徽	6.58	16
江苏	6.57	17
海南	6.55	18
山西	6.48	19
江西	6.43	20

（续）

地区	贵阳指数	位次
吉林	6.40	21
广西	6.38	22
湖北	6.32	23
湖南	6.25	24
贵州	6.09	25
黑龙江	5.97	26
甘肃	5.41	27
青海	5.14	28
宁夏	4.95	29
新疆	4.27	30

从 30 个省区市贵阳指数的得分和排名情况看，位居前十位的分别是：北京、天津、陕西、浙江、山东、福建、辽宁、广东、四川和河北，而青海、宁夏和新疆位居最后三位。

水平分级

根据中国 30 个省区市贵阳指数得分的差异程度，可将 30 个省区市分为 4 个级别，分别代表 4 个不同的发展水平。

表 6–5　各省区市贵阳指数分级情况

水平分级	地区	贵阳指数	位次	平均值	个数
第一级别	北京	8.69	1	8.53	2
	天津	8.37	2		
第二级别	陕西	7.85	3	7.47	9
	浙江	7.81	4		
	山东	7.64	5		
	福建	7.51	6		

（续）

水平分级	地区	贵阳指数	位次	平均值	个数
第二级别	辽宁	7.49	7	7.47	9
	广东	7.35	8		
	四川	7.29	9		
	河北	7.20	10		
	河南	7.10	11		
第三级别	云南	6.84	12	6.45	15
	上海	6.78	13		
	内蒙古	6.60	14		
	重庆	6.58	15		
	安徽	6.58	16		
	江苏	6.57	17		
	海南	6.55	18		
	山西	6.48	19		
	江西	6.43	20		
	吉林	6.40	21		
	广西	6.38	22		
	湖北	6.32	23		
	湖南	6.25	24		
	贵州	6.09	25		
	黑龙江	5.97	26		
第四级别	甘肃	5.41	27	4.94	4
	青海	5.14	28		
	宁夏	4.95	29		
	新疆	4.27	30		

从具体级别情况看，第一级别内仅包括北京和天津两个地区，得分分别是 8.69 和 8.37，均值为 8.53，与其他地区相比优势较为明显。第二级别的地区得分在 7.10~7.85 之间，均值为 7.47，包括陕西、浙江、山东、福建、辽宁、广东、四川、河北、河南，属于生态文明发展水平中上；第三级别的地区得分在 5.97~6.84 之间，均值为 6.45，

包括云南、上海、内蒙古、重庆、安徽、江苏、海南、山西、江西、吉林、广西、湖北、湖南、贵州、黑龙江，是数据最多的群体；第四级别的地区得分在4.27~5.41之间，平均值为4.94，包括甘肃、青海、宁夏、新疆，这一集群的生态文明发展水平较低，与前三个等级相比存在较大的差距。

地区分布

按照传统的东部、中部、西部和东北的划分标准，将30个省区市进行归类。从四大地区贵阳指数的得分情况看，东部地区的平均得分最高，达到7.45；其次是东北地区，平均得分为6.62；再次是中部地区和西部地区，平均得分分别是6.53和6.13（见表6–5）。总体看，各地区之间贵阳指数平均得分的差距并不太大。

表6–5　各省区市贵阳指数地区分布情况

地区	省区市	贵阳指数	位次	均值
东北地区	辽宁	7.49	7	6.62
	吉林	6.40	21	
	黑龙江	5.97	26	
东部地区	北京	8.69	1	7.45
	天津	8.37	2	
	浙江	7.81	4	
	山东	7.64	5	
	福建	7.51	6	
	广东	7.35	8	
	河北	7.20	10	
	上海	6.78	13	
	江苏	6.57	17	
	海南	6.55	18	

（续）

地区	省区市	贵阳指数	位次	均值
西部地区	陕西	7.85	3	6.13
	四川	7.29	9	
	云南	6.84	12	
	内蒙古	6.60	14	
	重庆	6.58	15	
	广西	6.38	22	
	贵州	6.09	25	
	甘肃	5.41	27	
	青海	5.14	28	
	宁夏	4.95	29	
	新疆	4.27	30	
中部地区	河南	7.10	11	6.53
	安徽	6.58	16	
	山西	6.48	19	
	江西	6.43	20	
	湖北	6.32	23	
	湖南	6.25	24	

在东部地区，北京的得分最高，而海南则排名靠后。即使和东部其他省份相比，北京的优势也相当明显，在指标得分情况方面，北京的城市每万人拥有公共交通车辆数、万元GDP能源消耗量、第三产业占GDP比重、单位GDP对应的废气污染物排放强度等4个指标位居各地区第一。

在中部地区，河南的得分最高，为7.10；湖南排在最后一位，得分为6.25。最高排名在第11位，最低排在第24位，生态文明发展水平比较接近。

在东北地区，辽宁的生态文明发展水平较领先，但总体发展水平稍高于中部地区。

在西部地区，各地区生态文明的得分差异最大，得分最高的陕西为7.85，排在30个省区市的第三位；同时也汇集了全国排名最后四位的地区。

从各地区按等级分布的情况看，从西向东是一个从“浅”向“深”演变的过程，同时出现了两条明显的生态文明发展程度较高的“绿色发展带”，其中之一从东北方向的北京、天津、辽宁起始，斜向西南方向，包括了河北、山东、河南、陕西和四川；另一条为东南沿海地区的浙江、福建和广东一线。

阶段分析

按照“生态金三角”的模型架构，我们对30个省区市在“生活观、生产力和生态美”三个方面所对应领域的发展状态和相互关系统筹考虑，依据不同的特点划分为6个发展阶段，分别是：平衡领先期、社会短板期、中度平衡期、生态短板期、发展短板期、平衡维持期（见表6–6）。之所以不称为发展类型，是因为我们所评价的指数得分实际上是一个相对位次，是代表着评估对象间相互赶超的关系，是一个动态的变化过程。

在被评估地区中，处于平衡领先期的有北京和陕西两个地区，是各省区市中生态文明建设状况最好的地区，生态三角形中各组成因素总体水平高，而且发展均衡。未来需要集中在个别短板领域继续加强相关建设和工作力度。

表 6–6　各省区市贵阳指数发展阶段分布情况

发展阶段	地区	生活观	生活观位次	生产力	生产力位次	生态美	生态美位次	生态文明指数	总位次
平衡领先期	北京	2.21	3	3.32	1	3.17	8	8.69	1
	陕西	2.05	9	2.68	6	3.13	11	7.85	3
社会短板期	浙江	1.44	24	2.76	5	3.61	2	7.81	4
	山东	1.73	16	2.89	3	3.01	14	7.64	5
	福建	1.62	20	2.26	13	3.63	1	7.51	6
	广东	1.14	29	2.88	4	3.33	3	7.35	8
	江苏	1.29	27	2.34	11	2.95	16	6.57	17
	海南	1.29	25	2.12	18	3.14	10	6.55	18
	广西	1.12	30	1.96	20	3.30	4	6.38	22
	湖北	1.29	26	1.98	19	3.05	13	6.32	23
中度平衡期	辽宁	1.90	12	2.63	7	2.95	15	7.49	7
	河南	1.96	11	2.43	10	2.72	20	7.10	11
	吉林	1.78	15	2.26	14	2.36	24	6.40	21
	贵州	1.72	17	1.57	26	2.80	18	6.09	25
生态短板期	天津	2.37	2	3.21	2	2.79	19	8.37	2
	四川	2.18	4	2.20	16	2.91	17	7.29	9
	河北	2.08	7	2.49	8	2.64	22	7.20	10
	上海	1.70	18	2.44	9	2.64	21	6.78	13
	内蒙古	1.88	13	2.28	12	2.44	23	6.60	14
	山西	2.07	8	2.26	15	2.14	25	6.48	19
	黑龙江	2.14	5	1.88	21	1.94	26	5.97	26
	甘肃	2.01	10	2.16	17	1.23	29	5.41	27
	青海	2.68	1	1.34	29	1.13	30	5.14	28
发展短板期	云南	2.13	6	1.59	25	3.11	12	6.84	12
	重庆	1.87	14	1.41	28	3.30	5	6.58	15
	安徽	1.56	21	1.86	22	3.16	9	6.58	16
	江西	1.64	19	1.61	24	3.19	7	6.43	20
	湖南	1.48	22	1.48	27	3.29	6	6.25	24

（续）

发展阶段	地区	生活观	生活观位次	生产力	生产力位次	生态美	生态美位次	生态文明指数	总位次
平衡维持期	宁夏	1.27	28	1.74	23	1.94	27	4.95	29
	新疆	1.46	23	1.13	30	1.68	28	4.27	30

处于社会短板期的有浙江、山东、福建、广东、江苏、海南、广西、湖北8个地区，这几个地区主要是在“生活观”领域的得分较低、排名较靠后。未来需要在加强生态文明价值观构建、引导鼓励人民群众绿色消费健康生活方面加大工作力度。

处于中度平衡期的有辽宁、河南、吉林、贵州4个地区，这几个地区各方面的情况较为平均，既没有特别突出的优势，也没有明显的劣势。这几个地区未来需要采取“整体提升”的思路，立足现有发展基础，保持现有均衡的格局，齐头并进提升生态文明建设的整体水平。

处于生态短板期的有天津、四川、河北、上海、内蒙古、山西、黑龙江、甘肃、青海9个地区。这几个地区的共同特点是“生态美”得分较低、排名较靠后。未来需要重点处理的是诸如空气污染物排放、水体污染治理、森林绿化等生态系统修复与扩容的工作。

处于发展短板期的有云南、重庆、安徽、江西、湖南5个地区。这几个地区的共同特点是“生产力”得分较低、排名较靠后，具体体现为产业结构绿色化程度不高，高能耗、高污染的产业比重较大，循环经济、低碳经济发展不足。未来的发展方向应该集中在经济产业结构的调整与优化上。

处于平衡维持期的只有宁夏和新疆，这类地区自然禀赋较差，经济社会发展水平低，生态文明的发展基础较为薄弱。未来需要采用

“重点突破”的思路，选择基础较好的领域重点突破、重点发展，进而以点带面，促进生态文明建设的全面发展。

结论

首先，中国各地区间生态文明发展水平存在一定的差异，但是也并没有呈现明显的阶梯分布，具有一定的连续性分布特征。

其次，从四大地区的平均得分情况看，生态文明发展水平从高到低依次为：东部地区 > 东北地区 > 中部地区 > 西部地区。

再次，从各地区按等级分布的情况看，从西向东是一个从“浅”向“深”演变的过程，同时出现了两条比较明显的生态文明发展程度较高的“绿色发展带”。

最后，对于处于平衡领先期、社会短板期、中度平衡期、生态短板期、发展短板期、平衡维持期等不同发展阶段的六类地区，下一步的生态文明建设应各有侧重，有的放矢。

看城市：创新驱动成为生态文明的绿色引擎

在进行城市评估时，我们选取中国大陆 35 个大中城市作为评估对象，其中包括 4 个直辖市、26 个省区的省会或首府（因数据缺失问题，未包含拉萨）和 5 个计划单列市。评估数据来源于《2014 中国城市统计年鉴》、《2013 中国城市建设统计年鉴》、《2014 中国环境统计年鉴》、《2014 中国统计年鉴》、《2014 中国绿色发展指数报告》和部分地区统计公报资料，主要数据年份为 2013 年，部分城市因当年指标数值缺失，选用了更早年份的数据。

指数排名

根据贵阳指数国家评价指标体系和数学模型，35 个大中城市贵阳指数的排位和得分情况如表 6–7 所示。

中国 35 个大中城市贵阳指数得分和排名

城市	贵阳指数	位次
海口	8.93	1
广州	8.91	2
青岛	8.85	3
北京	8.38	4
沈阳	8.24	5
杭州	8.11	6
厦门	8.10	7
西安	8.05	8
贵阳	7.89	9
大连	7.84	10
深圳	7.76	11
昆明	7.69	12
合肥	7.67	13
南京	7.66	14
福州	7.65	15
济南	7.56	16
成都	7.45	17
南宁	7.39	18
银川	7.28	19
上海	7.26	20
重庆	7.23	21
天津	7.15	22
长沙	7.12	23
哈尔滨	6.96	24

（续）

城市	贵阳指数	位次
南昌	6.93	25
武汉	6.77	26
宁波	6.76	27
石家庄	6.75	28
郑州	6.71	29
长春	6.45	30
呼和浩特	6.39	31
太原	5.62	32
乌鲁木齐	5.57	33
兰州	5.39	34
西宁	5.30	35

从 35 个大中城市贵阳指数的得分和排名情况看，位居前 10 位的分别是：海口、广州、青岛、北京、沈阳、杭州、厦门、西安、贵阳、大连。前 10 位中东部地区占 6 个；东北地区 2 个；西部地区 2 个，分别是西安和贵阳。

水平分级

根据中国 35 个大中城市贵阳指数得分的差异程度，可将 35 个城市分为 4 个级别，分别代表 4 个不同的发展水平（如表 6–8 所示）。

表 6–8　35 个大中城市贵阳指数分级情况

水平等级	城市	贵阳指数	位次	均值	个数
第一级别	海口	8.93	1	8.90	3
	广州	8.91	2		
	青岛	8.85	3		

水平等级	城市	贵阳指数	位次	均值	个数
第二级别	北京	8.38	4	7.61	22
	沈阳	8.24	5		
	杭州	8.11	6		
	厦门	8.10	7		
	西安	8.05	8		
	贵阳	7.89	9		
	大连	7.84	10		
	深圳	7.76	11		
	昆明	7.69	12		
	合肥	7.67	13		
	南京	7.66	14		
	福州	7.65	15		
	济南	7.56	16		
	成都	7.45	17		
第二级别	南宁	7.39	18	7.61	22
	银川	7.28	19		
	上海	7.26	20		
	重庆	7.23	21		
	天津	7.15	22		
	长沙	7.12	23		
	哈尔滨	6.96	24		
	南昌	6.93	25		
第三级别	武汉	6.77	26	6.64	6
	宁波	6.76	27		
	石家庄	6.75	28		
	郑州	6.71	29		
	长春	6.45	30		
	呼和浩特	6.39	31		

（续）

水平等级	城市	贵阳指数	位次	均值	个数
第四级别	太原	5.62	32	5.47	4
	乌鲁木齐	5.57	33		
	兰州	5.39	34		
	西宁	5.30	35		

从具体级别情况看，第一级别内包括海口、广州和青岛，得分在8.85~8.93之间，均值为8.90，全部是东部沿海城市。第二级别的城市得分在6.93~8.38之间，均值为7.61，包括北京、沈阳、杭州等22个城市，是包含数量最多的群体；第三级别的城市得分在6.39~6.77之间，均值为6.64，包括了武汉、宁波、石家庄、郑州、长春、呼和浩特，发展水平较为接近；第四级别的地区得分在5.30~5.62之间，均值为5.47，包括了太原、乌鲁木齐、兰州、西宁。

地区分布

按照传统的东部、中部、西部和东北的划分标准，将35个大中城市进行归类，如表6–9所示。如果按地区分布，35个大中城市贵阳指数分布情况如表6–10所示。

表6–9　中国35个大中城市区域划分情况

区域	城市	个数
东部	深圳、天津、济南、福州、杭州、上海、厦门、南京、海口、广州、石家庄、青岛、北京、宁波	14
中部	长沙、合肥、武汉、太原、南昌、郑州	6
西部	西宁、重庆、西安、乌鲁木齐、昆明、南宁、成都、贵阳、兰州、银川、呼和浩特	11
东北	长春、大连、哈尔滨、沈阳	4

表 6–10　35 个大中城市贵阳指数地区分布情况

地区分布	城市	贵阳指数	均值	个数
东部地区	海口	8.93	7.85	14
	广州	8.91		
	青岛	8.85		
	北京	8.38		
	杭州	8.11		
	厦门	8.10		
	深圳	7.76		
	南京	7.66		
东部地区	福州	7.65	7.85	14
	济南	7.56		
	上海	7.26		
	天津	7.15		
	宁波	6.76		
	石家庄	6.75		
东北地区	沈阳	8.24	7.37	4
	大连	7.84		
	哈尔滨	6.96		
	长春	6.45		
西部地区	西安	8.05	6.88	11
	贵阳	7.89		
	昆明	7.69		
	成都	7.45		
	南宁	7.39		
	银川	7.28		
	重庆	7.23		
	呼和浩特	6.39		
	乌鲁木齐	5.57		
	兰州	5.39		
	西宁	5.30		

（续）

地区分布	城市	贵阳指数	均值	个数
中部地区	合肥	7.67	6.81	6
	长沙	7.12		
	南昌	6.93		
	武汉	6.77		
	郑州	6.71		
	太原	5.62		

从各区域的排名分布情况看，在东部 14 个城市中，有 3 个城市属于第一级别，第二级别的城市有 9 个，第三级别的城市有 2 个；在东北地区 4 个城市中，第二级别的城市有 3 个，第三级别的城市有 1 个；在中部 6 个城市中，第二级别的城市有 3 个，第三级别的城市有 2 个，第四级别的城市有 1 个；在西部 11 个城市中，第二级别的城市有 7 个，第三级别的城市有 1 个，而第四级别的城市有 3 个，具体如图 6–3 所示。

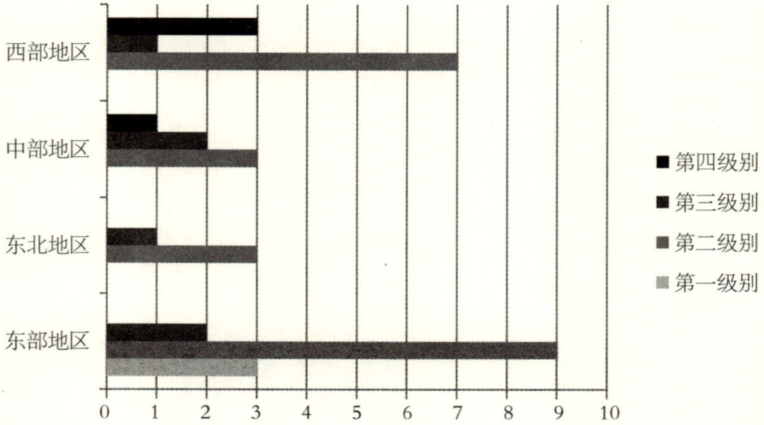

图 6–3　35 个大中城市区域等级分布情况

由此可见，35个大中城市的生态文明发展水平存在差异，东部地区总体水平较高，西部地区则相对靠后。

阶段分析

我们仍然按前述“生态金三角”的模型架构，将35个大中城市的贵阳指数分成6个阶段，如表6–11所示。

表6–11　35个大中城市贵阳指数发展阶段分布情况

发展阶段	城市	生活观	生活观位次	生产力	生产力位次	生态美	生态美位次	生态文明指数	总位次
领先平衡期	海口	2.45	9	3.41	1	3.07	9	8.93	1
	青岛	2.79	1	2.95	6	3.10	7	8.85	3
	北京	2.71	2	3.01	5	2.66	18	8.38	4
	沈阳	2.47	7	2.90	7	2.87	13	8.24	5
	杭州	2.40	12	2.55	12	3.16	6	8.11	6
	厦门	2.21	22	2.89	8	3.00	10	8.10	7
社会短板期	广州	2.13	25	3.39	2	3.40	3	8.91	2
	深圳	1.75	35	2.50	17	3.52	2	7.76	11
	昆明	2.15	24	2.46	19	3.08	8	7.69	12
	长沙	1.85	33	2.62	10	2.65	19	7.12	23
	武汉	1.97	32	2.18	25	2.62	21	6.77	26
中度平衡期	合肥	2.24	20	2.55	13	2.88	12	7.67	13
	南京	2.41	11	2.36	21	2.89	11	7.66	14
	福州	2.39	13	2.42	20	2.84	15	7.65	15
	成都	2.32	15	2.53	14	2.60	22	7.45	17
	南宁	2.27	19	2.52	16	2.60	23	7.39	18
发展短板期	贵阳	2.34	14	2.29	24	3.27	5	7.89	9
	大连	2.47	6	2.49	18	2.87	14	7.84	10
	银川	2.19	23	1.51	31	3.58	1	7.28	19
	重庆	2.59	4	1.32	33	3.32	4	7.23	21
	南昌	2.45	8	1.84	29	2.64	20	6.93	25

（续）

发展阶段	城市	生活观	生活观位次	生产力	生产力位次	生态美	生态美位次	生态文明指数	总位次
发展短板期	宁波	2.04	27	1.97	28	2.76	16	6.76	27
	太原	2.29	17	0.83	35	2.50	25	5.62	32
	西宁	2.43	10	0.98	34	1.89	34	5.30	35
生态短板期	西安	2.55	5	3.05	3	2.44	26	8.05	8
	济南	2.30	16	2.71	9	2.56	24	7.56	16
	上海	2.00	31	3.02	4	2.24	30	7.26	20
	天津	2.22	21	2.52	15	2.41	27	7.15	22
	哈尔滨	2.29	18	2.29	23	2.38	28	6.96	24
	石家庄	2.62	3	2.02	27	2.12	32	6.75	28
	郑州	2.02	28	2.59	11	2.10	33	6.71	29
平衡维持期	长春	1.79	34	2.36	22	2.29	29	6.45	30
	呼和浩特	2.00	30	1.68	30	2.71	17	6.39	31
	乌鲁木齐	2.01	29	1.41	32	2.15	31	5.57	33
	兰州	2.06	26	2.17	26	1.16	35	5.39	34

35个大中城市中，处于平衡领先期的有海口、青岛、北京、沈阳、杭州、厦门，是各地区中生态文明建设状况最好的城市。以青岛为例，在生活观、生产力和生态美三个方面的城市排名分别是第一位、第6位和第7位，发展水平高并且较为平衡。

处于社会短板期的有广州、深圳、昆明、长沙、武汉5个城市，这几个城市主要是在“生活观”领域的得分较低、排名较靠后。以深圳为例，生态美方面排名第2，但在生活观方面排名第35位，存在较大差异。

处于中度平衡期的有合肥、南京、福州、成都、南宁5个城市，这几个城市各单项排名最好的也在十几位，最差的也不低于25位，既没有特别突出的优势，也没有明显的劣势。这几个地区未来需要采取“整体提升、突出特色”的思路，立足现有发展基础，保持现有均衡的格局，齐头并进提升生态文明建设的整体水平。

处于发展短板期的有贵阳、大连、银川、重庆、南昌、宁波、太原、西宁等 8 个城市，共同特点是“生产力”得分较低、排名较靠后。以贵阳为例，生态美方面位居 35 个城市的第 5 位，而反映经济结构绿色化的生产力方面仅位居第 24 位，差距非常明显。近两年，贵阳转变发展思路，强调创新驱动发展，大力发展大数据相关产业，以大数据引领产业结构调整的发展格局将为贵阳未来的生态文明建设提供坚实支撑。

处于生态短板期的有西安、济南、上海、天津、哈尔滨、石家庄、郑州 7 个城市。这几个地区的共同特点是“生态美”得分较低、排名较靠后。未来需要重点加强生态环境治理等工作。

处于平衡维持期的有长春、呼和浩特、乌鲁木齐、兰州，这些城市或者是西部欠发达城市，或者是老工业基地城市，生态文明的发展基础较为薄弱。未来需要采用“重点突破”的思路，选择基础较好的领域重点突破、重点发展，进而以点带面，促进生态文明建设的全面发展。

结论

首先，中国各城市间生态文明发展水平存在一定的差异，从等级分布看，处于第一集团和最差集团的城市数量都较少，近似于“纺锤状”分布。

其次，与 30 个省区市的地区分布稍有差别的是，35 个大中城市的四大区域平均得分为：东部地区 > 东北地区 > 西部地区 > 中部地区。西部地区中各城市两极分化的情况更加明显，而中部地区则是城市间差距较小的同时，平均水平更低。

再次，针对不同发展阶段的城市群体来说，进一步推进生态文明建设的思路也有所不同：存在较为明显短板的城市，主要是针对短板项，有针对性地改进提高；均衡度较好但发展水平处于中游的城市，需要整体提高、突出特色，稳步推进相关建设；而总体水平较低的城市则要从现实出发，找准突破口，进而带动全面发展。

最后，绿色化发展需要科技创新支撑和引领。从贵阳等生态文明示范城市的实践经验看，创新驱动成为决定生态文明建设进展的重要因素。当前新一轮科技革命和产业变革的到来，对中国城市的绿色发展既是挑战，也是机遇，亟须将科技创新作为战略基点，加快培育和发展战略性新兴产业，加快推进传统产业优化升级，支撑引领绿色发展。

第三篇 生态之美：转型中国的绿色重建

第七章 生态治理体系和治理能力数据比较

2013 年中国人均二氧化碳排放超过欧盟

2010 年全球二氧化碳排放总量达 336 亿吨

现代工业的发展给人们带来无限便捷的同时也带来了大量温室气体的排放。全球气候变暖主要由人为温室气体排放引起，二氧化碳排放是人为温室气体的最主要来源。全球二氧化碳排放量不断增加，2010 年全球二氧化碳总排放量达 336 亿吨，比 2009 年增加了 5%，比 1990 年《京都议定书》规定的基准更是增加了 51%。

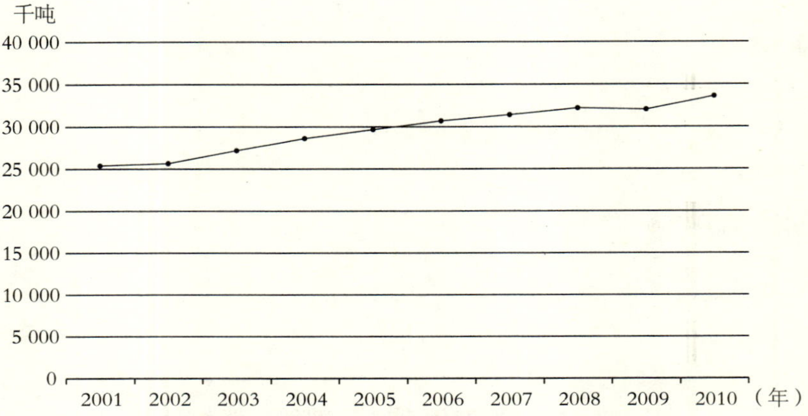

图 7–1　2001~2010 年全球二氧化碳总排放量情况

数据来源：世界银行

中国二氧化碳排放量第一，美国人均第一

过去 10 年，中国经济总量由世界第六跃升至第二，但同时蹿升的还有二氧化碳排放量。中国二氧化碳排放总量从 2001 年的 34.9 亿吨增长到 2010 年的 82.9 亿吨，10 年间增长了 137.5%。自 2006 年起，中国二氧化碳排放量已居世界首位。从二氧化碳排放总量看，2010 年最高的 5 个国家为：中国、美国、印度、俄罗斯和日本。中国二氧化碳排放总量达 82.9 亿吨，占到世界总量的 24.7%。到 2013 年，中国碳排放超过欧盟和美国的总和，达到 100 亿吨，占世界总排放量的近 30%。

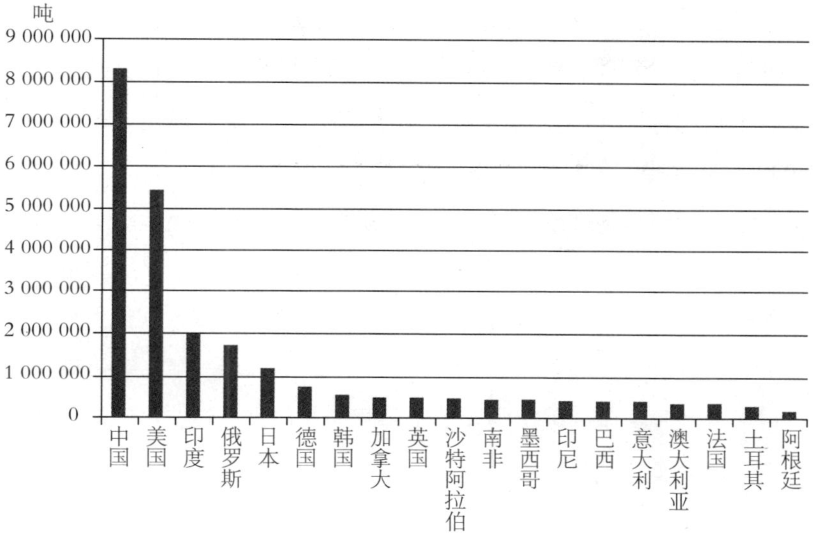

图 7–2　2010 年世界主要国家（G20）二氧化碳排放总量

数据来源：世界银行

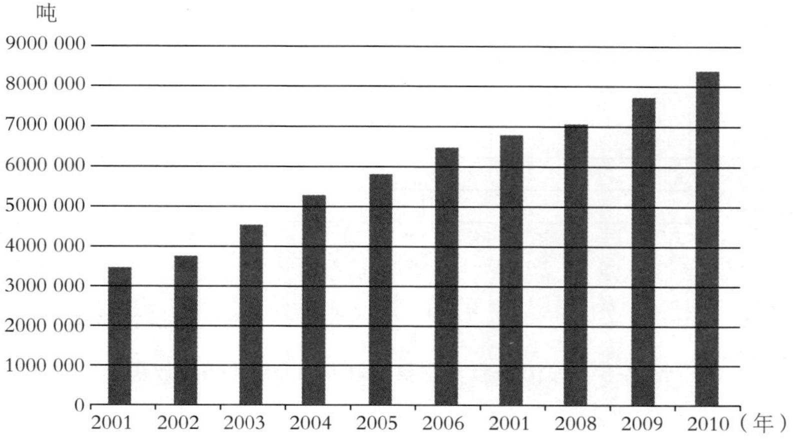

图 7–3　2001~2010 年中国二氧化碳排放总量变化情况

数据来源：世界银行

高碳是一条不可持续的路径，中国过去的发展模式具有明显的高碳特点。作为全球二氧化碳排放量最高的国家，中国在碳减排方面具有不可推卸的责任与义务。中国承诺到2020年碳减排40%~45%，2030年前停止增加二氧化碳排放。同时，不合理的国际分工和贸易结构给中国减少碳排放带来了巨大的挑战。

根据世界银行数据库的数据，2010年人均二氧化碳排放量最高的5个国家为：美国、沙特阿拉伯、澳大利亚、加拿大和俄罗斯。美国人均二氧化碳排放量达17.6吨，排名世界第一。在二氧化碳排放总量前五的国家中，以中国4倍于美国的人口来计算，中国的人均碳排放还不到美国的一半。

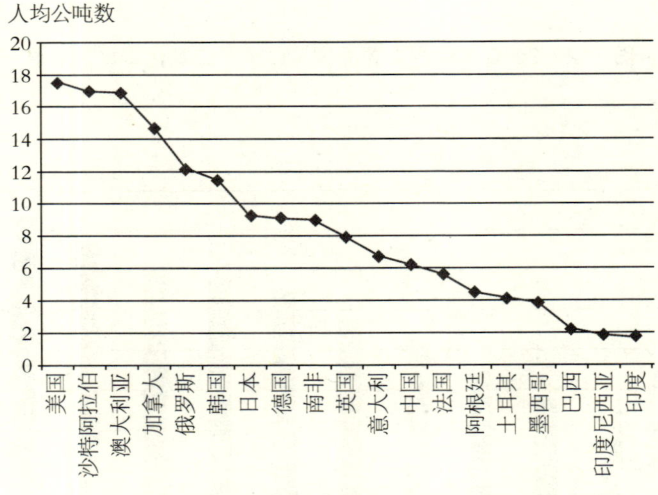

图7–5 2010年世界主要国家人均二氧化碳排放量

数据来源：世界银行

在阻止全球变暖的行动中，各国政府、企业需要制定有效的对策，每一个人都可以扮演重要的角色。从身边的点滴做起，减少个人碳足迹，在生活中培养低碳的生活方式。“在二氧化碳减排的过程中，普通民众拥有改变未来的力量。”

减排贡献中国最大

2001 年以来，中国二氧化碳人均排放量一直在增加，2010 年突破 6 吨，2013 年高达 7.2 吨，首次超过欧盟人均排放量 6.8 吨。从历史变化来看，中国人均二氧化碳排放量远低于美国同期水平。

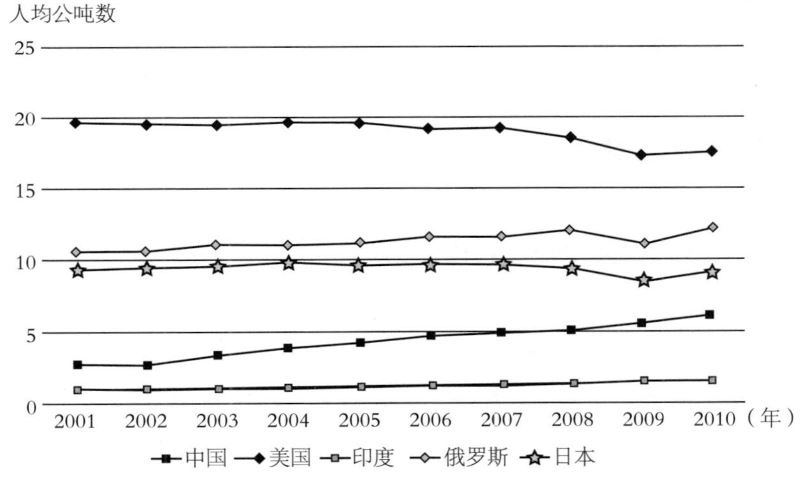

图 7–6　世界主要国家及中国二氧化碳人均排放量历史变化

数据来源：世界银行

2014 年全球二氧化碳排放总量为 323 亿吨，与 2013 年排放量持平，全球二氧化碳排放量开始进入平缓期。2014 年，中国二氧化碳排放量下降 2%。近年来，中国的煤炭使用量减少，发电量更多地来自可再生资源，在能源消耗领域推进转型、提高能源利用率方面加大了努力。监测全球能源发展趋势的国际能源机构（IEA）称，全球最大的碳污染源中国在能源结构上的重大转变，是2014年排放量停止上升的主要原因之一。

自2007年制定“巴厘岛路线图”和2009年召开“哥本哈根联合国气候变化大会”以来，低碳已成为全世界瞩目的焦点。节制发展、低碳发展成为世界发展理念，倡导低碳生活已成为人类的追求。低碳生活是一种可持续的生活方式，低碳生活并不是单纯的省吃俭用，其倡导的理念不是不消费，而是理性消费、适度消费。改变习以为常的、浪费能源的消费模式和生活方式，低碳生活才会变为现实。

地球生命力指数“断崖式下滑”

澳大利亚受威胁动物占比达22%

动物界的健康程度可以客观地反映一个国家物种多样性的保护状况和该国生态系统的健康状态。根据世界银行数据库的数据，2010年世界主要国家受威胁动物占总物种百分比最高的是澳大利亚，达到22%；美国受威胁动物占比仅次于澳大利亚，达到21%；中国在G20国家中排在第11位，受威胁动物占比12%。受威胁动物占总物种的百分比是一个逆指标，占比越高，说明国家动物保护处境越艰难。

目前，全球生物多样性受到有史以来最严重的挑战。作为衡量成千上万种脊椎动物种群规模变化趋势的指标，地球生命力指数在1970~2010年间显示了52%的下降率。换句话说，目前地球上的哺乳动物、鸟类、爬行类和鱼类数量平均约为40年前的一半，呈现断崖式下滑。1970~2010年间，温带地区地球生命力指数中的1 606个物种 6 569 个种群下降了 36%。热带地区生命力指数显示 1 638 个物种 3 811 个种群同期减少了 56%。拉丁美洲下降最为明显——降幅达 83%。栖息地丧失和退化及捕猎和捕鱼开发，是地球生命力指数下降的主要原因。气候变化则是第二常见的主要威胁，而且可能会对将来的种群数量产生更大压力。

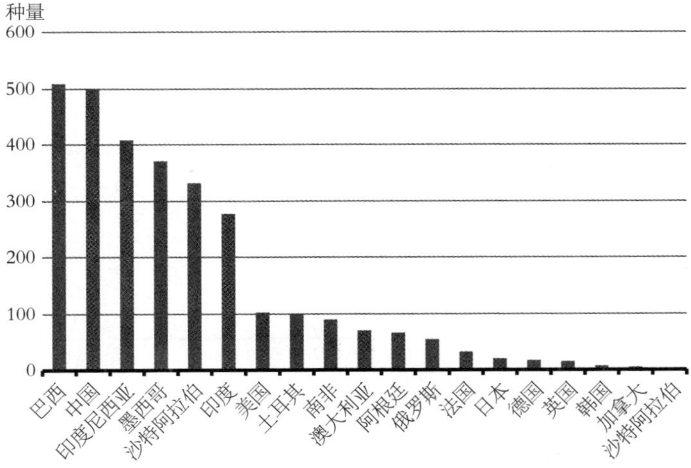

图 7–7　2010 年世界主要国家受威胁动物占总物种的百分比

数据来源：世界银行

中国受威胁植物达 501 种

植物对于灾害和胁迫没有趋避性，所以其对于环境变化的反应更加直接和强烈。全球的植物种类正以空前速度消失，生物多样性的维系面临巨大挑战。世界自然保护联盟的一项研究认为，在世界上需要保护的植物有 50 000 多种，其中 20 000 多种为已知受威胁植物。根据世界银行数据库的数据，从重点选取比较的国家同期数据来看，

2014 年巴西受威胁植物多达 509 种，中国为 501 种，是受威胁植物占总物种比重最高的两个国家。

中国是世界上植物多样性最丰富的国家之一，早在 1993 年出版的《中国的生物多样性》一书就指出，中国有种子植物约 27 000 种，濒危物种比例估计高达 15%~20%。近 30 年来，由于中国经济的高速发展和人口的不断增多，对植物资源和生态环境造成了严重破坏，使植物资源消耗速度加快，濒危物种数量急剧上升，加上长期以来对珍稀植物保护不够，使其日益减少，有的甚至濒临绝迹。近 50 年来，中国约有 200 种植物灭绝；中国高等植物中受威胁物种已达 4 000~5 000 种，占种数的 15%~20%，高于世界 10%~15%的水平。所以，对稀有、濒危植物保护的任务重大而紧迫。

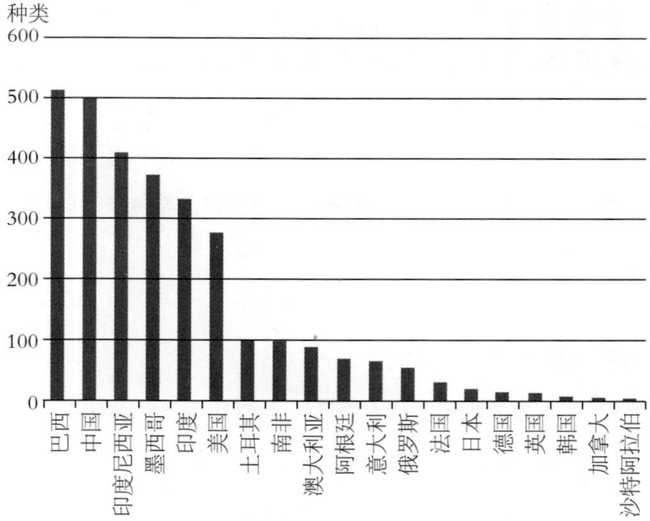

图 7–8　2014 年世界主要国家受威胁植物种数

数据来源：世界银行

中国海洋保护区占比仅为 1.6%

世界银行的统计数据显示，2012 年美国海洋保护区占领海比重达 30.4%，在重点选取对比的国家中排名第一。而中国的海洋保护区占领海比重一直处于较低水平，2012 年海洋保护区占领海比重仅占 1.6%，这与中国广阔的海域面积形成鲜明的对比，而且这一趋势未显现出提高迹象。海洋不但占了地球表面 71%的面积，同时在人类文明进程中扮演了重要角色，是全球生命支撑系统的一个重要组成部分，也是人类社会可持续发展的宝贵财富，对海洋的保护将直接或间接影响到人类的生存与发展。

地球上约有 200 万物种，其中 30 万种是海洋生物，占地球物种总数的 15%。根据《地球生命力报告 2014》的数据，1970~2010 年间海洋物种减少了 39%，其中，在 1970 年至 20 世纪 80 年代中期的

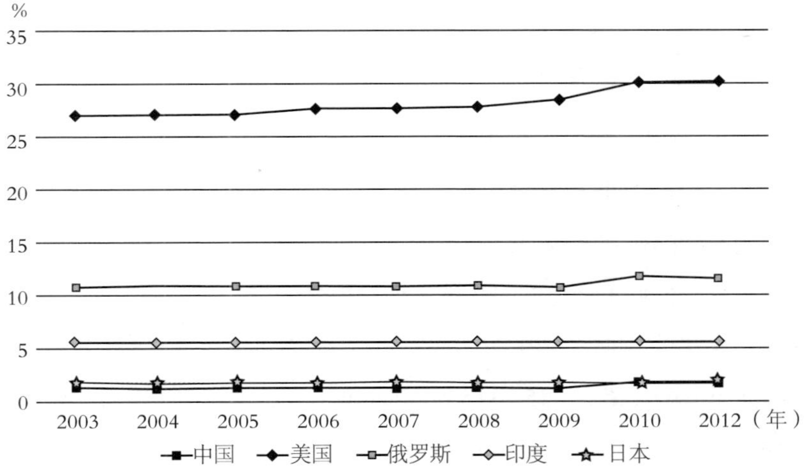

图 7–9　2003~2012 年世界主要国家海洋保护区占领海的百分比

数据来源：世界银行

这段时期里降幅最大，此后趋于稳定，直至最近再次出现一个下降期。在全球气候变化和人类活动的影响下，海洋生态灾害频繁发生、海洋生物资源逐渐衰退，海洋生物多样性已经或者正在发生巨大变化。应加大海洋保护区建设，保护生物多样性，使受威胁的、珍稀的以及濒危的海洋生物得以生存。

生物多样性是人类的巨大财富，具有巨大的经济价值和无法代替的生态意义。然而，在过去几百年的发展过程中，人类活动对生态系统的干预和毁坏改变了地球上生命的多样性，造成了物种的快速灭绝，其灭绝速度比地球历史上物种的自然灭绝速度增长了 1 000 倍之多。人类活动范围大肆侵占动植物生存区域，对物种的掠取速度超过了物种繁殖更新的速度，致使每天有 130 多种动植物物种从地球上消失，生物群体崩溃现象有可能在未来 200 年内发生。

能源生产率：7.3 美元/千克石油当量

世界能源生产率逐年提高

在近现代工业化过程中，大规模开发利用能源的技术路线是：从煤炭到石油的化石能源，以及主要以此为燃料而生产的二次能源。迄今为止，从世界工业化的总体状况看，仍然处于一次能源时代。据世界银行采集的数据，2001~2011 年，世界能源使用量从 9 877 728.6 千吨石油当量增长到 12 715 769.54 千吨石油当量，年均增长率为 2.56%；同期世界能源生产量从 10 201 071.9 千吨石油当量增加到 13 157 534.2 千吨石油当量，年均增长率为 2.58%。

能源是支撑现代人类社会发展的“血液”，工业经济的动力，关系到人类社会的进步和发展。人类对能源的需求越来越大，能源危机越来越突出；能源的大量开发与利用对环境造成破坏，生态问题越来越严重。因此，大力推进能源节约、开发利用和发展非化石能源、调整经济结构成为当务之急。

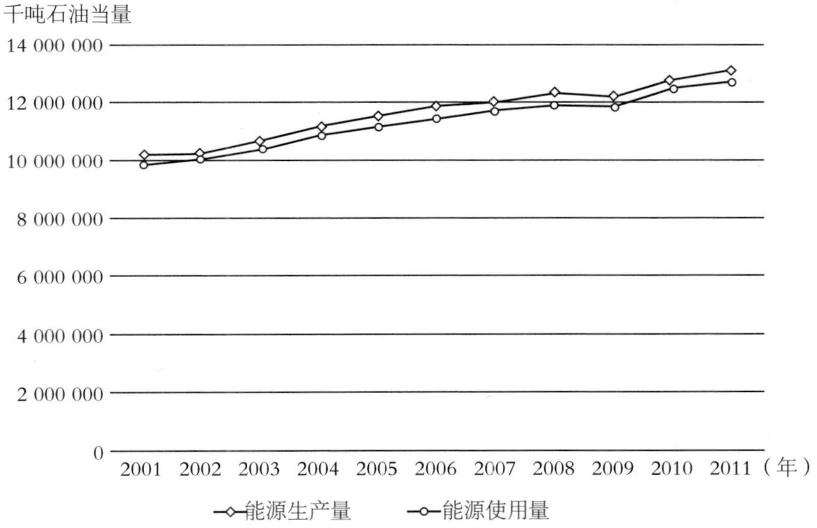

图 7–10　2001~2011 年世界能源使用量和生产量变化情况

数据来源：世界银行

随着世界经济的快速发展，各国对能源的需求急剧上升，能源危机越来越深刻地影响着全球社会经济的发展。人们通过技术改进等手段，有意识地提高能源的使用效率，世界单位能源生产率水平显著提高。根据世界银行数据库的数据，2001~2011 年世界主要国家单位能源生产率从 2001 年的 6.4 美元/千克石油当量提高到 2011 年的 7.3 美元/千克石油当量。

当今世界常规能源的消耗速度远远超过了资源的再生能力和人类开发新能源的能力。节能降耗是缓解资源约束的根本出路，通过提高能源使用效率，可以直接减少能源消费，减轻环境污染，是实现可持续发展战略的最佳途径。节能还可以从总体上提高国民经济效率，降低生产经营成本，增加经济的竞争力。

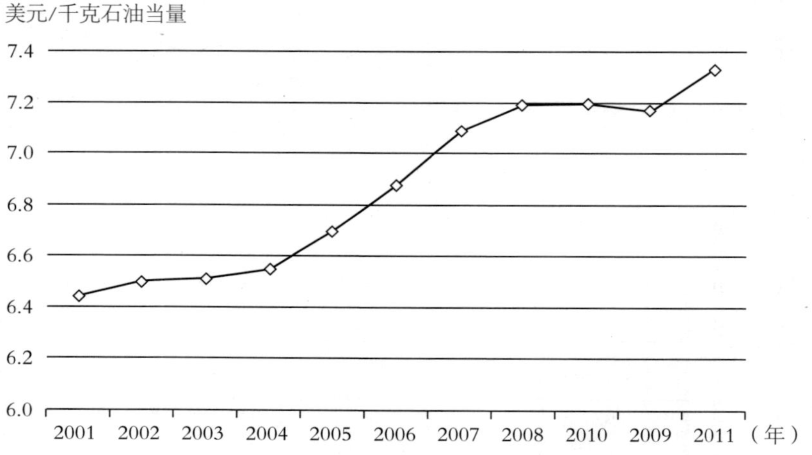

图 7–11　2001~2011 年世界单位能源生产率变化情况

数据来源：世界银行

各国GDP单位能源消耗量相差12倍

《2014 国际统计年鉴》的统计数据显示，2011 年世界主要国家 GDP 单位能源消耗量[①]最高的是沙特阿拉伯，GDP 单位能源消耗量是

① GDP单位能源消耗量所表示的是每单位GDP所消耗的能源数量，与单位能源生产率是倒数关系，指标数值越低代表其能源使用效率越高，而单位能源生产率则是数值越高表示能源使用效率越高。——编者注

9.7 吨标准油/万美元，最低的是英国，仅为 0.79 吨标准油/万美元，前者是后者的 12 倍。GDP 单位能源消耗量排名前五的都是发展中国家，这些国家单位 GDP 能源消耗量远超发达国家。发达国家的 GDP 单位能源消耗量普遍较低，GDP 单位能源消耗量越低，表示能源效率越高。由于发展中国家发展水平低、产业结构不合理、高耗能产业比重偏高，再加上这些国家技术比较落后，导致能源效率低下，与发达国家相比，单位产出的能源资源消耗量明显高于世界平均水平。

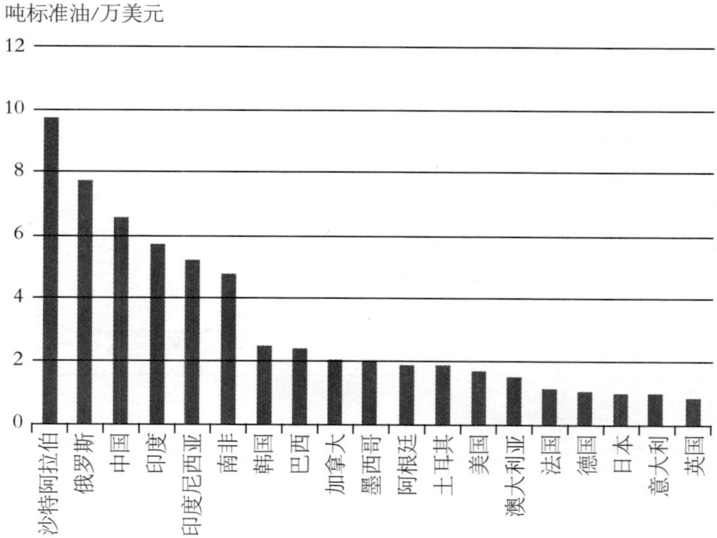

图 7–12　2011 年世界主要国家 GDP 单位能源消耗量对比

数据来源：《2014 国际统计年鉴》
注：阿根廷为 2009 年数据

GDP 单位能源消耗量是考察能源利用程度和水平的一项综合指标。它可反映能源消费过程中管理、技术、经济等因素的影响及其效果。一个国家的能源使用效率，取决于其能源资源条件、能源消费结构、能源利用的技术水平以及产业结构和经济社会发展状况。

中国能源使用率：4.9 美元/千克石油当量

2001~2011 年世界主要国家单位能源生产率呈上升趋势，日本 1 千克石油当量的能源产生高达 9.5 美元的价值，排名第一位。中国每消耗千克石油当量的能源仅创造 4.9 美元的GDP，与俄罗斯基本持平，低于重点选取比较的 5 个国家的平均水平——消耗 1 千克石油当量创造 6.6 美元GDP。2001 年以来，中国能源使用率有所提高，但增幅不大，单位能源消耗量产生的价值远远低于发达国家。

长期以来，中国形成了粗放型经济发展方式，工业增长过度依赖

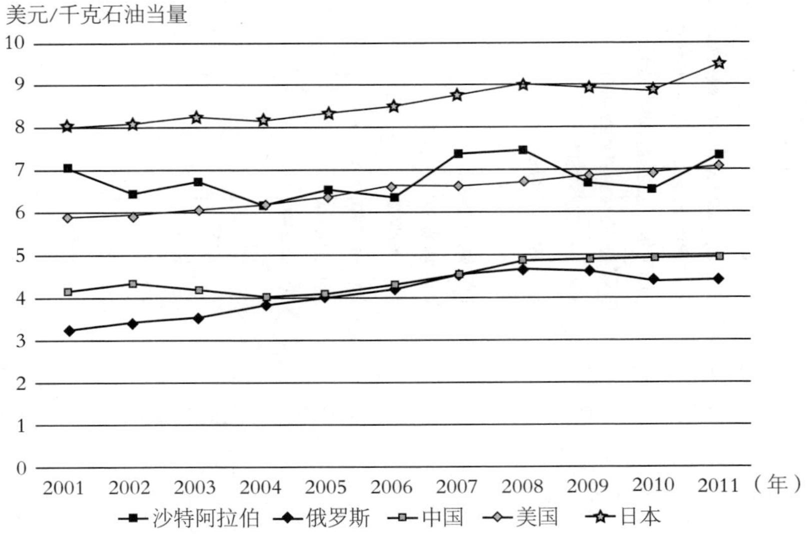

图 7–13　2001~2011 年世界主要国家单位能源生产率变化情况

数据来源：世界银行

物质资源的投入，能耗高、能效低，这是一条不可持续的发展路径。我们必须遏制高耗能产业扩大，推动粗放型发展方式向绿色循环低碳发展方式转变，推动能源生产和利用方式变革，调整优化能源结构，将对保障我国经济社会可持续发展具有重要战略意义。

清洁能源：10 年下降 1.21%

世界可替代能源使用量下降

随着环境问题的日益突出，在全球范围内，从非清洁能源向清洁能源、从化石能源向非化石能源、从高碳能源向低碳能源转型应成为能源变革的基本趋势。但是，世界银行的统计数据显示，2001~2011 年间世界可替代能源和核能占能源使用总量的比重呈下降趋势，从 2001 年的 9.86% 下降到 2011 年的 8.65%，下降 1.21 个百分点。

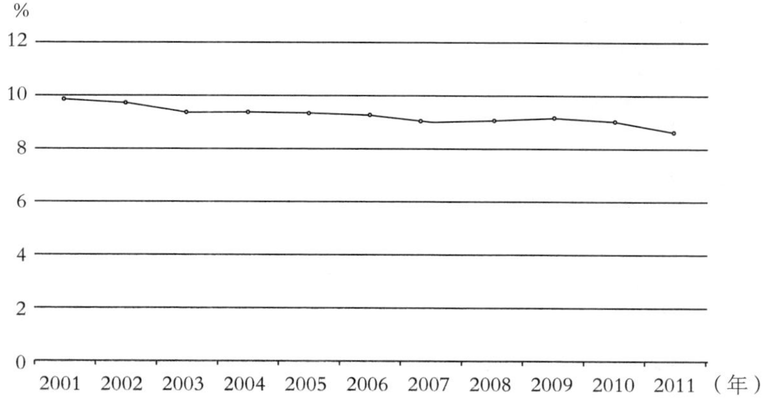

图 7–14　2011~2011 年世界可替代能源和核能占能源使用总量的比重变化情况

数据来源：世界银行

清洁能源替代应成为各国国家战略。非清洁能源消耗所导致的生态环境恶化日益显现，发展清洁能源、应对气候变化已成为世界经济发展的主导战略，也是中国可持续发展进程中不可回避的重大课题。

确保能源安全至关重要

进入工业化时代以来，以煤、石油、天然气等为主要燃料的能源成为现代经济的重要支撑，对经济社会发展起了不可或缺的推动作用。能源消费结构关系着经济增长的速度和质量，也关系着人类生活质量和生态环境建设。《2014 国际统计年鉴》的数据显示，2011 年法国核能和及其他清洁能源占能源使用总量比重为 47.7%，在 39 个有数据的国家中排名第一，中国核能和其他清洁能源占能源使用总量比

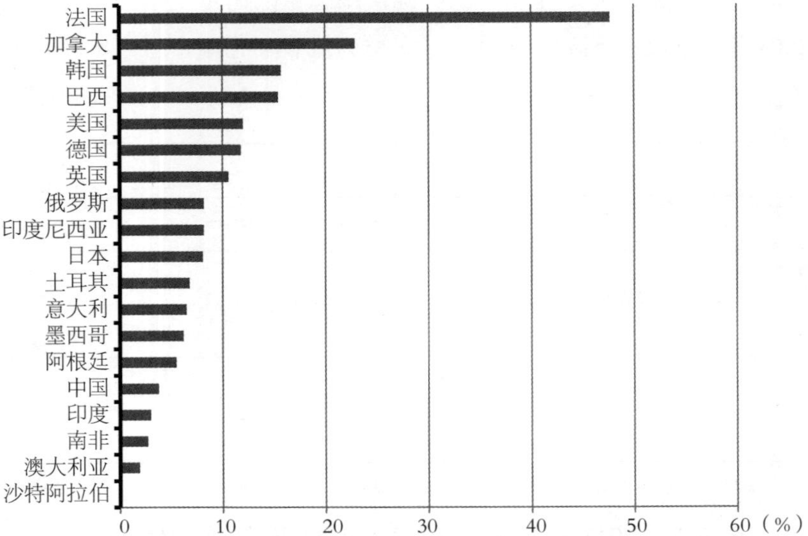

图 7–15　2011 年核能和其他清洁能源占能源使用总量排名

数据来源：《2014 国际统计年鉴》

重较低，仅占 3.8%。

原油与煤炭、天然气仍然是全球最主要的三大能源，清洁能源占能源使用总量比重较小。据美国能源信息署统计，全球近 4 年来能源消费的平均占比为：原油 34%、煤炭 30%、天然气 24%、水电 7% 以及核电 6%。各国能源储备及消费结构不同造成了全球主要能源产销国的能源消费占比的差异。清洁能源具有极高的重要性，是新的经济增长点，也是提高一国能源自给能力、确保能源安全的主要途径。发展能源产业应成为各个国家不容忽视的战略目标。

中国清洁能源市场潜力巨大

世界银行的统计数据显示，2001~2010 年世界主要国家可替代能源和核能占能源使用总量比重最高的是日本，2010 年占到了 17.2%，但在福岛核泄漏事故发生后，日本大部分核电站停止运行，2011 年和 2012 年可替代能源和核能使用比重分别降低至 8.1% 和 2.9%；在重点选取比较的国家中，美国排名第二，2013 年清洁能源使用量占比为 11.7%。中国是世界第一能源消耗国且具有高污染性特点，清洁能源占能源使用总量的比重一直处于较低水平，到 2010 年这个数据仅为 3.9%，同为金砖国家的南非和印度清洁能源使用量更低，分别为 2.7% 和 3%。但是，在其他主要国家清洁能源占比呈下降趋势的同时，中国清洁能源占能源使用总量比例逐年提升，清洁能源市场潜力巨大。

发展清洁能源是中国建立资源节约型社会、实现可持续发展的必然选择。但是，中国的能源生产和使用结构中高污染、高能耗、高排放特点依然明显，能源发展转型任重而道远。

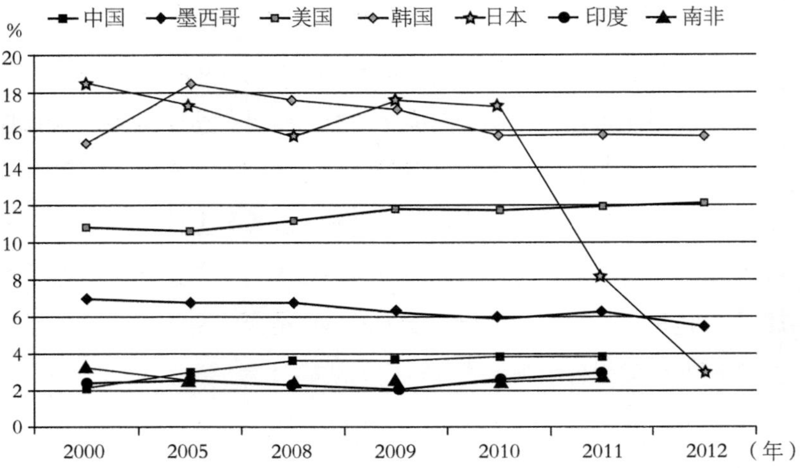

图 7–16　世界主要国家核能及其他清洁能源占能源使用总量比重变化情况

数据来源：《2014 国际统计年鉴》

PM10：7 个国家排放高

2014 年印度PM10 达 100

空气中颗粒物已经成为当前影响空气质量的主要大气污染物，尤其是可吸入颗粒物PM10，是一种对人体健康、环境和气候产生重要影响的污染物。根据《2014 国际统计年鉴》的数据，重点选取比较的 19 个国家PM10 平均水平为 41.44 微克/立方米，比世界卫生组织所制定的PM10 年平均浓度指导限值 20 微克/立方米超出一倍多。这表明，全球总体而言还存在较为严重的PM10 污染。超出平均排放水平的国家有 7 个，该指标越大，表示其PM10 年平均浓度越高，空气污染越严重。

从统计数据看，国家间的PM10值差异很大，在19个国家中，PM10年均浓度水平最低的是澳大利亚，2011年PM10平均浓度为13.64微克/立方米，仅为各国平均水平的32.9%。而PM10年均浓度水平最高的国家是印度，2011年PM10平均浓度为99.71微克/立方米，后者是前者的7倍多，反映出各国降低空气污染和改善空气质量的压力存在巨大差异。2011年世界主要国家PM10含量从高到低排名前五的国家分别是：印度、沙特阿拉伯、中国、土耳其和印度尼西亚，这都国家都是发展中国家或能源生产输出国，与这些国家的经济发展模式及化石能源开采和利用状况密切相关，这些国家面临着在发展经济的同时控制空气污染的挑战。而排名最后五位的国家是澳大利亚、加拿大、美国、日本和英国，这些国家都是发达国家。

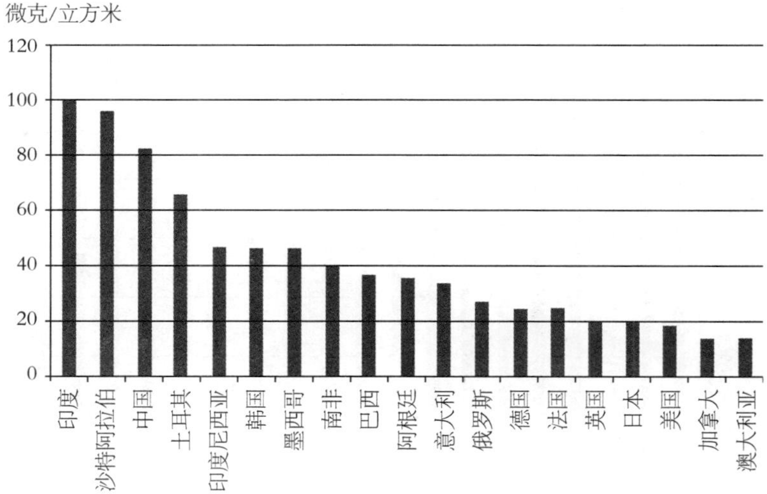

图7–17　2011年G20主要国家PM10浓度比较

数据来源：《2014国际统计年鉴》

注：沙特阿拉伯为2010年数据

沙特化石燃料能耗占比 99.99%

世界银行的统计数据显示，2011 年，在重点选取比较的 19 个国家中有 13 个国家化石燃料能耗占能耗总量比重超过 80%，其中石油王国沙特阿拉伯甚至达到近 99.99%。巴西是化石燃料占比唯一维持在 50%附近的金砖国家，该国在水电、生物燃料的利用方面领先。俄罗斯是煤油气大国，丰富储量导致其化石燃料占比居高不下，为金砖国家之首。

目前人类所需要的能源大部分仍然是通过化石燃料（包括煤、石油、天然气、页岩油等）燃烧获得的。化石燃料燃烧产生的二氧化碳和甲烷是影响地球表面温度的直接因素，由于二氧化碳和甲烷实际的排放量超过了自然界对二氧化碳和甲烷固定与吸收的自然速率，大气

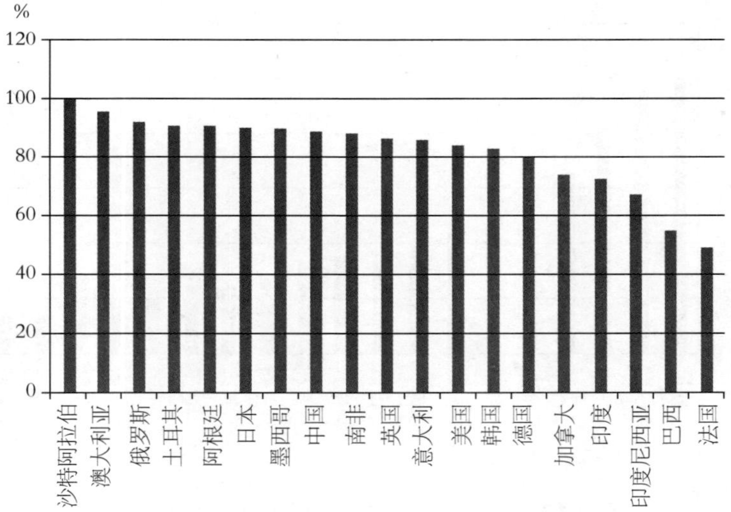

图 7–18　2011 年 G20 主要国家化石燃料能耗占总量百分比

数据来源：世界银行

中的二氧化碳和甲烷含量开始上升，温室效应就愈加明显。此外，化石燃料燃烧（主要是煤炭燃烧）所产生的二氧化硫是产生酸雨的主要原因，全球的二氧化硫排放量一直处于较高水平，且下降趋势不明显，由于酸雨会以不同的方式破坏水生生态系统、陆生生态系统，腐蚀材料和影响人体健康，其危害性极大。同时，化石燃料燃烧产生的氮氧化物是造成臭氧层破坏的主要原因之一，目前大气中的氮氧化物浓度呈增长趋势，这必将导致臭氧层变薄。化石燃料燃烧产生的可吸入颗粒物，也成为环境污染的主要根源之一。

中国化石燃料能耗占比超 80%

有学者提出，从 2002 年开始，中国经济进入重化工业加速时期，对煤炭、石油、天然气的需求量越来越大，化石燃料在能源消耗总量中的比例一直保持较高水平（80% 以上）。目前，中国能源发展依然维持着以煤为主的化石能源消费模式，能源消费依赖高碳化石能源的现状难以在短期内大幅扭转。

中国能源结构长期以煤炭为主，利用率低，燃烧技术落后，造成了严重的空气污染。2013 年，中国全年能源消费总量 42.6 亿吨标准煤，煤炭消费量占能源消费总量的 66%，水电、风电、核电、天然气等清洁能源消费量占能源消费总量的 16.9%。尽管自 1990 年来中国非化石燃料能源来源的占比已经翻番，但化石燃料仍占全国能源消耗近 90%，其中 2/3 来自煤炭。

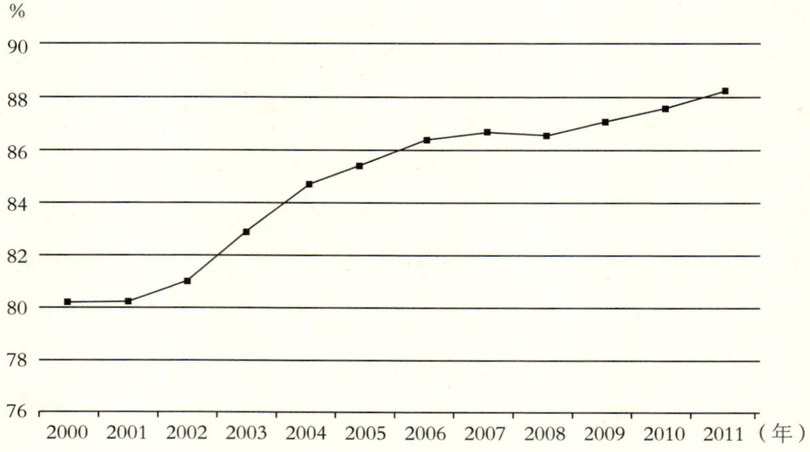

图 7–19　2000~2011 年中国化石燃料能耗占总量百分比变化情况

数据来源：世界银行

森林平均消失率为 0.11%

10 个国家森林零（负）增长

森林是世界上最大的陆地生物多样性宝库。森林在减缓全球气候变化中也发挥着重大作用，对许多脆弱生态系统中的水土保持做出贡献。由于人类对森林的过度采伐，现在世界上的森林资源在迅速地减少。根据《2014 国际统计年鉴》的数据，2000~2011 年世界森林平均消失率为 0.11%，森林面积不断减少。2000~2011 年间世界主要国家中有 10 个国家森林面积出现零增长或负增长。全球森林面积给人类赖以生存的自然环境造成了严重的影响，应该立即采取有效措施予以制止。

森林面积不断减少有酸雨、自然火灾等自然因素，但更多的是人类单纯追求经济增长速度、人口迅速增加、火灾等人为原因。森林被毁意味着一些珍稀动物失去繁衍基地，意味着大面积荒漠化的出现，造成生物多样性的丧失和泥石流、水土流失等自然灾害的发生。

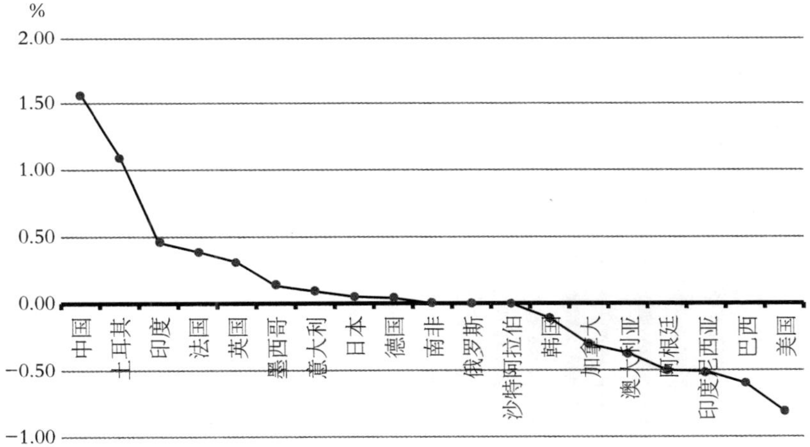

图 7–20　2000~2011 年 G20 国家的森林平均变化率情况

数据来源：《2014 国际统计年鉴》

日本森林面积占比近 70%

森林面积占土地面积的比例可以反映一个国家或地区森林面积占有情况、森林资源丰富程度和绿化程度。根据世界银行的数据，2012年世界主要国家森林面积占土地面积比重超 50% 的仅有日本、韩国、巴西、印度尼西亚等 4 个国家，而沙特阿拉伯森林面积占土地面积比重仅为 0.45%。

全球森林资源分布严重不均。根据联合国粮农组织发布的《2010

年全球森林资源评估报告》，世界森林总面积估计略高于 40 亿公顷，相当于人均拥有 0.6 公顷森林。但森林面积分布不均，森林资源最丰富的 5 个国家（俄罗斯联邦、巴西、加拿大、美国和中国）占有一半以上的全球森林资源（53%）；而在另外的拥有 20 亿人口的 64 个国家中，森林占土地面积少于 10%。

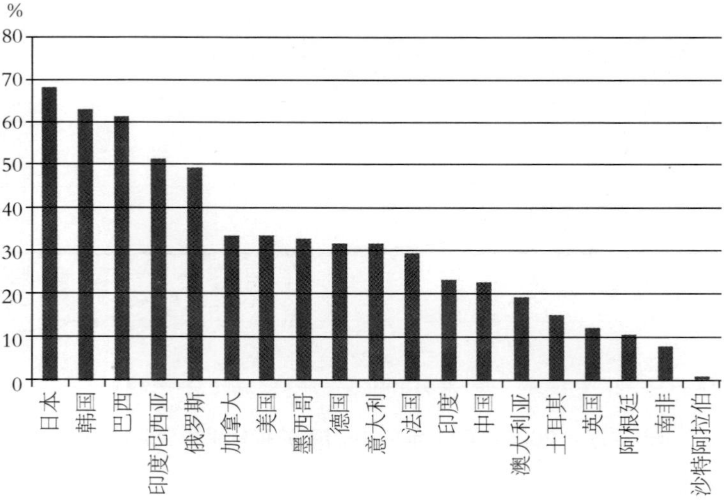

图 7–21　2012 年世界主要国家森林面积占土地面积比重

数据来源：世界银行

中国造林面积居世界首位

森林是保护生态环境、建设美丽中国、实现可持续发展的重要基础。目前，中国仍然是一个森林资源缺乏的国家，森林资源总量严重不足，森林生态系统的整体功能非常脆弱。进入 21 世纪以来，2002 年启动了 10 年植树造林计划，在提高森林覆盖面积方面取得了积极进展，造林绿化面积不断增加，2003 年造林面积最高，达 9 118 894 公顷，13 年来年平均造林面积大约 550 万公顷。

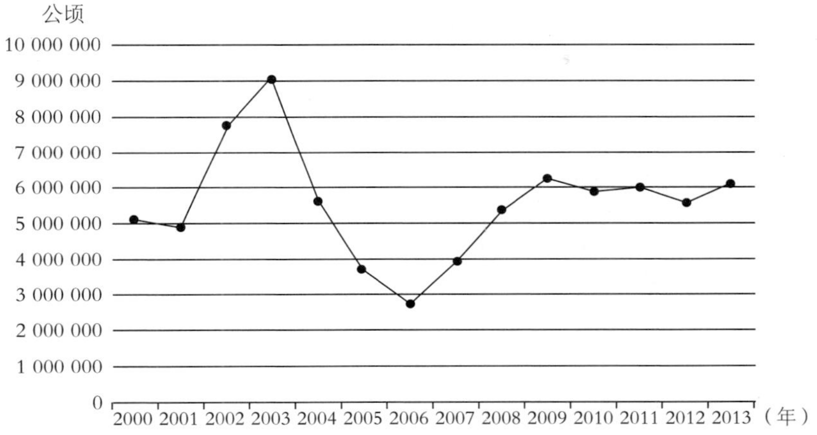

图 7–22　2000~2013 年中国造林面积变化情况

数据来源：《2014 中国统计年鉴》

根据《2014 国际统计年鉴》的最新数据，全球森林覆盖率从 2000 年的 31.4% 下降到了 2011 年的 30.9%；中国森林覆盖率从 2000 年的 19% 增长到了 2011 年的 22.5%，造林面积居世界首位，中国在扭转全球森林资源持续减少中做出了重大贡献。然而，中国森林资源的增长依然不能满足社会对林业多样化需求的不断增加，森林资源总量不足、地理分布不均、质量低下问题依然是制约我国可持续发展最突出的问题之一。

第八章　绿色GDP引领新常态

绿色GDP最早由联合国统计署倡导的综合环境经济核算体系提出。推行绿色GDP核算，就是把经济活动过程中的资源环境因素反映在国民经济核算体系中，将资源耗减成本、环境退化成本、生态破坏成本以及污染治理成本从GDP总值中扣除。其目的是弥补传统GDP核算未能衡量自然资源消耗和生态环境破坏的缺陷。2006年9月7日，原国家环保总局和国家统计局联合发布了《中国绿色国民经济核算研究报告2004》。这是中国第一份经环境污染调整的GDP核算研究报告。研究结果表明，2004年，全国因环境污染造成的经济损失为5 118亿元，占当年GDP的3.05%。虚拟治理成本为2 874亿元，占当年GDP的1.8%。报告的发布者称，由于部门局限和技术限制，已计算出的损失成本只是实际资源环境成本的一部分[①]。但自此

① 《绿色GDP研究搁置9年后重启》，法制网，2015年3月30日。

以后，这项研究被搁置了9年。从2015年开始，环保部将重启绿色GDP研究。以下是我们针对重启绿色GDP核算所做的部分重点数据的对比分析，看看各地绿色GDP发展的潜力有多大。

单位工业增加值水耗：天津最低

我国目前总体上仍处于工业化中期，产业结构中重化工特征仍然较为明显，“十二五”时期全国有“26个省把钢铁作为重点产业，25个省把石油化工列为重点产业，20个省把有色金属列为重要产业”。这一产业构成的特点直接体现为资源、能源的高消耗。实现经济绿色化的一个主要思路，就是要对高能耗、高物耗、高排放的第二产业进行减物质化的改造和提升，在第二产业中提倡发展具有清洁生产、生态工业性质的行业和企业。这一思路体现在工业的水资源利用方面，就是如何面对有限的水资源，调整用水结构、提高用水效率。

总用水量：新疆第一

通过数据比较，各省区（市）2013年全年总用水量最大的6个省份分别是新疆、江苏、广东、黑龙江、湖南、广西，均在300亿~600亿立方米之间；全年总用水量在100亿~300亿立方米的省份有15个，占总数的48.4%；全年总用水量在100亿立方米以下的省份有10个，占总数的32.3%，其中除北京、天津外，均为中西部省份；海南、北京、西藏、青海、天津排在倒数五位，全年总用水量均在50亿立方米以下，广东全年总用水量是上海、北京的12~18倍。由此可见，各省区市全年总用水量差距十分明显。

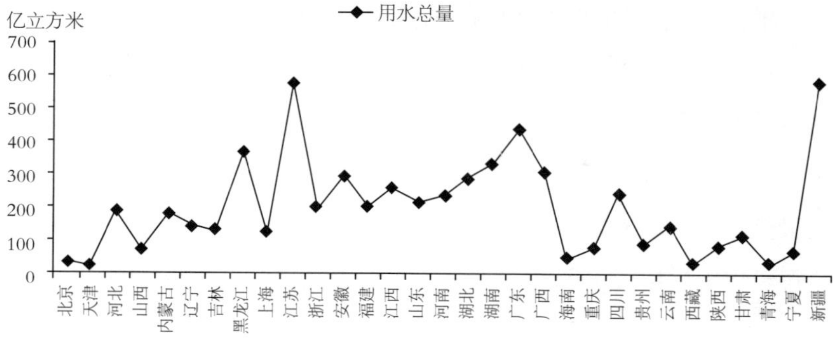

图 8–1　2013 年 31 个省区市全年总用水量

用水结构：农业比重最大

在 2013 年各省区市全年总用水量比重中，农业用水占总用水量的 63.4%，农业用水所占总用水量的比重最大。新疆、西藏的农业用水分别占总用水量 94.84%和 90.97%，排名前两位，宁夏、黑龙江、甘肃、青海的农业用水占总用水量均在 80%~90%。由此可见，青海、西藏、宁夏等西部省份年总用水量低，但用水量投入在农业领域的比重很大。

在 2013 年 31 个省区市节水灌溉面积比较中，新疆、河北、山东、内蒙古、江苏的节水灌溉面积均在 2 000~3 200 千公顷，排名前列。而新疆、河北、山东、内蒙古的农业用水占全年用水量的比重均在 68%~95%之间，可知这些省份节水灌溉工作投入力度较大。与之相反，西藏、宁夏、青海、海南的农业用水占全年用水量的比重排在前 7 位，但这 4 个省区的节水灌溉面积均在全国倒数 7 位之列，说明这 4 省份的农业用水量大，节水灌溉技术有待提高。据水利部官员透露，全国力争到 2020 年，将高效节水灌溉面积占有效灌溉面积的比例提高到 30%以上。

单位工业增加值水耗：上海超过 112 立方米

在全国总用水量的结构中，工业用水量占 22.8%，各省区市工业用水比重差别非常大。上海、重庆、江苏、福建、安徽、湖北等工业用水比重位于前 6 位，均在 30%以上，其中，上海工业用水所占比重最高，为 65.28%。黑龙江、海南、宁夏、西藏、新疆工业用水占全年总用水量均在 19%以上，上海工业用水量占比是新疆的 22 倍。

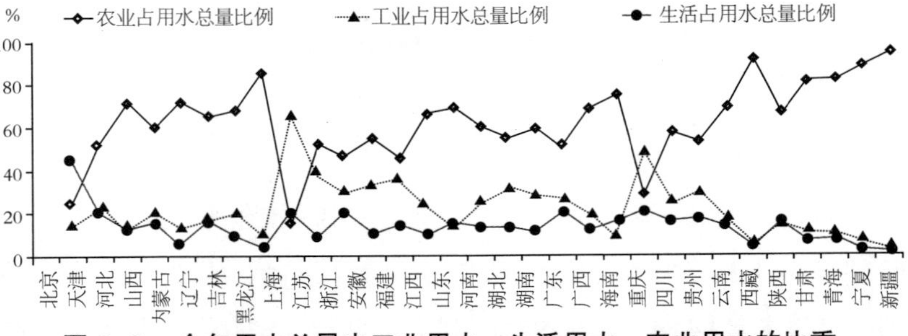

图 8-2　全年用水总量中工业用水、生活用水、农业用水的比重

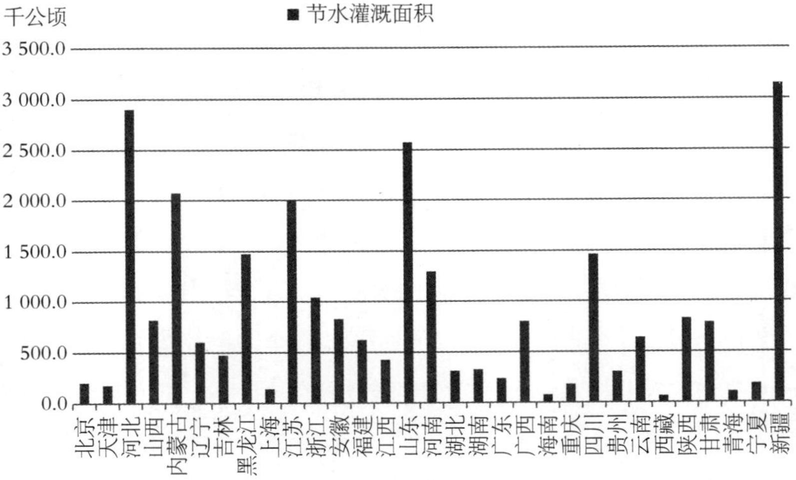

图 8-3　2013 年 31 个省区市节水灌溉面积

分析比较2013年31个省区市单位工业增加值水耗可知，除西藏外，上海单位工业增加值水耗排第二，为112.66立方米/万元。根据相关数据显示，“2013年上海市第二产业增加值8 027.77亿元，占上海市生产总值的比重为37.2%”[①]，上海的工业体系中仍存在部分钢铁、印染、有色金属、建材等高能耗、高污染的行业，致使上海单位工业增加值水耗较高。与之相对应的是天津、山东、北京，这些城市不仅工业用水量占全年总用水量比重较低，而且单位工业增加值水耗也低，排名全国后三位。

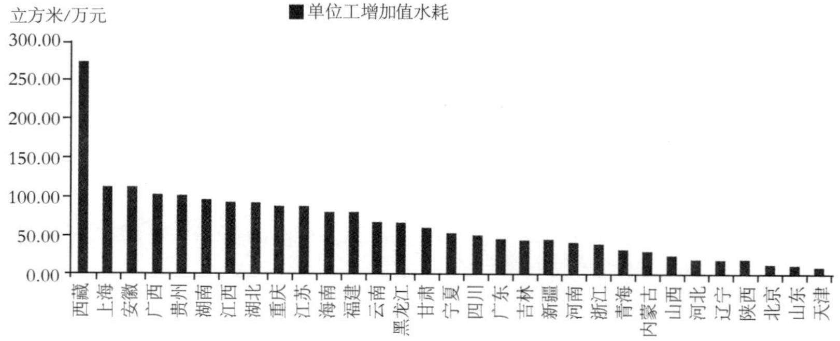

图8–4　2013年31个省区市单位工业增加值水耗

由以上分析可知，在2013年全年总用水量比重中，农业用水所占总用水量的比重最大，生态用水所占比重最小，且农业用的高效节水灌溉面积不大，节水灌溉技术有待提高；各地区单位工业增加值水耗差距较大。因此，加大技术投入，增加高效节水灌溉面积，降低工业增加值水耗，是节约水资源的必要措施。

① 上海市统计局、国家统计局上海调查总队:《2013年上海市国民经济和社会发展统计公报》，2014年2月。

工业用水重复利用率：达到 88%

循环经济是一种以资源的高效利用和循环利用为核心，以减量化、再利用、资源化为原则，以低消耗、低排放、高效率为基本特征，符合可持续发展理念的经济增长模式，是对“大量生产、大量消费、大量废弃”的传统增长模式的根本变革。

工业固体废物利用率稳步提高

“十一五”期间，全国工业固体废物产生量、综合利用量和处置量均呈现逐年上升的趋势，贮存量基本持平，工业固体废物排放量呈现逐年下降的趋势。由于 2011 年环境保护部对统计制度中的指标体系、调查方法及相关技术规定进行了修订，因此不能与 2010 年

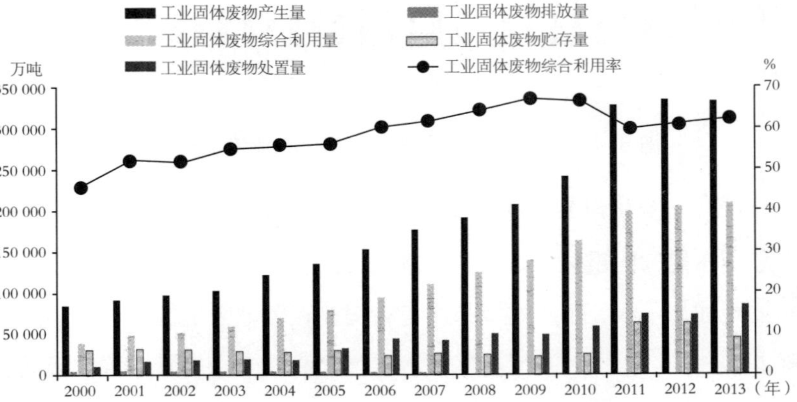

图 8–5　我国历年工业固体废物产生及处理情况

数据来源：《2014 中国环境统计年鉴》

注：2011 年环境保护部统计制度中的指标体系、调查方法及相关技术规定等进行了修订，故不能与 2010 年直接比较。

直接比较。由近3年的数据可得到，2011~2013年间工业固体废物产生量的增长逐步放缓，工业固体废物的综合利用量和利用率稳步提高。

五省份综合利用量占全国近60%

一般工业固体废物综合利用率较高的省份为天津、上海、江苏、浙江、山东，这5个省份的一般工业固体废物综合利用率均高于90%。综合利用量较大的省份为山西（1.98亿吨，主要为煤矸石）、河北（1.83亿吨，主要为冶炼废渣）、山东（1.71亿吨，主要为粉煤灰、冶炼废渣和尾矿）、河南（1.24亿吨，主要为粉煤灰、煤矸石和炉渣）、辽宁（1.17亿吨，主要为尾矿、冶炼废渣和粉煤灰）。这5个省份的一般工业固体废物综合利用量占全国一般工业固体废物产生量的58.9%。

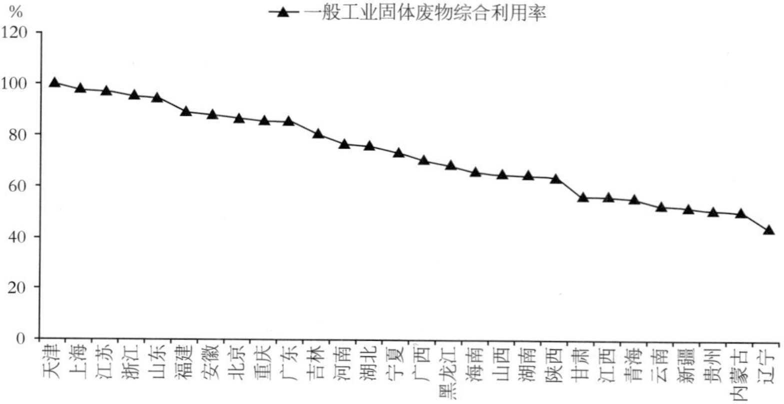

图8–6　2013年各地区一般工业固体废物综合利用率情况

数据来源：《2014中国环境统计年鉴》

我国工业用水重复利用率达到 88%

就全国范围来看，我国的工业用水重复利用率较前几年有所改善，2013 年我国水资源重复利用率达到 79%，工业用水重复利用率达到 88%。

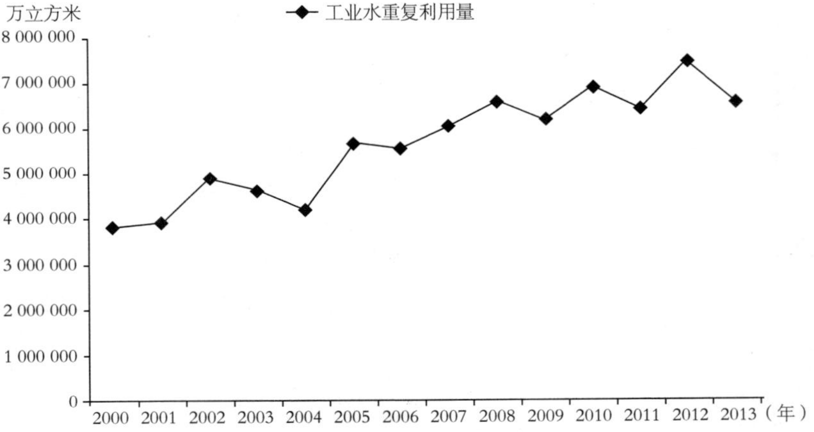

图 8–7　工业用水重复利用率

数据来源：《2014 中国统计年鉴》

11 个地区重复利用率超过 90%

就地区而言，东部地区工业用水重复利用率普遍超过全国平均水平，中西部地区的工业用水重复利用程度还比较低。从工业用水重复利用率看，有 11 个省份的重复利用率超过 90%。

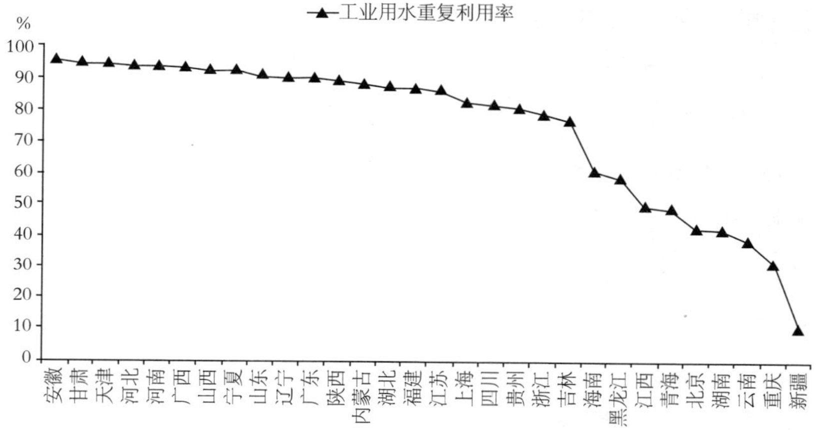

图 8–8　各地区工业用水重复利用率

尽管近年来工业用水重复利用率和固体废物利用率稳步上升，但循环经济的发展力度依然不够。2013 年，国务院印发了《循环经济发展战略及近期行动计划》，这是我国制定的第一部循环经济发展战略规划，该计划提出当前到“十二五”末的近期目标是：主要资源产出率提高 15%，资源循环利用产业总产值达到 1.8 万亿元，从目前的进展情况看，实现的难度比较大。2015 年 4 月，国家发改委印发《2015 年循环经济推进计划》，旨在贯彻落实《循环经济发展战略及近期行动计划》，进一步加强政策引导和支持。针对目前循环经济企业，特别是资源综合利用企业面临的高税负等问题，《2015 年循环经济推进计划》提出要研究完善《环境保护专用设备企业所得税优惠目录》、《节能节水专用设备企业所得税优惠目录》、《环境保护、节能节水项目企业所得税优惠目录》，推进调整完善资源综合利用产品及劳务增值税政策。

污水再生利用量占比：北京第一

随着城市经济社会的发展，水质污染问题已越来越受到人们的关注，治理城市污水、保护水资源已成为当务之急。因此，国务院办公厅下发的《国务院关于加强城市基础设施建设的意见》要求，到2015年，36个重点城市城区实现污水“全收集、全处理”，全国所有城市实现污水集中处理，城市污水处理率达到85%。

城市污水处理率80%以上

通过比较分析30个省区市的污水处理率（见图8-9）可知，我国城市污水处理率整体较高，除黑龙江、海南、青海、西藏以外，其余26个省区市的污水处理率均在80%以上，污水处理率在90%以上的省区市占41.9%，污水处理率在80%~90%的省区市占45.2%。

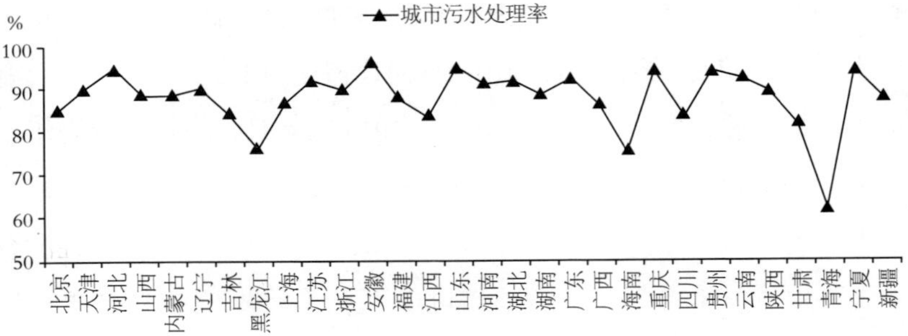

图8–9 各地区城市污水处理率比较

污水再生利用量北京最高

污水再生利用量占处理总量的比重反映了污水再生利用率的

高低，所占比重越大，则污水再生利用率越高。从图 8–10 可知，在 2013 年污水再生利用量占处理总量的比重中，北京所占比重最高，达 60.96%，贵州、云南、河北名列第二、第三、第四，分别为 44.90%、38.57%、23.47 %，污水再生利用量占处理总量的比重在 10%~20% 的省区市有 28.57%，污水再生利用量占处理总量的比重在 10% 以下的省区市有 57.1%。甘肃、浙江的污水处理总量排在全国前两位，但污水再生利用量并不高，因此其污水再生利用率低，说明这两个省份的污水再生利用的技术、资金等投入不够。相比之下，北京的污水处理总量在全国排名第 11 位，其污水再生利用量却排名全国第一位，说明北京污水再生利用的技术比较成熟，逐步走向循环利用的发展理念。

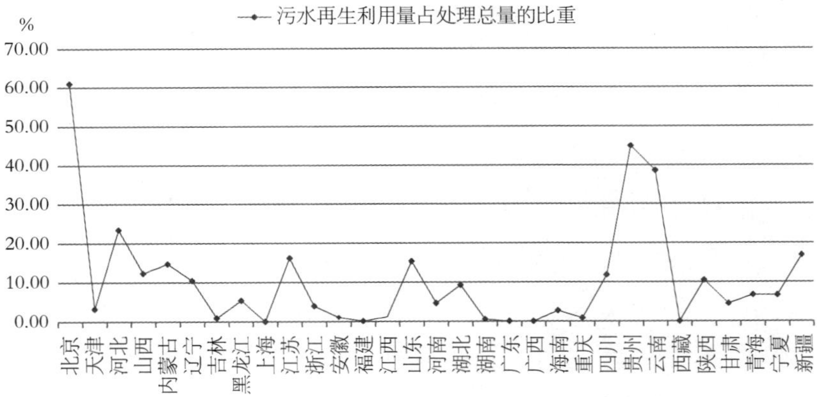

图 8–10　2013 年污水再生利用量占处理总量的比重

数据来源：《2014 中国环境统计年鉴》
注：上海、广西、西藏当年无数据

荒漠化土地面积占国土总面积的 27.33%

荒漠化土地面积：国土总面积的 27.33%

我国是世界上荒漠化、沙化面积最大的国家，拥有 31 万平方千米具有明显沙化趋势的土地。川西北、塔里木河下游等局部地区沙化土地仍在扩展。北方荒漠化地区植被总体上仍处于初步恢复阶段，自我调节能力仍较弱，稳定性仍较差，难以在短期内形成稳定的生态系统。人为活动对荒漠植被的负面影响远未消除，超载放牧、盲目开垦、滥采滥挖和不合理利用水资源等破坏植被的行为依然存在。气候变化导致持续干旱等极端气象灾害频繁发生，对植被建设和恢复影响大，土地荒漠化、沙化的危险仍然存在。因此，土地荒漠化、沙化严重威胁国家生态安全，严重制约社会经济可持续发展，是重大的民生问题。

截至 2009 年年底，全国荒漠化土地总面积达 262.37 万平方千米，占国土总面积的 27.33%，分布于北京、天津、河北、山西、内蒙古、辽宁、吉林、山东、河南、海南、四川、云南、西藏、陕西、甘肃、青海、宁夏、新疆 18 个省（自治区、直辖市）的 508 个县（旗、区）。土地荒漠化主要分布在新疆、内蒙古、西藏、甘肃、青海五省区，面积分别为 107.12 万平方千米、61.77 万平方千米、43.27 万平方千米、19.21 万平方千米和 19.14 万平方千米，五省区荒漠化土地面积合计 250.51 万平方千米，占全国荒漠土地总面积的 95.48%。其中，沙化土地的分布也主要集中在新疆、内蒙古、西藏、青海、甘肃等 5 省区，面积分别为 74.67 万平方千米、41.47 万平方千米、21.62 万平方千米、12.50 万平方千米、11.92 万平方千米，五省区沙化土地面积占全国沙化土地总面积的 93.69%。

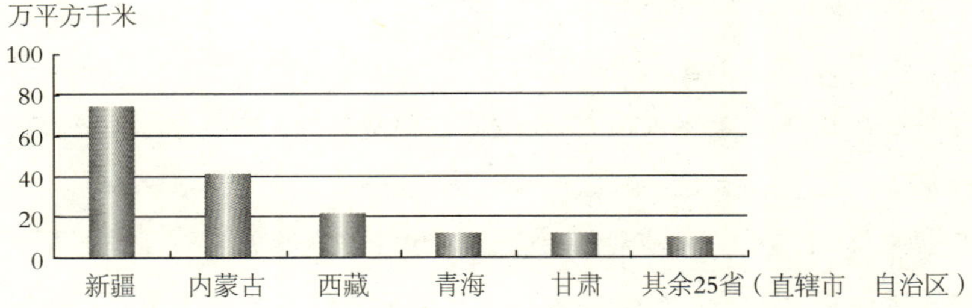

图 8–11 全国各地区土地沙化面积情况

数据来源：《中国荒漠化和沙化状况公报》

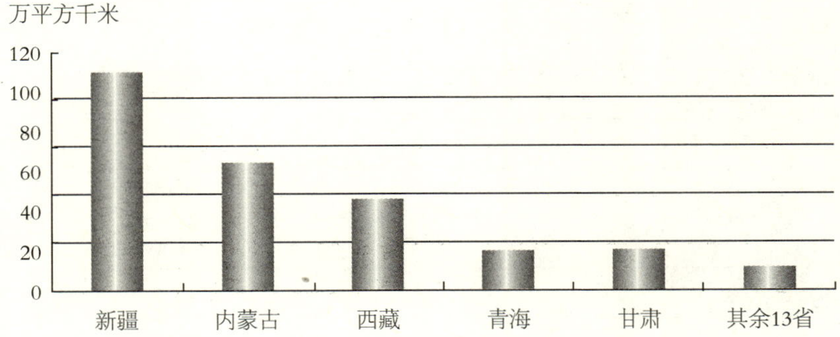

图 8–12 全国各地区土地荒漠化面积情况

数据来源：《中国荒漠化和沙化状况公报》

自然保护区占辖区面积比重：西藏占比 33.9%

作为保护生态多样性的重要手段，我国自然保护区占国土面积比重在 2000~2013 年整体呈上升趋势。具体来看，2000~2007 年自然保护区占国土面积比重逐年上升，从 9.9% 上升到 15.2%；2007~2013 年自然保护区占国土面积比重呈上下波动态势，但波动幅度很小，2013 年自然保护区占国土面积比重是 14.8%。

在 2013 年各省区自然保护区面积占辖区面积比重中，西藏、青海所占比重排名全国前两位，分别是 33.9%、33.1%；四川、甘肃、黑龙江、辽宁、吉林、新疆、内蒙古、宁夏、重庆的自然保护区面积占辖区面积比重均在 10%~20%；其余 20 个省区市的自然保护区面积占辖区面积比重均在 10% 以下。由此可见，我国各省区市的自然保护区分布不均衡。

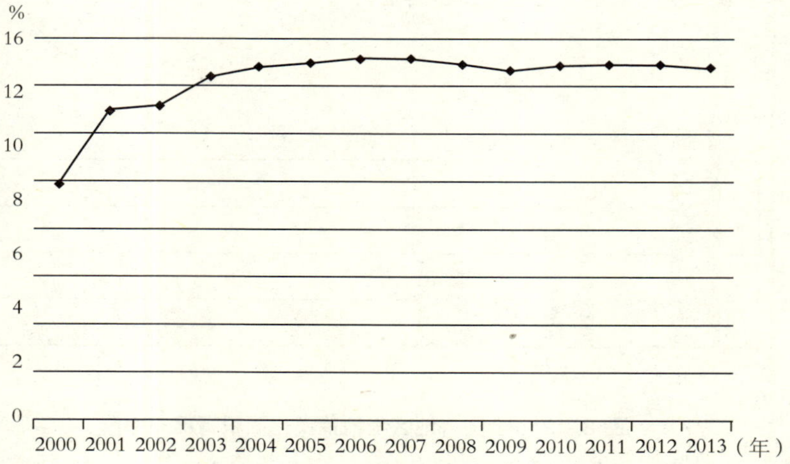

图 8–13　全国自然保护区占国土面积比例历史变化

数据来源：《2014 中国环境统计年鉴》

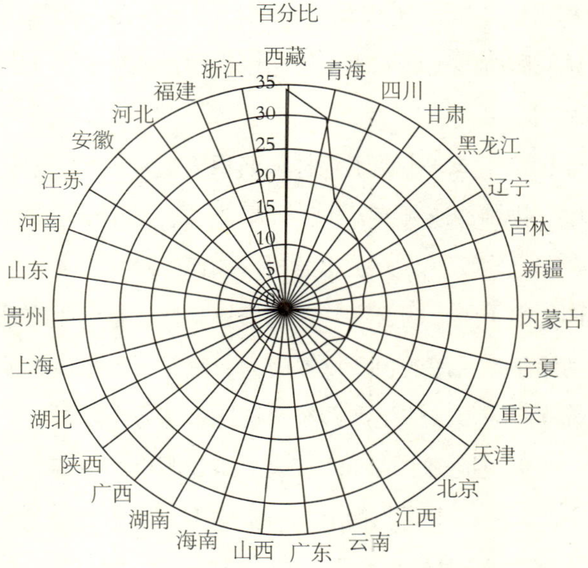

图 8–14　2013 年各省区自然保护区面积占辖区面积比重

数据来源：《2014 中国环境统计年鉴》

湿地总面积占国土面积比重：上海 73.72%

根据第二次全国湿地资源调查结果看，全国湿地总面积 5 360.26 万公顷，湿地面积占国土面积的比重为 5.58%，与第一次调查同口径比较，湿地面积减少了 339.63 万公顷，减少率为 8.82%。其中，自然湿地面积 4 667.47 万公顷，占全国湿地总面积的 87.08%，与第一次调查同口径比较，自然湿地面积减少了 337.62 万公顷，减少率为 9.33%。

通过分析 2013 年我国分地区湿地总面积占国土面积比重可以发现，上海所占比重为 73.72%，排名全国第一；江苏、天津所占比重位列全国第二、第三，分别是 27.51%、23.94%；其余 28 个省区市的湿地总面积占国土面积比重均在12%以下；陕西、云南、贵州、山西的湿地总面积占国土面积比重排名倒数四位，分别是1.5%、1.43%、1.19%、0.97%。

近几十年来，全球出现了森林大面积消失、土地沙漠化扩展、湿地不断退化、物种加速灭绝、水土严重流失、严重干旱缺水、洪涝灾害频发、全球气候变暖八大生态危机。如何应对生态危机？世界上各国的专家们给出了统一的答案：生态修复。核心是对生态系统停止人为干扰，利用生态系统的自我恢复能力，辅以人工措施，使遭到破坏的生态系统逐步恢复或使生态系统向良性循环方向发展。

对此，中央也提出了清晰的解决思路和明确的目标。习近平总书记在党的十八大报告中明确指出，要实施重大生态修复工程，增强生态产品生产能力。2015年4月公布的《关于加快推进生态文明建设的意见》明确提出，到2020年草原综合植被覆盖度达到56%，湿地面积不低于8亿亩，50%以上可治理沙化土地得到治理，全国生态系统稳定性明显增强。

森林覆盖率：福建、江西超过60%

森林被称为“地球之肺”，具有独特的生态功能，在各国可持续发展中已经具有越来越重要的作用。我国十分重视森林资源保护，国家林业局局长赵树丛于2014年2月25日在国务院新闻办举行的第八次全国森林资源清查结果新闻发布会上表示，全国森林面积2.08亿公顷，森林覆盖率21.63%，森林蓄积151.37亿立方米，人工林面积0.69亿公顷，蓄积24.83亿立方米，并提出2020年中国森林覆盖率

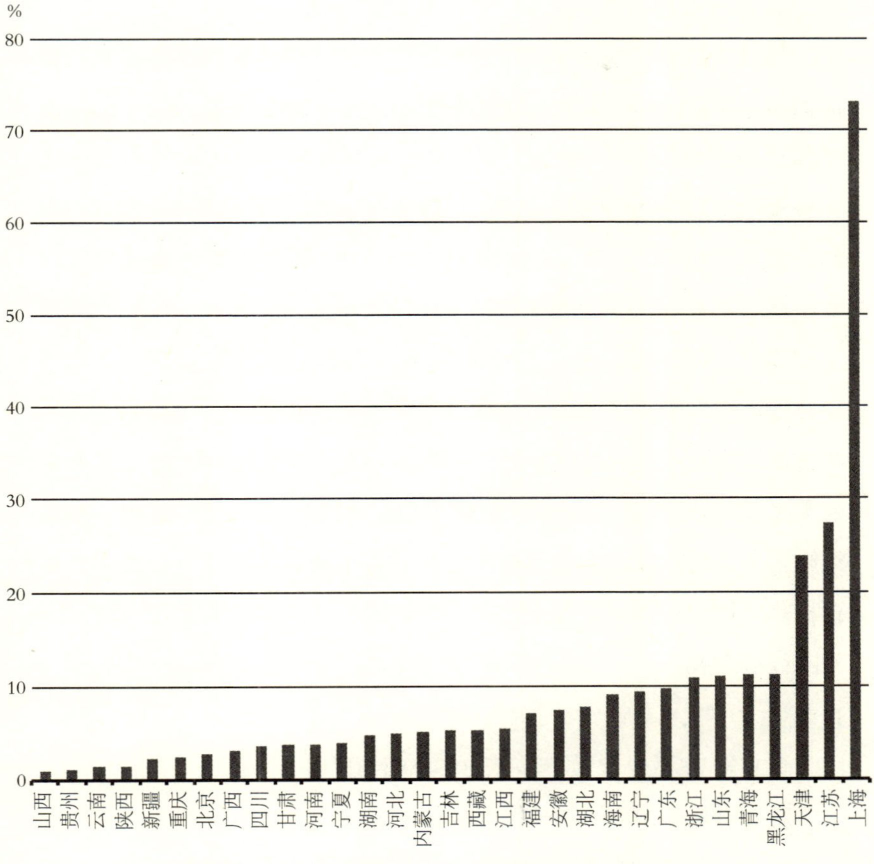

图 8–15 2013 年分地区湿地总面积占国土面积比重

数据来源：《2014 中国环境统计年鉴》

注：湿地面积不包括水稻田湿地

达到23%的目标。

森林覆盖率：福建、江西、浙江位列前三

我国的森林资源清查始于1973年，目前使用的森林覆盖率数据是第八次森林资源清查（2009~2013年）的数据结果。福建、江西的森林覆盖率位列全国前两位，分别是66%和60%；森林覆盖率在50%~60%的城市有浙江、广西、海南、广东、云南；有10个省区市的森覆盖率在30%~50%；其余14个省份的森林覆盖率均在30%以下，排名靠后的是青海和新疆，分别是5.6%、4.2%；各省区市的森林覆盖率差距十分显著，福建的森林覆盖率是新疆的15.7倍。福建森林覆盖率高的主要原因一方面是政策优势，福建历来重视生态和林业工作，不断完善森林生态补偿机制，在全国率先实施江河下游补上游地区政策，率先开征森林资源补偿费；另一方面是自然优势，福建气候温和，雨量充沛，自然条件优越，森林资源丰富，政府着力开展森林公园建设和森林旅游工作，使森林旅游业逐步成为福建林业发展新的经济增长点。

森林覆盖率变化数：重庆38.4%上升快

对比2004~2013年31个省区市的森林覆盖率变化数可知，重庆、广西、北京、贵州、湖北的森林覆盖率变化数排名前6位，均在10%~17%之间。重庆近年来的森林覆盖率变化数最高，其森林覆盖率从2002年的27.1%提升到2013年的38.4%。

北京2004~2013年森林覆盖率变化数为14.5%，排名第三。作为特大城市北京，森林覆盖率逐年上升是有原因的，一方面是北京全民

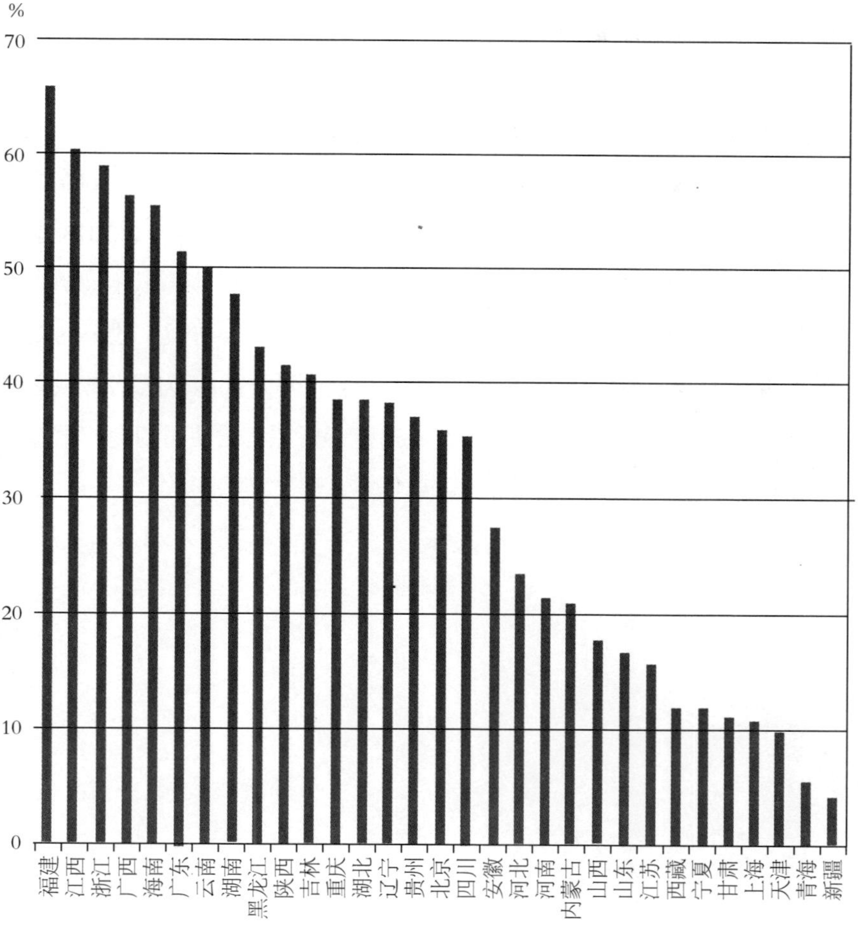

图 8-16　2013 年 31 个省区市森林覆盖率

义务植树活动已开展了34年，北京市园林绿化局数据显示，从开展义务植树前的1980年到2013年年底，北京森林覆盖率由12.8%提高至35.8%，林木绿化率由16.6%提高至57.4%，城市绿化覆盖率由20%提高至46.8%，人均公共绿地面积由5.14平方米提高至15.7平方米；另一方面是北京市从2012年开始，连续三年在平原地区开展植树造林，全市已基本完成百万亩平原造林工程。

贵州2004~2013年森林覆盖率变化数为13.3%，排名第四。2000年以来，贵州连续13年实现森林覆盖率年均增长1个百分点，2013年森林覆盖率达到37.1%，与此同时，水土流失面积共降低14.04%，平均每年下降1.08%。生态指标的“一增一降”主要得益于政策的支持引领，2014年国家批复贵州省建设生态文明先行示范区，贵州省开始先行试行生态环境损害责任终身追究、资源有偿使用制度、生态补偿机制、自然资源资产领导干部离任审计等“环保新政”。

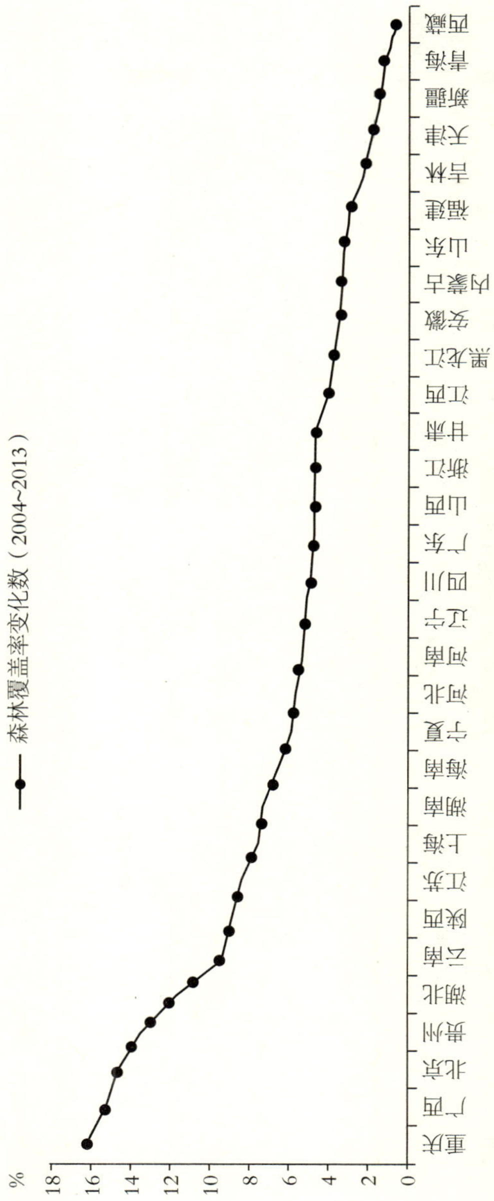

图 8-17　31 个省区市森林覆盖率变化数

第九章　新型城镇化的绿色愿景

2000~2014 年，我国城镇化率年均提高 1.4%，速度为世界各国城市化进程所少见。快速城镇化对社会经济发展起到了巨大的拉动作用，同时城市的生态危机也同步加剧，城市正面临着生存压力和健康危机的双重胁迫。新型城镇化道路必须站在维护生态安全和保障社会健康发展的高度，强化生态危机意识，迅速扭转忽视生态约束和环境容量而一味追求城镇化发展速度和规模的错误倾向，将环境友好和资源能源节约作为城镇化发展的基本准则，将生态文明理念贯穿于城镇化发展全过程和城镇建设中的经济、政治、文化、社会的各个方面。

人均生活用水量达 61.695 吨/年

90% 的城市存在不同程度缺水问题

随着城市群和城市人口与产业规模的快速膨胀，我国城市水资源紧缺的局面在日益加剧。中国科学院地理科学与资源研究所根据城市用水变化机理与规律分析发现，2020 年全国城市需水总量为 870 亿立方米，可供水量为 950 亿立方米，加上 15%的生态用水，2020 年全国城市缺水量将至少达 150 亿立方米。根据 2012 年“我国近海海洋综合调查与评价”专项发布的研究成果，在我国 11 个沿海省（区、市）所辖的 52 个沿海城市中，18 个极度缺水，10 个严重缺水，9 个中度缺水，9 个轻度缺水，近 90%的城市存在不同程度缺水问题。

随着城镇化的发展，用水结构和水资源供给结构也不断发生变化。生产、生活用水所占比例持续加大，生态用水被挤占严重。根据《2013 年中国水资源公报》，2013 年全国用水消耗总量 3 263.4 亿立方米，耗水率（消耗总量占用水总量的百分比）53%。

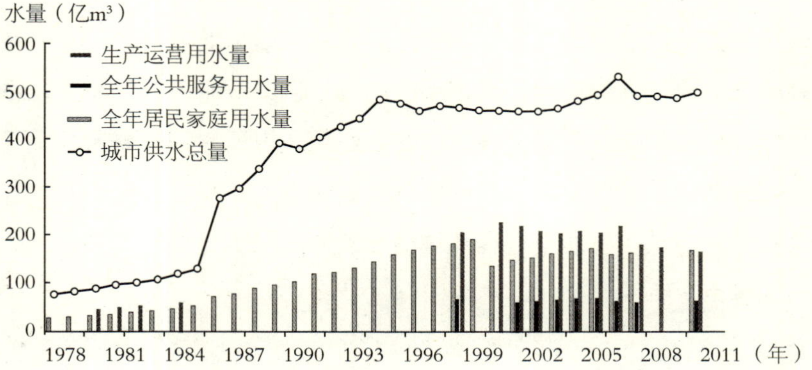

图 9–1 1978~2011 年的城镇化供水总量及结构变化

资料来源：《中国特色新型城镇化发展战略研究（第三卷）》

上海人均生活用水量占比为 64.34%

不同人口规模对水资源消耗不同，城镇规模的不同格局也在很大程度上影响用水量的需求。上海人均水资源占有量 116.9 吨/年，人均生活用水量 75.21 吨/年，生活用水量占水资源拥有量的 64.34%，全国最高。北京人均生活用水占到拥有水资源量的 51.95%，表明北京、上海城市生活用水已成为个人水资源消耗的主要用途。银川、天津、郑州、南京、深圳、太原等城市，人均生活用水量均占到水资源拥有量的 10% 以上，而其他城市的人均生活用水量偏低。

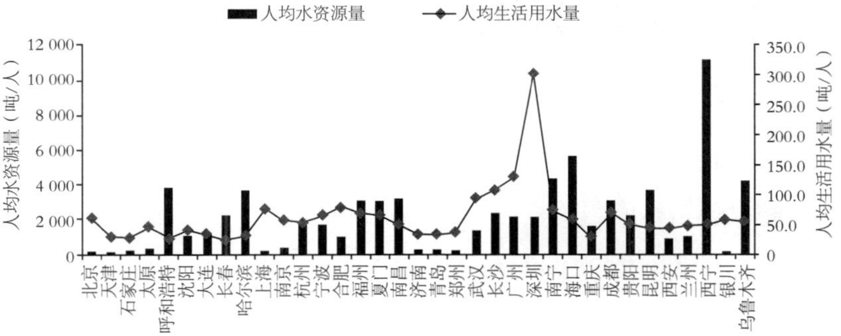

图 9–2　城市人均水资源占有量和人均生活用水量之间的关系

深圳人均生活用水量最高

居民人均用水量与家庭收入也呈正相关关系，总体趋势是收入越高，对卫生设备齐全程度、用水条件、生活质量要求较高，人均用水量越大。据统计，35 个大中城市年人均用水量是 61.695 吨，人均用水量超过平均用水量的城市有北京、上海、宁波、合肥、福州、厦门、武汉、长沙、广州、深圳、南宁、成都，共 12 个城市，在这些城市中对应的城市人均GDP、职工平均工资也较其他城市高。例如，深圳人均GDP467 749元，平均职工工资77 749.14元，人均生活用水量304.928吨/年，均处于较高的水平。

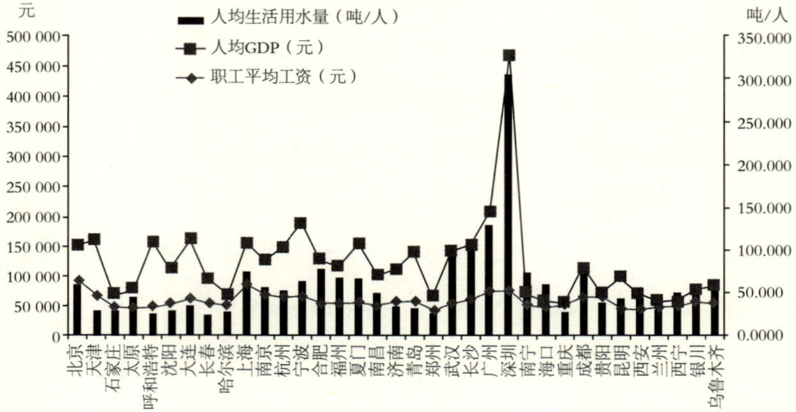

图9–3　35个城市经济发展水平与居民生活用水量的关系

解决城镇水问题的核心思想是开源节流，应坚持节水优先，控制消耗，注重开发利用非传统水资源，提升污水废水的资源化利用水平。城市的可持续发展问题，本质上是发展方式、经济结构和消费方式的转换问题，新型城镇化道路必须扭转片面追求发展速度的倾向，将生态文明理念贯穿于城镇化建设的全过程，将环境友好和资源节约作为城镇化发展的基本准则。

土地城镇化快于人的城镇化

中国正在经历人类历史上最大规模的城镇化加速过程，2014年城镇化率达54.77%，“城市病”进入集中暴发期。有速度无质量的城镇化，使得土地城镇化快于人口城镇化，不重人、不重质量、不重效益的传统城镇化，需要向注重集约、绿色、智能、以人为本的新型城镇化转变。

10年城市土地扩张64.45%，城镇人口增加45.9%

1978年以后，中国城镇化先后经历了恢复发展期、平稳发展期和高速发展期，城镇人口规模和区域不断扩大，且中型城市的数量逐年增加。从城镇化率增速看，2000年由36.22%提高到了2014年的54.77%，每年平均提高1.8个百分点，远远超出了国外城市在相同城市化发展阶段的平均速度。在2000~2010年间，全国城镇建成区面积扩张了64.45%，远高于城镇人口45.9%的增幅。

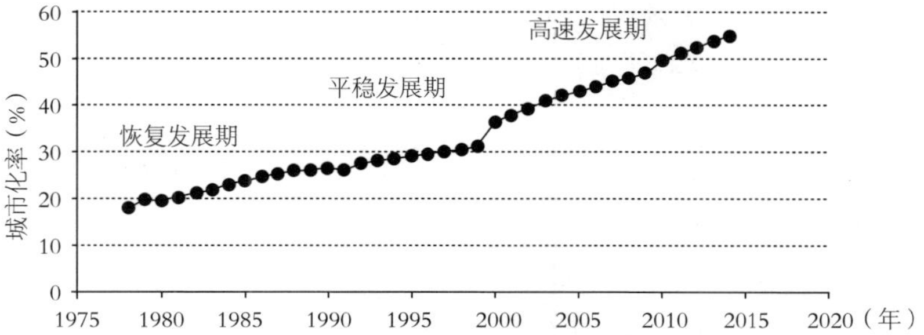

图9–4　中国1978~2014年城镇化率变化趋势

城市容积率0.33，土地利用模式低效粗犷

2013年年末，城市城区户籍人口3.77亿，暂住人口0.56亿，建成区面积4.79万平方千米。我国城市的平均容积率为0.33，大多数的新城新区平均容积率都在0.8~1.2，很少超过1.5，而国外一些城市的容积率一般都在2.0以上。城市"摊大饼"式扩张，脱离实际建设宽马路、大广场，新城新区、开发区和工业园区占地过多，建成区人

口密度偏低，极大地浪费了资金和稀缺的土地资源，同时也使得城市的空间组织和安排失当。

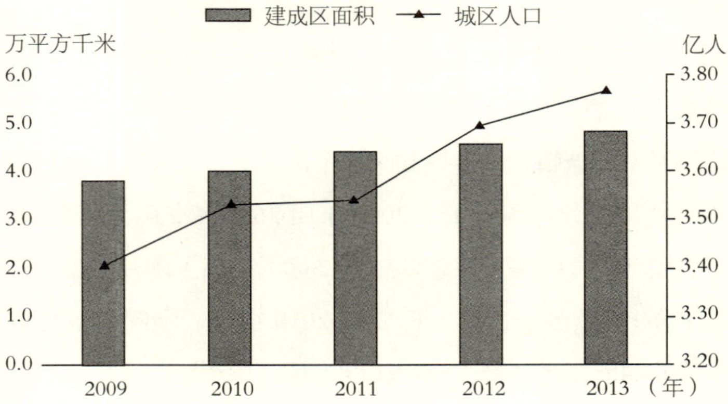

图 9–5　2009~2013 年城市建成区面积和城区人口

资料来源：《2013 年城乡建设统计公报》

土地城镇化快于人口城镇化，城镇用地粗放低效，城镇空间分布与资源环境承载能力不匹配，城镇规模结构不合理等问题，增加了经济社会和生态环境成本。城市土地开发节约集约利用就要从目前的单宗地、单用途的土地节约集约利用，按照绿色、紧凑型的城市发展需要，形成多宗地、多功能、多用途的综合节约集约利用开发，大力地推动立体综合开发的节地模式才是城市建设的未来。

每万人拥有公共汽车：重庆仅为 6.76 辆

城市化消耗大量能源，2010 年全球能源消费的 66%被城市所消耗。我国城市人均能源消费约为农村的 3 倍，每增加 1%的城镇化率，相应需要新增6000万吨标煤的能源消费。可持续、绿色低碳的城镇化发展道路，紧凑型城市形态、可持续交通是绿色低碳城镇化的主要支柱。低碳生活，绿色出行，才能拥有健康的生活。

城市万人拥有公共汽车17.4辆

2014年中国汽车保有量排名前10的城市中，北京最高537.1万辆，排名第10的郑州也有230.8万辆。在35个大中城市中，平均每万人拥有公共汽车17.4辆，汽车保有量排名前10的城市中万人拥有公共汽车22.8辆，其中最高的深圳万人拥有公交98.53辆。2015年4月，荷兰交通导航服务商TomTom发布全球拥堵城市排名，全球拥堵前30名的城市中，中国大陆有10个城市上榜。其中，中国大陆拥堵情况最严重的城市是重庆，全球排名第12，而早高峰的拥堵指数高达82%，全球排名第二，而重庆万人拥有公共汽车数仅6.76辆，在35个大中城市排名最末。

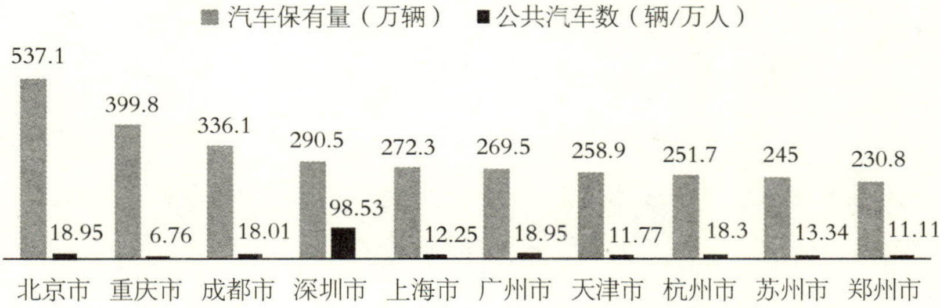

图9–6　35个城市汽车保有量排名前10城市及每万人拥有公共汽车数

机动车是城市大气首要污染源

环保部对9个要点城市大气污染源解析表明，机动车、工业生产、燃煤、扬尘等是当前我国大部分城市环境空气中颗粒物的主要污染来源，约占85%~90%。北京、杭州、广州、深圳的首要污染来源是机动车，石家庄、南京的首要污染来源是燃煤，天津、上海、宁波的首要污染来源分别是扬尘、流动源、工业生产。深圳夏季和冬季的PM2.5来源中，机动车尾气及燃油尘分别占到了50%和61%%。

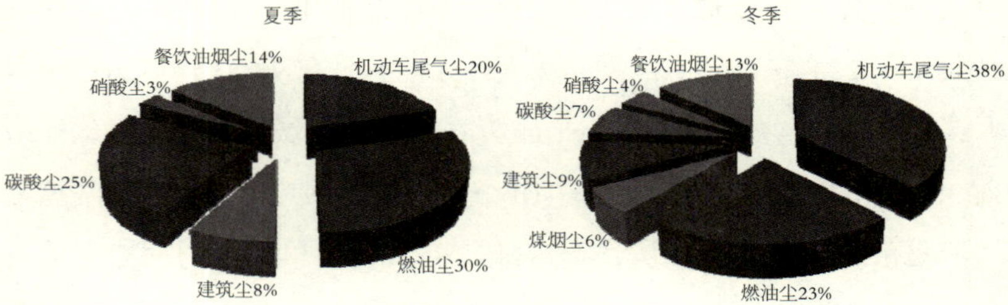

图9–7　深圳市夏季和冬季的PM2.5源解析

资料来源：《中国特色新型城镇化发展战略研究（第三卷）》

另据清华大学交通研究所史其信教授的研究，小汽车的人均百公里能耗是地铁的20倍、电车的25倍。在交通高峰时段，公共交通每人每千米排放的一氧化碳、碳氢化合物、氮氧化物三项污染物，分别是小汽车的17.1%、6.1%和17.4%。2013年年末，全国有16个城市建成轨道交通线路长度2 213千米，车站数1 447个，其中换乘站270个，配置车辆数12 346辆。全国有35个城市在建轨道交通线路长度2 760千米，车站数1 898个，其中换乘站443个。

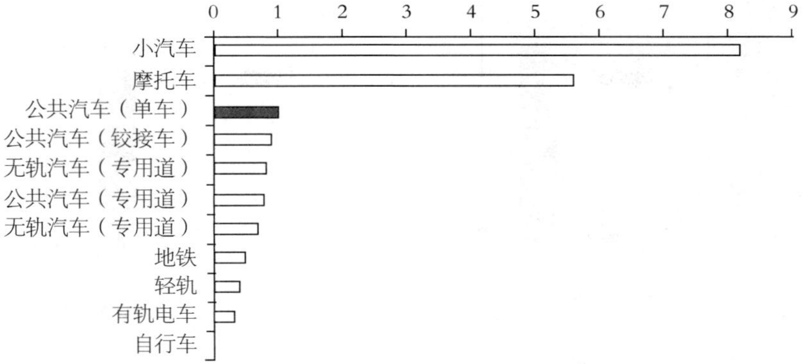

图 9–8　各种交通工具每人每千米能耗强度比较

资料来源：《城市消费领域的用能特征与节能途径》

北京自行车使用率降至 20.89%

大部分中国城市中 50%~60% 的出行仍由步行和自行车完成，然而随着出行环境恶化及交通工具的发达，步行和自行车的使用率正呈现明显的下降趋势，北京自行车使用率从 1988 年到 2005 年已由 54.03% 下降至 20.89%。在中央商务区内，以一个主要交通站点为中心，步行 10~20 分钟半径距离内的工作数量和商业设施面积，北京与纽约、伦敦中央商务区行人可达性相比，纽约在设计时考虑了更加便利的城市环境，而北京的设计特点是马路宽敞数量较少，街区规模超大、楼前空间空旷。

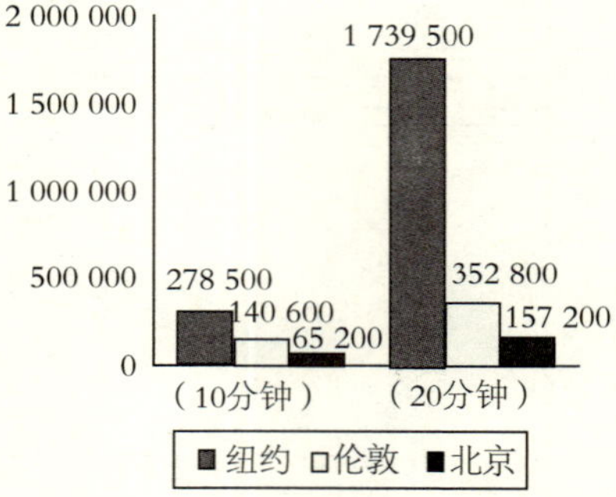

10~20分钟步行范围内的工作数量

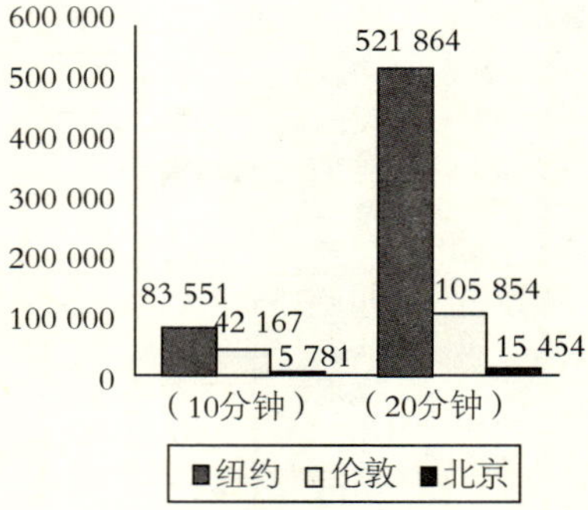

10~20分钟步行范围内的商业设施面积

图 9–9　步行 10~20 分钟半径距离内的工作数量和商业设施面积

资料来源：ShomikMehndiratta，《自行车出行和步行：保持传统与收复失地》

随着经济快速发展，城镇化进程加快，我国已成为汽车生产和消费大国，机动车尾气排放造成的大气污染已逐渐成为困扰我国大中城市的问题。为改善城市空气质量，加快发展地铁、轻轨、快速公交专业车道、节能和新能源汽车等公共交通固然必不可少，而引导城市居民合理规划私家车出行需求、倡导绿色出行则更具污染减排潜力。

单位GDP能耗：仅有28%的城市及格

西部城市单位GDP耗能是东部城市的近3倍

对35个大中城市单位GDP能耗比较，东部14个城市平均值为0.469吨/万元，东北4个城市是0.484吨/万元，中部6个城市是0.699吨/万元，西部11个城市是1.104吨/万元，从数据看，西部城市单位GDP能耗是东部城市的近3倍。按全球平均单位GDP能耗0.4吨/万元为及格线计算，35个城市中仅有28%的城市达到世界平均水平，多数城市还处于能源消耗高、能效极低的发展水平。

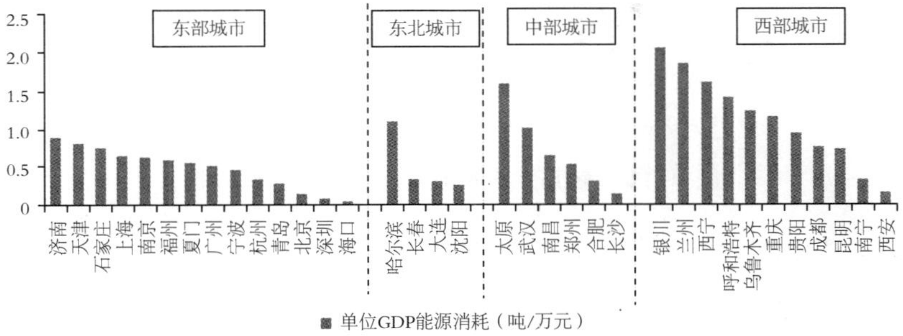

图9–10　35个大中城市单位GDP能耗比较

在东部城市中，以深圳、北京的单位GDP能耗最低，只有0.074吨/万元和0.133吨/万元。单位GDP能耗中，西部城市能耗普遍较高，银川达到了2.057吨/万元，相当于吨煤GDP产值0.48万元，远低于吨煤GDP产值2.5万元的世界平均水平。

银川单位GDP能耗居首

2012年，银川市高载能行业的综合能源消费量始终占全市规模以上工业综合能源消费量的94.8%以上，工业总产值的比重占规模以上工业的62.63%左右，而六大高载能行业仅占规模以上企业工业增加值的58.4%。可见，银川市工业主要是以一些高载能行业为支撑的，六大高载能行业的综合能源消费量的比重大部分大于工业增加值的比重。

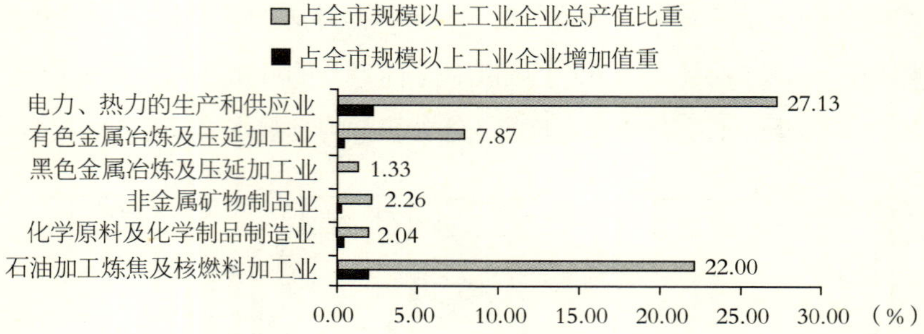

图 9–11　银川六大高载能行业产值占比分析

从银川的三次产业结构变化情况看，2000 年三次产业结构是 11.1 ∶ 42.2 ∶ 46.8，二、三次产业相当，到 2012 年三次产业结构是 4.4 ∶ 53.8 ∶ 41.8，第二产增长了 11.6 个百分点，超过了一、三产业之和。2012 年，以电力热力生产和供应业、煤炭开采和洗选业为代表的银川市六大高载能行业完成工业增加值 251.15 亿元的目标，占全市的比重为 58.4%。以高载能行业为代表的银川重工业规模仍在扩张，拉动着全市工业增加值的增长。

高载能行业的适度扩张对支撑银川市工业经济的持续发展是必要的，但能源利用率低、资源消耗多是其重要特征。2012 年，银川单位 GDP 能耗居全国城市之首，是 35 个城市单位 GDP 能耗均值的 2.96 倍。在多数高载能产品能源利用效率低和高载能行业生产增长的双重因素的带动下，银川市高载能行业能源消耗还呈现出进一步扩张的态势。六大高载能行业耗能占全市能耗近 95%，六大高载能行业单位 GDP 能耗也超过了全国的平均水平。

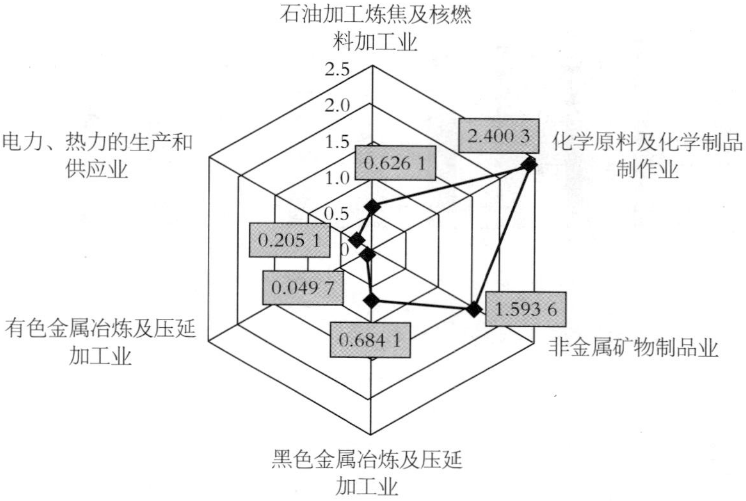

图 9–12　2012 年六大高载能行业单位 GDP 能耗（吨标准煤 / 万元）

工业是银川市节能降耗的重点领域，抓好工业领域高载能行业节能降耗工作是全市节能降耗工作的重中之重。同时，还需要大力发展第三产业和高技术产业；加快淘汰落后产能，发展循环经济；强化企业节能管理，加大节能技术改造投入；改善能源消费结构，提高清洁、高效能源的利用率。

深圳万元 GDP 能耗仅为全国的 70%

2013 年深圳市单位 GDP 能耗 0.074 吨标准煤 / 万元，在全国大中城市中处于领先水平。近年来，深圳坚持将节能降耗作为推动“深圳质量”的重要抓手，单位 GDP 能耗从 2010~2013 年分别以 2.94、4.39、4.51、5.12 个百分点逐年下降，单位工业增加值能耗、单位 GDP 电耗等能耗指数也一路下降。

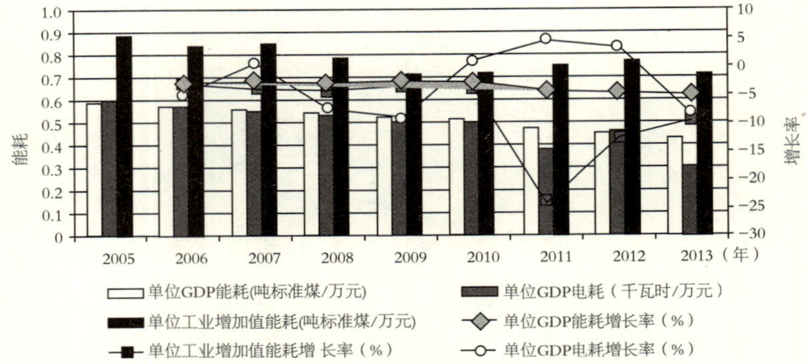

图 9–13　2005~2013 年深圳全社会能耗水平

2013 年深圳三次产业结构< 0.01 ∶ 43.4 ∶ 56.6，三次产业贡献率是–0.1 ∶ 39.5 ∶ 60.60，GDP 贡献主要源于三产及二产。六大高载能行业占规模以上工业总产值构成的 7.2%。深圳还持续推进工业、建筑、交通等重点领域的节能工作，大力发展生物、互联网、新能源、节能环保等战略性新兴产业，在推动经济较快发展的同时还要降低全市单位 GDP 能耗。

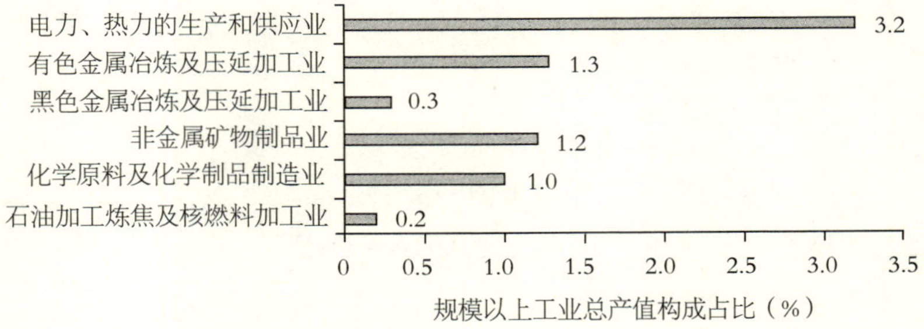

图 9–14　六大高载能行业占规模以上工业总产值的比重

过去 30 多年，多数城市以年均超过 10% 的速度保持了高速增长，但也为此付出了沉重的生态环境代价。工业、制造业，尤其是金属冶炼等高耗能行业仍是目前多数城市的主要耗能产业，伴随着人均GDP规模的扩大，城市能源消费需求还会持续较快地增加，未来城市能源供求矛盾还将更为突出，所以调整产业结构，降低生态足迹与生态赤字是城市发展的迫切要求。

PM2.5 年平均浓度 72.4 微克/立方米

《2014 年中国气候统计公报》显示，2014 年我国大气环境容量持续偏低，全年共出现 13 次大范围持续性霾天气过程。与近 10 年同期相比，京津冀地区大气环境低容量日数（56 天）偏多 6%。

PM2.5 超过美国标准 2~10 倍

近年来，虽然城市环境空气中二氧化硫、PM10 等浓度水平呈下降趋势，但雾霾天数却明显增加。2012 年新修订的《环境空气质量标准》（GB 3095–2012）增设了二次污染物PM2.5 的平均浓度限值。有关部门对 2013 年全国 35 个大中城市的PM2.5 的浓度与空气质量达到及好于二级的天数进行了统计，结果发现各大城市的PM2.5 浓度普遍超过了美国新标准（年均浓度 15 微克/立方米）的 2~10 倍。

分析发现，PM2.5 浓度与空气质量的优良程度呈现出明显的负相关性。例如，石家庄PM2.5 年均浓度是 154 微克/立方米，空气质量达到及好于二级的天数是仅 49 天；海口PM2.5 年均浓度是 27 微克/立方米，空气质量达到及好于二级的天数长达 342 天。

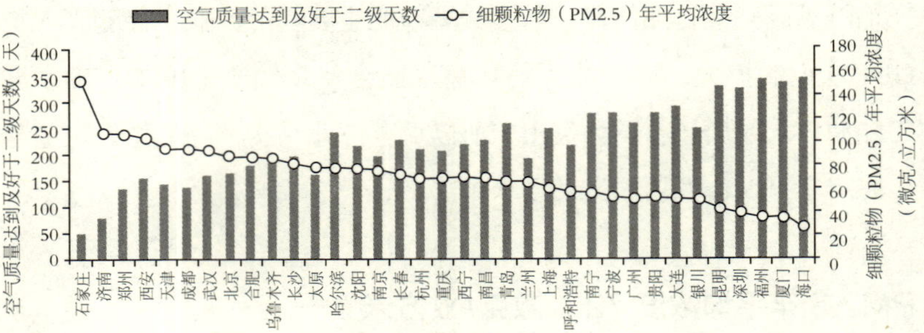

图 9–15　35 个城市 PM2.5 年均浓度和空气质量达到及好于二级天数

2013 年北京市达标天数仅为 48%

环保部根据新标准对我国 74 个城市空气质量进行检测评价，仅海口、舟山和拉萨 3 个城市空气质量达标，超标城市比例为 95.9%。2013 年全国平均雾霾日数为 35.9 天，比上年增加 18.3 天，为 1961 年以来最多。而且，我国的雾霾天气常常大面积连续出现，呈现出明显的区域特征，尤其城镇化密集的京津冀、珠三角及长三角地区，都已出现严重的区域性空气污染问题。京津冀区域 13 个地级以上城市中，有 11 个城市排在污染最重的前 20 位，其中有 8 个城市排在前 10 位，区域内 PM2.5 年均浓度平均超标 1.6 倍以上。北京市达标天数比例为 48%，重度及以上污染天数比例为 16.2%。

从重点选取的 10 个城市看，其中 6 个城市的生活二氧化碳排放量超过了 35 个城市的平均值，7 个城市的生活氮氧化物排放量超过了 35 个城市的平均值，4 个城市的生活烟尘排放量超过了 35 个城市的平均值，以煤炭为主要能源的哈尔滨生活大气废弃物排放较高。

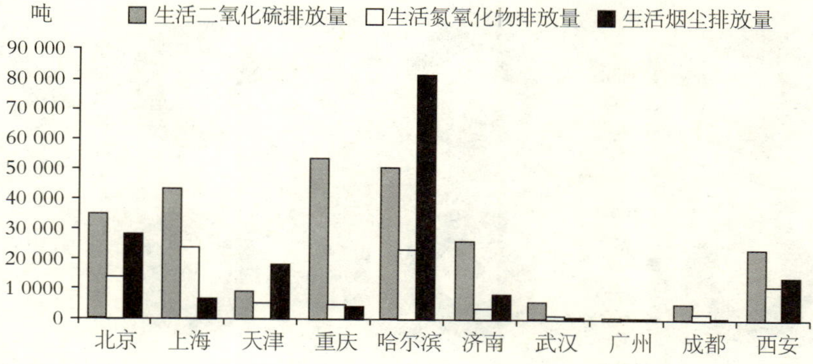

图 9–16　2013 年部分城市各项污染物排放情况

根据环保部 2013 年 74 个城市的监测数据各项指标看，二氧化硫达标城市比例为 86.5%；二氧化氮达标城市比例为 39.2%；PM10 达标城市比例为 14.9%；PM2.5 达标城市比例为 4.1%；臭氧达标城市比例为 77.0%；一氧化碳达标城市比例为 85.1%。我国大气污染形势严峻，城市环境治理任重而道远。

目前我国大气污染形势依然严峻，主要体现在以下几个方面。一是三大重点区域仍是空气污染相对较重区域。二是复合型污染特征突出，传统的煤烟型污染、汽车尾气污染与二次污染相互叠加，部分城市不仅 PM2.5 和 PM10 超标，臭氧污染也日益凸显。三是重污染天气尚未得到有效遏制，2014 年全国共发生两次（2 月和 10 月）持续时间长、污染程度重的大范围重污染天气过程，重污染天气频发势头没有得到根本改善。

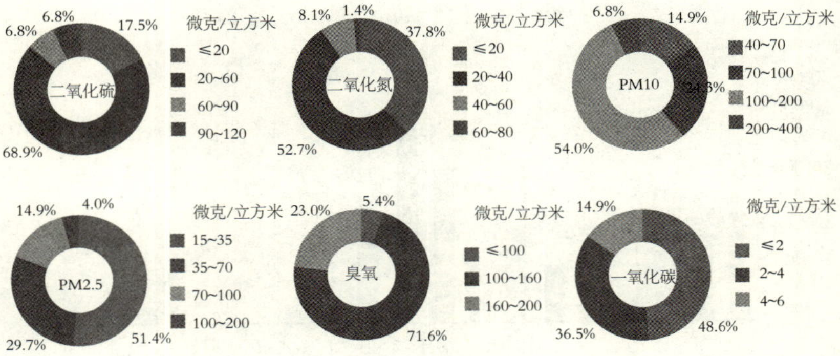

图 9–17 2013 年新标准监测 74 个城市各指标不同浓度区间城市比例

资料来源：《2013 中国环境状况公报》

尽管城市采取了一系列有力的污染减排措施，但粗放式的发展模式以及工业的重型化发展趋势依然带来了巨大的环境压力，而工业企业数量多、规模小、布局分散，加大了大气污染物减排难度，主要大气污染物排放存量依然过大。

生活垃圾无害化处理率 90% 以上

城市生活垃圾处理不当，不仅会影响城市环境卫生，侵占城市的土地，造成严重的土壤污染，而且更为严重的是对城市生态系统产生一定的破坏。目前，城市垃圾年收集总量与城市年平均人口数基本成正比的关系，中国人口超过 1 000 万的大城市（北京、上海、深圳、重庆等）每年都需要处理大量的城市生活垃圾。

城市垃圾无害化处理率90%以上

2013年，全国设市城市生活垃圾清运量为1.73亿吨，无害化处理能力为49.3万吨/日，无害化处理量为1.54亿吨，无害化处理率为89.0%。对有数据显示的33个大中城市进行比较，有26个城市垃圾无害化处理率在90%以上，占79%。其中，11个城市生活垃圾无害化处理率达100%，占比33%。15个城市生活垃圾无害化处理率在90%~99%之间，占比46%。此外，有5个城市生活垃圾无害化处理率达80%~89%，占比15%；2个城市生活垃圾无害化处理率在80%以下，占比6%。

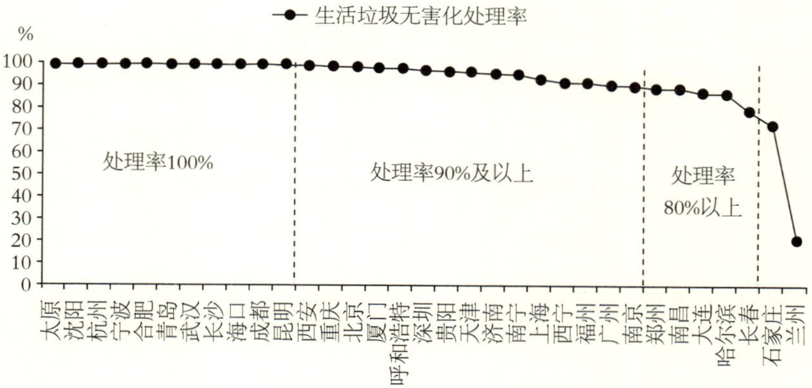

图9–18　33个大中城市生活垃圾无害化处理率

人均垃圾清运量1.2千克/天

2013年，我国35个城市生活垃圾清运量共计8 155.32万吨/年，城市垃圾处理量6 629.54万吨/年，处理率81.29%。

35个城市人均垃圾清运量为0.44吨/年，即每天人均垃圾清运量1.2千克。厦门、长沙、杭州、兰州、广州、郑州、北京、上海、乌鲁木齐、昆明是垃圾清运量最多的10个城市，达到人均1.56千克/天。其中，在35个大中城市中，厦门人均垃圾清运量最高，达到0.63吨/年，即1.726千克/天。

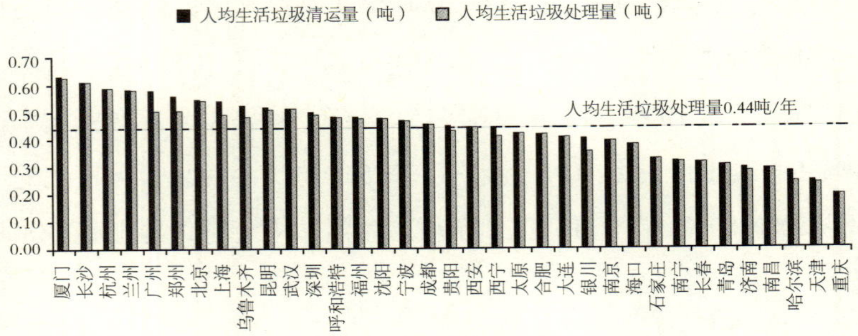

图9–19　人均生活垃圾清运量和处理量

垃圾总量的增加趋势是不可避免的，虽然人均垃圾产生量与经济发展水平有密切关系，但两者直接也存在着明显的差异。在35个城市中垃圾产生较多的城市有并非经济最发达的城市。图9–20给出了世界银行研究中使用的城市地区垃圾城市的三种情境：低、正常、高。到2030年，三种情境下的人均垃圾产生量分别是1.2千克/人/日、1.5千克/人/日和1.8千克/人/日，中国城市固体垃圾的增长量已逐渐逼近"高"的水平。

住建部的一项调查数据表明，目前全国有1/3以上的城市被垃圾包围。全国城市垃圾堆存累计侵占土地75万亩。过去10年中，集中填埋是许多大城市主要的垃圾处理方式，虽然垃圾管理工作取得了巨大进步，但这一进步被垃圾增长的速度淹没了。各城市仍然跟不上对垃圾服务覆盖不断增长的需求，也无法保障服务管理提供的成本效益，造成了大量的垃圾在环城堆积，出现了垃圾围城的现象。

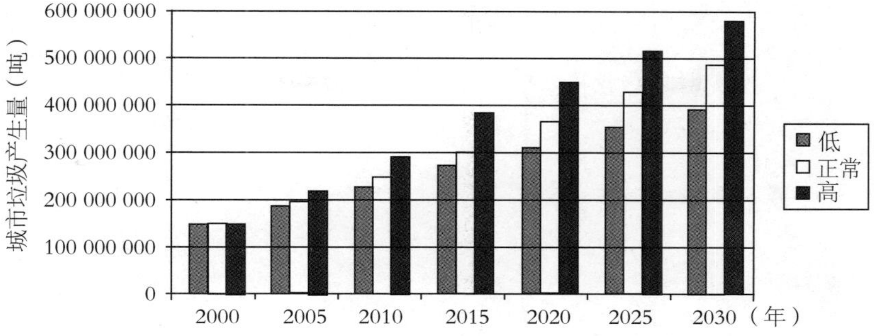

图 9–20　中国城市居民垃圾产生量预测

资料来源：Dan Hoornweg、谢剑，《中国的城市固体废弃物管理与低碳城市》

围绕城市的垃圾围城占用了大量土地资源紧缺的城市用地，同时对周围的土壤、水体、大气等造成严重污染。党的十八大提出要把生态文明建设放在突出地位，给自然留下更多修复空间，给农业留下更多良田，给子孙后代留下天蓝、地绿、水净的美好家园。

第四篇 点绿成金：绿色新政的中国样本

第十章　浙江：绿水青山就是金山银山

“绿水青山就是金山银山”。2005 年，时任浙江省省委书记的习近平同志在安吉县余村考察时首次提出这一科学论断。10 年来，浙江历届省委坚持走“绿水青山就是金山银山”的发展之路不动摇，守护绿水青山，在实践中将“绿水青山就是金山银山”化为生动的现实，成为群众的自觉行动。放眼浙江大地，不仅青山葱郁、绿意盎然，而且处处喜气洋洋、暖意浓浓，人民生活更加幸福美满。

“两座山”的辩证统一

“两座山”与生态认识三段论

“两座山”，即“绿水青山”和“金山银山”。习近平同志在浙江工作期间，多次论述“两座山”问题，由此奠定了中国生态文明的理论基础。

早在2003年8月8日，习近平同志在《浙江日报》的头版特色栏目“之江新语”发表的“环境保护要靠自觉自为”一文中，从认识论的角度指出环境保护和生态建设也有一个由表及里、由浅入深、由自然自发到自觉自为的过程，并对“只要金山银山，不管绿水青山”的发展认识观进行了批判。

2005年8月15日，习近平同志在浙江湖州安吉余村考察时，首次提出了“绿水青山就是金山银山”的重要思想，“呵护环境就是发展生产力，绿水青山就是金山银山，安吉县走出了一条科学发展的道路”，“不要迷恋过去的发展模式，下决心关停矿山是明智之举”。8月24日，习近平同志在《浙江日报》发表《绿水青山也是金山银山》一文中再次指出，如果能够把“生态环境优势转化为生态农业、生态工业、生态旅游等生态经济的优势，那么绿水青山也就变成了金山银山”。

2015年3月24日，习近平总书记主持召开中央政治局会议，通过了《关于加快推进生态文明建设的意见》，正式把牢固树立“绿水青山就是金山银山”的理念写进了中央文件。“两座山”的科学理论在浙江生根发芽，并蔓延至全国，成为中央的战略决策。

“金山银山”和“绿水青山”是一对矛盾体，但又辩证统一。习近平同志对“两座山”之间的关系做了深刻的论述，认为“只要金山银山，不要绿水青山”，不考虑或者很少考虑环境的承载能力，一味索取资源，这是认识的第一阶段；“既要金山银山，也要绿水青山”，人们意识到环境是我们生存发展的根本，要留得青山在，才能有柴烧，这是认识的第二阶段；“绿水青山就是金山银山”，我们种的常青树就是摇钱树，生态优势变成经济优势，形成一种浑然一体、和谐统一的关系，这是认识的第三阶段。

“两座山”理论实际上回答了经济社会该如何发展的问题，即发展什么、保护什么，如何发展、如何保护等深层次问题。生态文明建设的关键是发展方式的转变，即实现产业生态化、消费绿色化、资源节约化、生态青秀化。因此，“两座山”理论是“着力推进绿色发展、循环发展、低碳发展”这一生态文明建设的根本任务的形象和辩证表达。浙江的实践表明，只有坚持绿色发展、循环发展、低碳发展，才是可持续的希望之路。

“两座山”让浙江变成“绿富美”

“既要金山银山，也要绿水青山”，“绿水青山就是金山银山”，这一科学理论贯穿于浙江十多年的发展和变化中。让绿水青山转化为金山银山，就是要大力发展生态农业，生态工业，生态服务业。照着这条路一直走下去，浙江不仅能收获绿水青山，而且能收获金山银山；照着这条路一直走下去，一个“绿富美”的浙江正在努力奋斗中渐渐成形。

浙江的“绿”，是一种清新的绿、生态的绿。2002 年 6 月，浙江省第十一次党代会提出建设“绿色浙江”的战略目标，时任省委书记张德江指出：建设“绿色浙江”是浙江省实现可持续发展的大事。经过十多年的生态建设，浙江的“绿”有目共睹，到 2014 年，浙江全省森林面积达 605 万公顷，森林覆盖率达 59.43%[①]。许多地方“绿水逶迤去，青山相向开”，拥有良好的生态优势，生态环境质量总体水

① 王旭东，《七省（市）最新森林资源清查结果公布》，中国绿色时报，2015 年 5 月 4 日。

平处于全国领先地位。

浙江的“富”，既包括物质富有，也包括精神富有。改革开放以来，作为市场经济先发省份，浙江的工业化、市场化、城镇化迅猛发展，经济社会发展水平跃居全国前列。2014 年，浙江全年生产总值达 40 154 亿元，人均生产总值为 72 967 元（按年平均汇率折算为 11878 美元），均居全国前列。越来越多的市民开始享受丰富多彩的文化生活，文化已成为他们生活中不可或缺的一部分。2014 年浙江全年观影人数达 6 426 万，共完成 28.7 万场农村电影放映任。（《2014 年浙江省国民经济和社会发展统计公报》）

浙江的“美”，是一种自然之美、质朴之美。自然之美，正是浙江扑面而来的标志性感受。浙江素有“鱼米之乡、丝茶之府、文物之邦、旅游胜地”的美誉。全省有重要地貌景观 800 多处、水域景观 200 多处、生物景观 100 多处；人文景观 100 多处[①]，自然风光与人文景观交相辉映，特色明显，知名度高。2014 年 11 月 18 日，20 位“最美浙江人”获得第三届浙江省道德模范奖，涉及助人为乐、见义勇为、诚实守信、敬业奉献、孝老爱亲五大类。

浙江省始终坚持着绿水青山就是金山银山的理念，通过这一系列生态道路的践行，如今，绿水青山，不仅仅是展示今日浙江的“金名片”，而且成为浙江可持续发展的“摇钱树”、“聚宝盆”。经过十多年的建设和发展，浙江已经成为名副其实的“绿富美”。

① 《了解浙江》，浙江省人民政府网。

照着“绿水青山”的路子走下去

“让山川林木葱郁，让大地遍染绿色，让天空湛蓝清新，让河湖鱼翔浅底，让草原牧歌欢唱……”这是建设美丽中国的美好蓝图，是实现永续发展的根本要求，也是浙江省十多年来贯彻落实“两座山”的愿景。

“两座山”理论与实践让浙江拥有良好生态的同时拥有了快速发展的经济。而获得这样的丰硕收益，让浙江的领导干部们越发重视生态文明的发展道路。2015 年 2 月 27 日，浙江省委书记夏宝龙在全省推进 26 县加快发展工作会议上指出：“要照着‘绿水青山就是金山银山’的路子走下去”，省长李强就落实省委、省政府推进 26 县加快发展的决策部署提出要求时强调：“要坚持绿色发展，践行‘绿水青山就是金山银山’的发展理念，大力发展生态产业，推广实行主要污染物排放财政收费制度，探索实施以单位生产总值能耗为基础的节能量交易制度，走出一条绿色发展、生态富民、科学跨越的新路子。”

思想是行动的先导，科学的发展理论将是我们发展前进的强大动力。与时俱进的浙江精神要进一步树立生态意识，深刻认识自然是人类生存的空间，是人类创造生活的舞台。“既要金山银山，又要青山绿水”，“绿水青山就是金山银山”，将继续成为指引浙江经济社会发展的指导思想和重要宗旨。

“八八战略”路线图与方法论

大战略决定大格局

“不谋万世者，不足谋一时；不谋全局者，不足谋一域。”十多年来，浙江坚持把“八八战略”作为引领浙江经济社会发展的一个总纲领和推进工作的总战略。2003 年 7 月，时任浙江省委书记习近平同志在浙江省委第十一届四次全体（扩大）会议上提出：“要进一步发挥八个方面的优势、推进面向未来发展的八项举措”，后来简称为“八八战略”。

“八八战略”具体内容为：一是进一步发挥浙江的体制机制优势，大力推动以公有制为主体的多种所有制经济共同发展，不断完善社会主义市场经济体制。二是进一步发挥浙江的区位优势，主动接轨上海、积极参与长江三角洲地区交流与合作，不断提高对内对外开放水平。三是进一步发挥浙江的块状特色产业优势，加快建设先进制造业基地，走新型工业化道路。四是进一步发挥浙江的城乡协调发展优势，统筹城乡经济社会发展，加快推进城乡一体化。五是进一步发挥浙江的生态优势，创建生态省，打造“绿色浙江”。六是进一步发挥浙江的山海资源优势，大力发展海洋经济，推动欠发达地区跨越式发展，努力使海洋经济和欠发达地区的发展成为我省经济新的增长点。七是进一步发挥浙江的环境优势，积极推进基础设施建设，切实加强法治建设、信用建设和机关效能建设。八是进一步发挥浙江的人文优势，积极推进科教兴省、人才强省，加快建设文化大省。这八个方面相辅相成、相互促进，构成了一个有机整体。

“八八战略”，认识到浙江在生态、环境、人文等优势，突出机制优势的深化改革，既强调加快先进制造业基地建设，重视发展沿海先发地区的海洋经济，又突出接轨上海、融入长三角、走向世界的扩大开放；既强调民主法治、文化大省建设和生态浙江建设，又重视解决欠发达地区跨越发展的“山海协作”，实现城乡一体化发展，实质就是保持和发扬浙江的各种优势。

“八八战略”既是一种发展的指导思想，也是一种发展的方法论，既明确了发展的目标以及所遵循的原则，又明确了实践的路径、工作的方法。“八八战略”目光长远，解决的是浙江科学发展和转变发展方式的重大命题，解决的是浙江全面深化改革的关键性问题，解决的是浙江经济、政治、文化、社会、生态协调发展的全局性问题。“八八战略”涵盖经济、政治、文化、社会和生态文明建设各领域，体现的是“五位一体”总布局在浙江的实践。

围绕“八八战略”，浙江坚持换届不换方向，易人不易思路，一届接着一届努力。十一届浙江省委先后做出了平安浙江、法治浙江、绿色浙江、文化大省、生态省建设等决策部署；十二届浙江省委在深入实施“八八战略”基础上，做出了实施“创业富民、创新强省”决策部署；十三届浙江省委继续坚定不移地实施“八八战略”，继续发挥生态优势，始终坚持生态立省战略，全力推进美丽浙江建设。浙江省用实践证明“八八战略”符合发展规律，是必须长期坚持的重大战略。

大战略推动大实践

大战略管全局管长远，一张蓝图画到底。浙江在“八八战略”的指引下，贯彻落实党的十八届三中全会和省委十三届四次全会精神，在绿色浙江、生态浙江建设的基础上，深入推进美丽浙江建设。

首先，生态文明建设的认识不断深化，思路逐渐清晰，实践深入推进，从“绿色浙江”、“生态浙江”到“美丽浙江”，生态文明建设理念十余年一脉相承，生态省建设方略十余年坚持不懈。浙江在实施“八八战略”过程中，不断深化生态省建设，促使全省环境质量稳中求好，生态环境状况指数持续位居全国前列，为建设美丽浙江、创造美好生活奠定了坚实的基础。

其次，浙江牢牢守住生态这条红线，实施主体功能区战略，即根据资源环境承载能力，确定不同区域的主体功能，开化县、淳安县、浙南山地重点生态功能区入选国家主体功能区建设试点示范名单；大力推进循环经济工作，将环保压力变为发展动力，实施绿色生产，打造了一条条“生态产业链”；念好节能减排的“紧箍咒”，严格实行能源消费总量和能耗强度“双控”制度，建立健全节能量交易制度，初步调整能源结构；全面实施防治机动车污染、治理工业污染、调整产业布局与结构、整治城市扬尘和烟尘、控制农村废气污染等六大专项行动，抓好淘汰黄标车、淘汰小锅炉和秸秆综合利用工作；立足源头抓土壤污染防治，加强重金属污染防治，严厉打击危物倾倒等违法行为；按照“谁保护、谁受益，谁改善、谁得益，谁贡献大、谁多得益”的原则，探索建立生态补偿机制，2014年，探索建立与污染物排放总量挂钩的财政收费制度、与出境水质和森林覆盖率挂钩的财政奖惩制度。

再次，浙江发挥区位优势，坚持以开放促改革，积极推动长三角地区一体化发展，依托深水岸线和深水港口，适度建设核电、火电基地，发展临港型的石化、冶金和汽车工业等，形成了一个全省性的多层次、多方位有序推进的接轨上海、参与长三角地区交流与合作的基本格局，以浙江海洋经济发展示范区和舟山群岛新区建设为契机，推动宁波–舟山港与澳大利亚、新加坡等国开展港航合作，打造长江经济带的“龙眼”和“海上丝绸之路”的桥头堡。以义乌全球最大小商品集散中心为支点，进一步深化义乌国际贸易综合改革试点，探索创新便利化的国际贸易服务体制，依托“一带一路”打通浙江与中亚、欧洲等地区的陆路通道。以阿里巴巴全球最大电子商务平台为龙头，大力发展跨境电子商务，努力建设网上“一带一路”。

大战略成就大事业

十多年来，在“八八战略”的指引下，浙江省委坚持一张蓝图绘到底，不动摇、不停步、不懈怠、不折腾，着力将“八八战略”深化细化具体化，推进全省经济社会发展不断跃上新台阶。综合实力显著提升。2003~2014 年，浙江经济总量从 9 200 亿元增加到 40 154 亿元，增幅达 4 倍多；人均生产总值从 19 730 元增加到 72 967 元，增长了 3 倍多；人民生活显著提升。2003~2014 年，浙江省城镇居民人均可支配收入从 13 180 元增加到 40 393 元，农村居民平均可支配收入从 5 431 元增加到 19 373 元，均增长 3 倍以上；改革开放水平显著提升。2014 年，全年进出口总额 3 551.5 亿美元，比上年增长 5.8%，实际利用外资 158 亿美元，比上年 11.6%[①]；可持续发展能力显著提升。通过资源节约型社会建设实现单位土地资源、能源资源、水资源的产出显著提高。

这些年来，尤其是党的十八大以来的实践充分证明，“八八战略”符合浙江实际，为浙江生态文明建设提供了路线图。随着时间的推移，“八八战略”在经济、政治、生态文明建设方面的蓬勃生命力，必将不断展现出来。续写好“八八战略”这篇大文章，是浙江全省上下共同的信念、共同的自觉、共同的行动。

---

① 数据来自《2003 年浙江省国民经济和社会发展统计公报》《2014 年浙江省国民经济和社会发展统计公报》。

从“811”到“五水共治”

“811”行动造就生态浙江

在近10年间，浙江省通过开展三轮“811”行动，解决环保难题，改革体制机制，进行环保大工程建设，使得全省环境保护和生态文明建设取得了丰硕的成果。

2004年10月，首轮“811”环境污染整治行动在浙江打响。“811”行动中的“8”指的是浙江省八大水系；“11”既是指全省11个设区市，也指当年浙江省政府划定的区域性、结构性污染特别突出的11个省级环保重点监管区。2007年年底，首轮“811”环境污染整治行动全面完成，针对全省环境污染和生态破坏趋势狠踩刹车，八大水系水环境质量取得了实质性改善，全省11个省级环保重点监管区和5个准重点监管区全部实现达标“摘帽”。

2008年，“811”环境保护第二轮3年行动启动。此时的“8”已演化成环保工作8个方面的目标和8个方面的主要任务；“11”既指当年提出的11个方面的政策措施，也指省政府确定的11个重点环境问题。浙江省将重点防治工业污染向全面防治工业、农业、生活污染转变，进一步提出“一个确保、一个基本、两个领先”的目标，即确保完成“十一五”环保规划确定的各项目标任务，基本解决各地突出存在的环境污染问题，继续保持环境保护能力全国领先、生态环境质量全国领先。通过两轮“811”行动的实施，浙江省环境整治和保护进入到投入最多、力度最大、成效最明显的时期。

2011年4月，浙江出台《“811”生态文明建设推进行动方案》，标志着第三轮“811”行动正式打响。此时的“811”行动，已从环境保护转向生态文明建设，内容更加丰富，这三轮“811”行动体现了浙江省生态文明建设事业循序渐进、由浅入深的演变过程。

通过三轮“811”行动，浙江省环境基础设施建设已推向乡镇，基本实现全省镇（乡）污水集中处理厂全覆盖。环境监测监控网也在不断完善，环境在线监测系统、重点污染源在线监控系统、省市县三级环境管理信息化系统“三位一体”的环境管理信息体系初步建成。三轮“811”行动，从“环境污染整治”到“生态文明建设”，从“两个率先”到“两个领先”，从“关注环境质量”到“更加关注民生改善”，既一脉相承又层层递进，引领浙江省生态文明建设不断走向深入。

“三改一拆”让城市脱胎换骨

浙江人多地少、资源匮乏的要素制约和生产粗放、产业定位偏低的发展困局，催生了大量违法建筑，成为经济社会可持续发展的“拦路虎”和“绊脚石”。2013 年开始，浙江在全省部署开展“三改一拆”行动，计划用三年时间，全面开展对城市规划区内旧住宅区、旧厂区、城中村的改造，拆除全省范围的违反城乡规划和土地管理等法律法规的违法建筑。

“三改一拆”，“拆”是手段，拆后利用是目的。高效益、高效率地利用拆后土地、改后土地，是“三改一拆”的重点。浙江在“三改一拆”活动中，坚持“拆”、“绿”结合，把拆改与园林绿化、“四边三化”有机结合起来，把拆后土地优先用于绿化，让群众享受到拆改成果；坚持拆建结合，把拆改与项目建设有机结合起来，对已经办理农转用手续的拆后土地，尽快启动项目建设；坚持“拆”“转”结合，把拆改和产业转型升级有机结合起来，把拆改和低效土地开发利用有机结合起来，通过拆改淘汰“低”“小”“散”的落后产能，通过拆改整治各类安全隐患，通过拆改引导小微企业集聚发展；坚持“拆”“引”结合，把拆改与对接央企、招商引资有机结合起来，引进大项目、大企业，大力发展实体经济。

“三改一拆”拆出了发展空间，改出了优美环境。到2014年年底，两年时间浙江省全省共改造旧住宅区、旧厂区、城中村3.73亿平方米，拆除违法建筑3.17亿平方米。从前满地垃圾的农家院如今装修一新；整齐规范的高标准大棚，已是果蔬满园；昔日破烂不堪的村中空闲地，变成平整的休闲广场，配备了跑步机等文体健身设施。“三改一拆”改变了浙江人身边的“脏、乱、差”，浙江城乡面貌实现了脱胎换骨。

“五水共治”形成破竹之势

浙江因水得名、因水而富、因水而美，地处亚热带季风气候区，年均降水量为1 600毫米左右，是中国降水较丰富的地区之一，但由于人口密度高，人均水资源占有量只有2 008立方米，远低于全国平均水平，只有世界人均水平的四分之一。在工业化、城镇化快速推进的同时，出现了“江南水乡为水愁”的局面，为扭转这种局面，2013年年底浙江进一步做出推进治污水、防洪水、排涝水、保供水、抓节水等“五水共治”的决策部署，重点整治黑河、臭河、垃圾河，全面推进城镇截污纳管建设和农村污水处理、生活垃圾集中处理。

2014年浙江在全省全面打响“五水共治”攻坚战。浙江省委省政府特地绘出了浙江“五水共治，治污先行”的路线图——三年（2014~2016）要解决突出问题，明显见效；五年（2014~2018年）要基本解决问题，全面改观；七年（2014~2020年）要基本不出问题，实现质变。全省大到八大水系，小到村前溪沟，条条河流都有各级干部担任“河长”，并公示接受群众监督，治水责任落实到市、县、乡、村、户各环节，形成从水中到岸上，从保护到建设，从政府到百姓的立体化、全覆盖、兼顾当前和未来的治理格局。按照浙江省委书记夏宝龙的说法，在2014年“五水共治”全面铺开之年，浙江全省上下齐心协力、一往无前，切实撕开口子、杀出血路，打响了治水转型的当头炮、挂图作战，时间表、项目书、责任状逐一落实，“清三河”进度超前，“十百千万治水大行动”年度目标任务顺利完成，治出了秀水美景，治出了发展后劲，治出了法治意识，治出了干部新风，治出了百姓口碑，为推进“两富”“两美”建设奠定了良好基础。

“问渠那得清如许，为有源头活水来。”“五水共治”的成果正在浙江这片土地上慢慢显现。自从开展“五水共治”工作以来，浙江省内多条河道经过系统治理，变得愈发清澈，臭河、垃圾河在慢慢消失，匿迹已久的白鹭又重新回到了常满塘村，或翱翔天空，或漫步田野，悠然自得，呈现一派恬静秀丽的田园风光。浙江人民正在享受着“五水共治”的成果。

“四换三名”加快转型升级

2013年以来，浙江省委省政府审时度势，在全省实施“四换三名”工程，以此作为打造浙江经济升级版的重要抓手。“四换”即腾笼换鸟、机器换人、空间换地、电商换市；“三名”即名企、名品、名家。“四换三名”的本质，是围绕浙江发展实际而设计的具体路径，是浙江实现转型升级的再出发。

“腾笼换鸟”，就是大力发展高附加值、低能耗、低排放产业，积极淘汰低附加值、高能耗、高污染产业。“机器换人”，就是鼓励和支持企业加快技术改造，用技术更加先进、自动化程度更高的工艺设备来替换现有的相对落后的工艺设备，用先进装备替代低端劳动力，进而提高劳动生产率。“空间换地”，就是推进土地节约集约利用，不断提高单位土地、能源、环境容量等要素产出率。“电商换市”，就是大力发展电子商务，积极运用物联网、云计算、大数据，推进商业模式的变革与创新。“三名”，就是要加快培育一批知名企业、知名品牌和知名企业家，打造行业龙头，让更多名企、名品、名家整体拉动“浙江制造”转型升级。

浙江省近年来通过以“四换三名”工程为主抓手，全力打造产业升级“组合拳”，并取得显著成效。2014 年浙江淘汰 1.8 万多家低端落后企业（作坊）①，使用的工业机器人总量占全国的 15%，居全国各省（区、市）第一位②，向外公布了第一批 341 家电子商务服务企业。

“两创”、“两富”与“两美”

从“两创”，到“两富”再到“两美”的现代化战略部署，反映了浙江现代化建设的纵深推进，是统一于整个现代化过程的不同历史阶段的具体要求和任务。

---

① 《浙江愿为淘汰落后产能降低经济增速》，中国新闻网，2015 年 1 月 7 日。

② 《装备革命，浙江迈大步工业机器人使用量占全国 15%》，浙江日报，2015 年 1 月 11 日。

“两创”传递勤奋创造新形象

2007年浙江省十二次党代会为深入贯彻落实科学发展观、全面建设小康社会提出了“创业富民、创新强省”战略目标。“两创”是推动浙江发展的现实要求，反映了浙江经济社会发展的实际情况，而浙江发展实际又要求必须大力推动创业创新，促进发展转型升级。

“两创”总战略的基本内涵是：按照科学发展观的要求，在新时期新阶段，全面推进个人、企业和其他各类组织的创业再创业，全面推进理论创新、制度创新、科技创新、文化创新、社会治理创新、党建工作创新和其他各方面的创新，形成全民创业和全面创新的生动局面，使全省人民收入水平持续提高，家庭财产普遍增加，生活品质明显改善，走共同富裕道路；使全省综合实力、国际竞争力、可持续发展能力不断增强，加快建设富强民主文明和谐的新浙江①。

“两创”的核心和关键在于现代化实践的“创”，在于“创业”和“创新”，在于极大地激发创业创新的热情激情，极大地提高创业创新的能力水平，极大地收获创业创新的物质和精神的丰硕成果，最终实现富民强省的目的。在“两创”总战略的引领下，浙江的科学发展取得了重大成就，包括应对国际金融危机和各种自然灾害的影响，促进经济发展的转型升级，促进五大文明和党的建设的全面可持续发展，特别是将海洋经济等四大战略上升为国家战略，全面提升了浙江人民的物质文化生活水平。

---

① 《浙江：实施“八八战略”，从“两创”、“两富”迈向“两美”》，《浙江日报》，2014年7月16日。

“两富”展示富饶强盛新形象

在“两创”总战略的引领下，人们在物质上更加富裕，同时对精神富有的追求已经有了更高更迫切的期待，这也是提出“两富”的重要依据。

浙江省十三次党代会提出要“建设物质富裕、精神富有的现代化浙江”①，简称“两富”。“两富”具有丰富的内涵。所谓“物质富裕”，就是要使城乡居民就业比较充分，收入普遍提高，家庭财产普遍增加，中等收入者占多数，绝对贫困现象完全消除，社会保障、基础设施和公共服务日臻完善，人人享有良好的生活环境和生态环境。所谓“精神富有”，就是要使全体社会成员普遍受到良好的教育，具有较高的科学文化素养、民主法治素养、思想道德素养和生态文明素养，其经济、政治、社会、文化等各项权益得到切实保障，过上丰富的精神文化生活，拥有共同的精神家园。实现全省人民物质富裕、精神富有，是建设现代化浙江的核心要义。

如果说“两创”着重于浙江现代化的实践活动、实践内容、实践特色和实践过程，那么，省第十三次党代会上提出的“两富”，就是进一步落实“两创”现代化实践的方向、目标和结果，标志着浙江的现代化建设进入一个新的阶段。

“两美”再塑秀美幸福新形象

为深入贯彻党的十八大、十八届三中全会和习近平总书记系列重要讲话精神，充分展示“美丽中国”在浙江的生动实践，浙江省委

① 浙江省第十三次党代会：《建设物质富裕、精神富有的现代化浙江》，《杭州日报》2012 年 6 月 18 日。

十三届五次全会提出了“建设美丽浙江、创造美好生活”，简称“两美”战略部署。

“两美”战略是“两富”战略的深化和提升，现代化的浙江只有从物质精神上的丰富性充裕性，进一步展现为自然环境、人文环境、生产方式、生活方式和生活状态的美丽形态美好状态时，才算真正实现。让全体浙江人民生存在天蓝、水清、山绿、地净的自然环境中，生存在富饶秀美、和谐安康、人文昌盛、宜业宜居的社会环境中，过上美好幸福的生活，这就是“两美”的实质核心和根本目标，这也是现代化浙江的实质核心和根本目标①。

美丽浙江是美丽中国的有机组成部分，既体现为生产集约高效、生活宜居适度、生态山清水秀，也体现为百姓生活富足、人文精神彰显、社会和谐稳定，这些都包含在人民对美好生活的向往之中。建设美丽浙江、创造美好生活，基础是从工业文明走向生态文明，走人与自然和谐相处的绿色发展之路；实质是追求物质文明与精神文明相统一，切实增强人民群众的发展自豪感、生活幸福感、心灵归属感、社会认同感；核心是实现人的现代化、人的文明，促进人的全面发展。

建设美丽浙江、创造美好生活，是走在前列的责任担当、百姓期盼的民生工程、科学发展的必由之路、历史赋予的重要使命，是建设“两富”现代化浙江的升华，集成了新的发展理念和发展思路，顺应了人民对美好生活的新期待，体现了中国梦和美丽中国在浙江的生动实践。

作为建设“两美”的一个典型示范，浙江海盐县积极探索、不

① 《实施“八八战略”，从“两创”、“两富”迈向“两美”》，《浙江日报》，2014年7月11日。

断提升绿色产业发展水平。2015 年 5 月 11 日，浙江省海盐县发布了其《海盐绿色发展报告（2013~2014 年）》。根据这份报告，海盐县从 2013 年已经开始迈入绿色发展的提升阶段，并呈现逐年提升的良好态势。这是我国县域层面首次发布年度绿色发展报告。该报告以浙江全省相关指标数据为基准值，海盐县绿色发展综合指数从 2013 年的 101.78，提高到 2014 年的 104.43。[①]

---

① 《海盐发布我国首个县域绿色发展报告》，《中国环境报》，2015 年 5 月 11 日。

第十一章　福建：中国最“绿”省的生态示范

福建生态文明建设起步早、力度大。早在 2000 年，时任福建省省长的习近平同志提出了建设“生态省”的战略构想，开始了福建有史以来最大规模的生态保护工程。十多年来，福建历届省委、省政府勇于改革、敢于创新、不断探索，生态省建设取得明显成效，森林覆盖率连续 37 年称冠全国，成为名副其实的中国最“绿”省份、全国生态文明建设先行区[①]。

全国首个省级生态文明先行示范区

十五年接力“生态省”

福建简称“闽”，地处中国东南沿海，毗邻浙江、江西、广东，

---

① 《福建获批建设全国首个生态文明先行示范区》，新华网，2014 年 3 月 22 日。

与台湾省隔海相望，也是我国与世界交往的重要窗口和基地。全省陆地面积12.14万平方千米，地势西北高、东南低，山地、丘陵和平原分别占75%、15%和10%。福建生态优越、环境优美，是大自然的恩赐和福建人民长期精心保护的结果，森林覆盖率和环境质量综合指数长期位居全国前列，是中国最"绿"的省份之一。近十五年来，福建脚踏实地、稳扎稳打、坚定不移地抓生态保护和建设，"生态省"的接力棒一任传一任，使福建省生态文明建设始终走在全国前列。

早在2000年，时任福建省委副书记、福建省省长的习近平做出了重要的战略抉择，提出"生态省"建设战略构想，并组织采取有力措施推进生态文明建设，"生态省"战略由此发轫。

2002年，当时的福建省领导在调研时指出："任何形式的开发利用都要在保护生态的前提下进行，使八闽大地更加山清水秀，使经济社会在资源的永续利用中良性发展。"同年，福建成为全国首批生态省建设试点之一。

2004年11月，《福建省生态省建设总体规划纲要》（以下简称《纲要》出台，开启了全面推进生态省建设的步伐。《纲要》提出在实现经济快速增长、人民群众消费水平显著提高的同时，让全省人民喝上干净的水，呼吸清洁的空气，吃上放心的食物，在良好的环境中生产生活。

2010年1月，《福建省生态功能区划》正式实施，将全省划分为生态区、生态亚区和生态功能区3个级别。5月，福建省出台了《关于加快生态文明建设的决定》，从法律层面确立了生态省建设在福建社会经济发展中的地位。

2011年9月，福建省政府下发《福建生态省建设"十二五"规划》，明确到2015年，经济发展方式转变取得重大进展，生态省建设主要目标基本实现，率先建成资源节约型、环境友好型社会。

2013年1月，《福建省主体功能区规划》（以下简称《规划》）出台。《规划》首次将全省国土明晰规划为优化、重点、限制和禁止四类开发区域，其中占全省2/5的县（市）和197处区域被列入限制和禁止开发区域，规划为全省重点生态功能区的面积超过3.6万平方千米，接近全省陆域面积1/3。

2014年3月10日，国务院正式印发《关于支持福建省深入实施生态省战略加快生态文明先行示范区建设的若干意见》明确要求，要把福建建设成为国土空间科学开发先导区、绿色循环低碳发展先行区、城乡人居环境建设示范区、生态文明制度创新实验区，标志着福建的生态省建设由地方决策上升为国家战略，福建生态省建设步入了全国生态文明先行示范区的新阶段，福建科学发展跨越发展面临一次新的重大机遇。

全国首个，为何是福建

国务院2014年3月印发《关于支持福建省深入实施生态省战略加快生态文明先行示范区建设的若干意见》（国发〔2014〕12号），使福建省成为党的十八大以来，国务院确定的全国第一个生态文明先行示范区。这是继2009年国务院出台《关于支持福建省加快建设海峡西岸经济区的若干意见》之后，福建再次获得国家级政策扶持，标志着福建的生态省建设由地方决策上升为国家战略。那么，全国首个国家级生态文明先行示范区为什么会是福建呢？

首先，福建具备良好的自然生态条件。山海资源得天独厚。福建地处亚热带，气候宜人。2013 年全省森林覆盖率达 65.95%[①]，居全国首位，是我国四大林区之一，素有“南方绿色宝库”之称。水力资源蕴藏丰富，全省可开发利用的装机容量 1 062 万千瓦[②]，位居华东各省市之首，沿海地区还蕴藏着丰富的潮汐能、风能等各种可再生资源。福建依山面海，境内四季常青，处处是景点。全省有 4 座国家历史文化名城、7 座中国优秀旅游城市、13 个国家重点风景名胜区、10 个国家级自然保护区、19 个国家森林公园、8 个国家地质公园、2 个国家旅游度假区、85 个全国重点文物保护单位。自然保护区、森林公园、风景名胜区的面积占全省土地面积的 8%，形成了人与自然和谐共处的良好环境[②]。

其次，福建坚持不懈的生态文明追求。2000 年，时任福建省省长的习近平同志就前瞻性地提出了建设生态省的战略构想，并组织采取有力措施全力推进生态省建设。2002 年 8 月，经原国家环保总局批准，福建成为全国首批生态省建设试点省之一。此后，《福建省生态省建设总体规划纲要》、《福建生态省建设“十二五”规划》、《福建省主体功能区规划》等相继出台，有效地推进了福建的生态省建设。

再次，福建显著的生态文明建设成就。十多年来，福建历届省委省政府一任接着一任干，一年接着一年干，始终锲而不舍地推进生态省建设，并取得了显著成效。福建省连续多年的节能降耗水平和生态环境状况指数始终保持全国前列，2013 年全省森林覆盖率达到了 65.95%，继续保持全国首位[③]；23 个城市平均达标天数比例为

---

①② 《福建：“海上丝绸之路”的起点》，凤凰网，2014 年 2 月 20 日。

② 《八闽概况》，中国福建网，八闽大地。

③ 《生态保护要“肯出血”“肯割肉”》，《人民日报》海外版，2014 年 3 月 28 日。

99.5%，12 条主要河流水质常年保持为优[①]。所有这些都为为建设生态文明先行示范区奠定了坚实基础。

长汀十年磨一剑

长汀县，隶属于福建省龙岩市，著名的客家首府、国家历史文化名城，又是革命老区，同时还是我国南方红壤区水土流失最严重的地区之一，水土流失历史之长、面积之广，位居福建各县市之首。令人感佩的是，长汀人民经过十多年艰辛努力，将过去光秃秃的“火焰山”陆续变为披上绿衣的“花果山”，被誉为南方水土流失治理的典范。而这一切，离不开长汀人民的共同努力，更离不开习近平总书记的长汀情怀。

早在 2000 年 1 月 8 日，时任福建省委副书记、代省长的习近平同志到长汀水土流失区考察时做出批示：“应继续做好长汀水土流失治理工作，将长汀县百万亩水土流失地综合治理列入省政府为民办实事项目。”十几年来，长汀县通过封山育林、改良植被、补贴烧煤、发展绿色产业、转移农村剩余劳动力、实施生态移民搬迁等措施，展开了大规模水土流失治理攻坚战。经过不懈努力，累计治理水土流失面积 117.8 万亩，生态状况明显改善。（吴洪，陈长天：《长汀经验：十年攻坚，绿回长汀》，长汀网，2014 年 5 月 11 日。）2011 年 12 月和 2012 年 1 月，习近平同志两次做出重要批示，对长汀水土流失治理工作充分肯定的同时，进行了告诫：“进则全胜，不进则退。”

如今，作为成功样本，作为福建省生态省建设的一面旗帜，“长

① 《福建：从“生态省”到“生态文明先行示范区”》，新浪网，2015 年 3 月 3 日。

汀经验”被广泛推广。“反弹琵琶”治理法、“草—牧—沼—果”生态模式、“老头松”改造、陡坡地小穴播草、“等高草灌带”、幼龄果园覆盖秋大豆春种等，都是“长汀创造”。

生态省建设的绿色思维

“山海画廊，人间福地”，福建省全国最“绿”，连续37年位居第一。12万平方千米的八闽大地上，山清水秀的好生态如何传承保持？加快生态文明建设，福建怎样先行示范？答案是福建在生态省建设过程中一直所坚持的绿色思维。

确立生态目标：“百姓富”、“生态美”

“百姓富”与“生态美”，两者既互为条件、互为基础，又相互包含、相互促进，内在统一于全面建成小康社会的目标与进程之中。实现“百姓富”、“生态美”有机统一，核心在于处理好人与自然的关系，集中体现了马克思主义生态观的思想内核，是统筹人与自然和谐发展的具体实践。

2013年3月，福建省委书记尤权在2013年全国“两会”期间接受《人民日报》记者采访时提出，福建既要“百姓富”又要“生态美”。8月，在福建省委九届九次全会上，尤权书记再次强调：“我们必须高度重视生态建设和环境保护，不能以牺牲环境为代价发展经济，既要发展、又要环境，不走老路、不留后患，努力实现‘百姓富’与‘生态美’的有机统一。”①

实现“百姓富、生态美”有机统一，就是要保护好、发挥好、发展好良好生态环境这一生产力要素“核心竞争力”，实现全体人民的“共同富裕”。生态优势是福建最具竞争力的优势，生态资源是最宝贵的资源，福建进一步加大生态建设和环境保护力度，大力发展节能环保、绿色低碳产业，加快建立和完善流域、森林等生态补偿机制，目的就是为了把福建省的生态优势转化为发展优势，把生态资源转化为致富资源。

人民群众期盼有更满意的收入、更可靠的社会保障、更高水平的医疗卫生服务、更舒适的居住条件、更优美的环境。福建省近年来下大力气解决人民群众反映突出的民生问题和环境问题，不断改善人民群众的生产生活条件，让人民群众享有富裕的物质生活，真正提高幸福指数。2014 年，福建全省居民人均可支配收入 23 331 元，扣除价格因素，实际增长 7.8%②。

树立生态理念：“肯出血”、“肯割肉”

建设生态文明，是关系人民福祉、关乎民族未来的长远大计。面对资源约束趋紧、环境污染严重、生态系统退化的严峻形势，必须树立尊重自然、顺应自然、保护自然的生态文明理念，在抓生态建设工作中，坚定既要“肯出血”又要“肯割肉”的决心。

---

① 《福建省委书记尤权强调要高度重视生态环境保护工作》，中华人民共和国环境保护部，2014 年 10 月 10 日。

② 《2014 年福建省国民经济和社会发展统计公报》，《福建日报》，2015 年 2 月 27 日。

“肯出血”就是要肯花钱，拿出财政的钱，用到生态建设中。福建虽然划在中国东部地区，但实际上还是东部地区的“西部”，财力还不是很强，但即使是在这样的情况下，福建还是拿出很多财政资金，投入到生态建设中去。“十二五”期间，福建对全省22个县（市）约6 000平方千米的水土流失区实施综合治理，省级财政专项经费从过去每年3 060万元增加到3.3亿元，同时捆绑林业、国土、环保等资金，每年财政投入超过15亿元①。

“肯割肉”就是为了保护生态，将破坏环境、污染环境、高能耗的产业与项目拒之门外或坚决取缔。比如，福建省“铁观音”乌龙茶之乡闽南安溪县，从2009年起已关停500多家石材厂，虽然每年损失税收过亿元，却为茶叶产业做大做强赢得了发展空间。又如闽北南平市，为了确保发展方式的“绿色转型”，关停矿产开发企业26家、小木材加工企业480多家，否决81个不符合国家产业政策和环保要求的建设项目。

坚守生态底线：严格按照主体功能定位开发

福建科学划定全省生态功能红线，严格按照主体功能定位开发和保护国土空间，形成“绿色布局”。《福建省主体功能区规划》将全省国土规划为优化开发、重点开发、限制开发和禁止开发区域，其中占全省2/5的县（市）和197处区域被列入限制或禁止开发区域。一条条生态红线的限制下，山区、林地、水源地靠山不“吃”山，靠水不“吃”水，拒绝污染项目和产业。

---

① 苏杰、涂洪长、胡苏，福建：《生态文明先行示范区引领绿色发展》，新华网，2014年3月24日。

在重要生态功能区、生态敏感区和脆弱区划定生态红线，明确主导生态功能，制定生态保护措施，加强保护与监管生态红线体系涵盖全省陆域和海域，依据生态系统服务功能的重要程度，全省生态红线体系划分为红线区和黄线区进行分区分类管控。

生态红线划定后，根据区域不同类别，由相关职能部门和地方政府继续按照环境保护“一岗双责”工作分工，依据现有的法律法规进行监管。若划定的生态红线区块兼具两类以上生态功能，按最严格的要求落实监管措施。

树立生态政绩观：不再唯GDP论英雄

山区护生态，沿海兴产业。欠发达地区面临既要保护生态又要发展经济的巨大压力。如何解决这一突出矛盾？福建省通过调整政绩考核办法，来引导各级领导干部树立生态价值观、绿色政绩观，政绩考核的“指挥棒”越来越“绿”。

从2010年开始，福州将区县分为不同考核类型，不搞“一刀切”。研究制定新的市县党政领导班子和领导干部政绩考核办法，充分体现主体功能区特点和生态文明要求，把资源消耗、环境损害、生态效益等指标纳入评价体系，并大幅提高权重，从以往的GDP竞赛，转向生态保护竞赛、节能减排竞赛、改善民生竞赛。福建永泰县利用优良生态环境发展绿色产业，在全市的排名从末尾冲到中游。

但是，取消部分县市的GDP考核，不是不要GDP，而是要绿色GDP。这一政策有助于引导地方官员树立正确的发展观与政绩观，有助于引导地方政府把注意力更多地集中到转方式、调结构、增效益上来，具有十分重要的指挥棒意义。

最“绿”省的绿色竞争力

“四绿”接力生态省建设

2010年，胡锦涛同志在福建考察时强调，福建生态环境良好，一定要精心保护好这一片青山绿水，为子孙后代留下绿色家园。按照中央的部署，福建省委省政府明确要求，加强生态建设和环境保护，进一步改善人居环境，全面启动实施以“绿色城市、绿色村镇、绿色通道、绿色屏障”为主要内容的“四绿”工程建设，为“美丽福建”绿上再加绿。

“四绿”工程内容丰富，要求明确。绿色城市建设以园林城市、森林城市为载体，大力发展城市森林，加快城市和县城绿化、美化、园林化建设，形成城区“绿”“美”相拥、城郊森林环抱并各具特色的城市绿地生态系统。绿色村镇建设以“创绿色家园，建富裕新村”活动为载体，积极引导农民利用非规划林地种植珍贵和优良乡土树种，以绿化促美化、绿化促文明、绿化促致富。绿色通道建设以海峡西岸现代化综合交通网络和新一轮铁路建设为契机，着力提高公路、铁路交通干线沿线绿化美化水平。绿色屏障建设大力推进沿路、沿江、沿海、环城的造林绿化和封山育林，积极营造混交林，优化林分结构，打造具有保持水土、减灾防灾、美化环境等多功能的绿色屏障。

按照“四绿”工程规划，所有城市、县城还必须建有一座以上环境优美、设施完善，面积分别达10公顷、6公顷以上的城市综合性公园，有条件的城市要加快植物园、动物园、湿地公园、儿童公园和体育公园等各类公园的建设。截至2014年年底，福建省已完成

“四绿”工程造林 33.9 万公顷，创建国家森林城市 1 个、省级森林城市（县城）25 个、绿色开发区 121 个、绿色校园 1 419 个、绿色军营 234 个、绿色乡镇 429 个、绿色村庄 5 912 个、绿色通道新增绿化里程 2.19 万千米[①]。放眼望去，一个满眼皆绿的福建正崛起在海峡西岸。

作为建设“青山绿水、碧海蓝天美好家园”的重要抓手，“四绿”工程促进了经济社会与生态、生态与民生的协调发展，为福建科学发展、跨越发展提供有力支撑。“千淘万漉虽辛苦，吹尽狂沙始到金。”通过多年的建设，福建的“绿色”，已经不再是简单意义上的绿色，客观上成为福建综合竞争力的重要组成部分。

生态经济助推绿色转型

既要绿水青山，也要金山银山，产业绿色转型是关键。把产业问题解决好，严格控制高耗能、高耗材、高耗水的产业，大力发展生态型、环保型、节约型产业，就可以找到发展经济与保护生态的结合点。

福建省龙岩市矿产资源丰富，16 种矿产资源储量排在全省首位。龙岩人把生态资源视为最宝贵的资源，通过绿色发展、差异化发展，降低资源型产业的比重。如今，龙岩 7 个县，每一个都有瞄准上百亿产值的主导产业。在经济较快增长的同时，龙岩森林覆盖率逐年提升，成为福建最“绿”的设区市。

宁德福鼎市 30 年前被列为全国首批重点贫困县，这里的磻溪镇赤溪村有“中国扶贫第一村”的称号。宁德“九山半水半分田”，目

① 《福建完成“四绿”工程 33.9 万公顷》，中国经济网，2015 年 1 月 28 日。

前仍相对落后，经济总量在福建省排在倒数第二。但宁德坚持存量调优、增量选优、优化发展，上技术含量高、经济效益优、产业带动强的大项目、好项目。在招商引资时，坚持宁可少一点，也要实一点、好一点、环保一点的原则。

厦门火炬高新区设了四个“高门槛”：高技术产业，高效益，符合可持续发展要求，能带动区域高新技术产业发展。近两年，投资总额近 20 亿元的十几个项目，被这四个高门槛挡在门外。厦门高新区去年每平方千米土地实现工业总产值 150 亿元，以占厦门不到 1%的土地，实现了厦门 40%以上的工业总产值，万元GDP能耗只有 0.04 吨标准煤。

美丽乡村告别“无标可依”

美丽乡村建设就是要保护山、水、田、林、园、塘等自然资源，尊重自然、顺应自然、保护自然，与产业发展相衔接，复活乡村文化内涵。福建省高度重视美丽乡村建设工作，在全省实施“千村整治、百村示范”工程，努力改善人居环境和百姓生活。

2014 年 4 月，国家标准委和国家财政部正式下达了农村综合改革标准化试点项目，福建省永春县人民政府、沙县人民政府、长泰县人民政府 3 个单位获批开展美丽乡村建设标准化试点建设。

2014 年 11 月，福建省正式发布《美丽乡村建设指南》（以下简称《指南》）福建省地方标准，《指南》作为福建省开展美丽乡村标准化建设的阶段性成果，标志着福建省在建设美丽乡村上首次做到有标可依。《指南》借鉴了台湾“富丽新农村”建设经验，在区别于城市建设、尽可能保留现有乡村原貌基础上，规定了村庄规划、村庄建设、生态环境、产业发展、公共服务、文体建设、乡风文明、基层建设、长效管理 9 个方面内容，提炼了 33 项量化指标，体现了福建美丽乡村的特色。

《指南》福建地方标准对指导和规范福建省美丽乡村建设、提升美丽乡村建设水平、打造“福建版”美丽乡村建设模式具有现实意义。应用该《指南》指导福建美丽乡村建设，不仅不会“千村一面”，而且还会使美丽乡村建设保得住传统，留得住特色，记得住乡愁。

生态司法守护“美丽福建”

据有关资料显示，近年来福建省各级法院着眼大局，服务生态省建设积极有为，积极依法惩治破坏生态环境的违法犯罪活动、妥善化解各类矛盾纠纷，为守护福建的青山绿水、碧海蓝天做出积极努力。

福建在全国率先开展生态修复性司法，对部分破坏林木、矿产、水等生态环境刑事案件，责令被告人通过补种林木、恢复植被等方式修复受损生态环境。其中最为典型的是“补种复绿”工作，即对一部分滥伐、盗伐林木和森林失火等毁林刑事案件，以“植树令”、“管护令”的方式，责令被告人在案发地或指定区域补种林木并看管护理，法院将被告人“补种复绿”情况作为量刑情节，依法适用刑罚。

采用以“补种复绿”为代表的生态司法修复模式，可以给责任人提供一个弥补错误的机会，使生态植被得到较快的恢复，同时也弥补了给被害人造成的经济损失，真正达到判决一个人、恢复一片林、教育一批群众的法律效果，最具现实意义。

2014 年 4 月，福建省高级人民法院林业审判庭正式更名为生态环境审判庭，全省三级法院已设生态环境审判法庭 50 个、专门合议庭 15 个、生态审判人员达 285 人，机构和人员配备数占全国生态环境资源审判力量的 1/3，意味着福建省生态司法助力“美丽福建”建设走进“升级版”。

生态司法追求的是法律、社会与生态效益的统一，法院在审理生态案件时，不仅考虑公民、法人、国家的环境权益的保护，还考虑到了社会与自然之间的协调。当环境已经遭受破坏时，法院的裁决不仅仅为了惩处，更考虑到生态的恢复——“公益诉讼”、“生态修复”、“大调解”等探索应运而生，“恢复性司法实践+专业化审判机制”的生态资源司法保护模式逐渐形成。连续 37 年全国第一森林覆盖率、全国第一的森林生态服务功能和价值，“美丽福建”证明了该模式的可行。

第十二章　贵州：精美的石头会唱歌

“走遍大地神州，醉美多彩贵州。”贵州拥有世界上最典型的喀斯特地貌，独特的地理环境造就了贵州的美丽与神奇：全省有 2 个世界自然遗产地、1 项人类非物质文化遗产、18 个国家级风景名胜区、9 个国家级自然保护区、9 个国家级地质公园和 4 个国际民族生态博物馆。贵州是一个少数民族聚居的省份，有 17 个世居少数民族，人口约占全省总人口的 36.1%[①]，苗族芦笙、布依地戏、侗族大歌、土家花灯等多彩的民族风情在这里传承。但正如习近平总书记指出的，贵州既是一个“经济洼地”，又是一个生态脆弱区，要守住发展的底线，必须保持一个较快的发展速度，即“加速发展”，简而言之，“赶”；要守住生态的底线，必须转变发展方式，保住绿水青山，即“加快转型”，简而言之，“转”。近年来，贵州全省上下把发展作为根本要务，

① 《中国概况 · 贵州》，中华人民共和国中央人民政府网。

大力推进生态文明建设，努力实现生态和发展“双赢”，着力抒写美丽中国的贵州篇章。正确处理好生态环境保护和发展的关系，是实现可持续发展的内在要求，也是推进现代化建设的重大原则。

神奇的土地，“双赢”的示范

良好的生态环境，是人民的愿望，也是发展的基础。生态环境资源是贵州最大的优势，良好的生态是贵州最突出、最响亮的品牌。但由于贵州特殊的自然地理条件，生态环境十分脆弱，一旦受到破坏很难修复。而且，贵州是长江、珠江上游地区的重要生态屏障，把贵州生态保护好是我们的最大责任。

呵护生命，呵护环境

近些年来，贵州省省委、省政府高度重视生态环境保护，把生态文明建设作为省委、省政府的一项重要工作内容。贵州省省委书记赵克志指出：“保护生态、提高环境承载力，是功在当代、利在千秋的事业。推进生态文明建设，总体上要坚持节约优先、保护优先、自然恢复为主的方针，为子孙后代留下天蓝、地绿、水清的生产生活环境。”贵州省省长陈敏尔强调：“我们要时刻保持清醒头脑，像呵护生命一样呵护生态环境，把老祖宗留下的一方山水保护好、利用好。”

贵州积极行动起来，成立省高级人民法院生态环境保护审判庭、贵州省检察院生态环境保护处和省公安厅生态环境安全保卫总队，在全国率先在省级层面建立了生态环境保护司法体系；制定出台并实施《贵州省生态文明建设促进条例》；积极推进“12 件环保实事”，实施大气污染防治行动计划，等等。生态保护的措施频出，生态建设的内容也不断深化，好似源头活水来。

2014 年 6 月，国家发改委、财政部、国土资源部、水利部、农业部、国家林业局联合发布《关于贵州省生态文明先行示范区建设实施方案的通知》，明确要把贵州建设成为全国生态文明先行示范区，并鼓励贵州在“生态环境损害责任终身追究、资源有偿使用制度、生态补偿机制、生态文明国际交流合作等方面大胆实践、先行先试，深化改革创新，完善体制机制，探索可复制可推广的有效模式”。从此，贵州对生态建设和环境保护的责任更重、要求更高、信心更足。

聚焦生态，超越贫困

近年来，贵州经济发展加快，2014 年贵州省地方生产总值达到了 9 251.01 亿元，比上年增长了 10.8%，增速在全国排名第二[①]，但是绝对值在全国 31 个省市中排名第二十六，仅高于甘肃、海南、宁夏、青海、西藏五省（自治区）[②]。因此，对贵州来说，贫困落后仍然是主要矛盾，加速发展仍然是根本任务。

但是，对贵州来说，要直面贫困，更要超越贫困。超越贫困，生态是支撑，是杠杆，是引擎。超越贫困的发展不是盲目发展，加速发展必须超越生态环境承载能力，必须把贵州生态环境的脆弱劣势转化为绿色发展的新优势。于是，调整产业结构、发展生态经济就成了既要保护生态环境又要加快发展的必然选择。发展生态经济的出发点和落脚点在于把资源、环境和经济作为经济社会发展的一个整体进行综

---

① 《2014 年贵州GDP破 9 000 亿　增速全国第二》，中国新闻网，2015 年 1 月 21 日。

② 《2014 年中国 31 个省市 GDP 和财力排名》，新华网，2015 年 3 月 10 日。

合考虑，围绕转变经济发展方式，大力推动经济结构调整，切实做到在发展中促转变、在转变中谋发展。

在绿水青山“底色”上，贵州加快调整经济结构，加大力度发展电子信息、新医药大健康、现代山地高效农业、文化旅游和新型建筑建材等五大战略性新兴产业。百度技术委员会理事长陈尚义说：“生态好让贵州在选择科技型、创新型产业上更具优势。”

2011 年出台的《贵州省市县经济发展水平综合测评试行办法》，对全省 88 个县（市、区、特区）进行分指标考核，并根据考核结果排名，由此在全省范围内形成了创先争优、增比进位的浓厚氛围。2013 年 12 月，贵州出台《贵州省市县经济发展水平综合测评办法》，将全省 88 个县区分为经济强县与非经济强县两个类别，在降低GDP所占权重的同时，增加生态环境保护、科技进步等方面的 14 个指标。2014 年 7 月 1 日起施行的《贵州省生态文明建设促进条例》明确提出，对限制开发区域和生态脆弱的国家扶贫开发工作重点县取消GDP考核。新的测评办法将引导各地跳出原有发展模式，转而在生态文明建设、山地特色农业、旅游现代化等方面下深功夫，推动产业结构加快调整，从而实现经济发展和生态保护的“双赢”。

最大希望，重要遵循

党的十八大以来，习近平总书记站在战略和全局的高度，对贵州守住发展和生态两条底线做出一系列重要指示，尤其是 2014 年 3 月 7 日，习近平总书记参加贵州团审议《政府工作报告》时强调，正确处理好生态环境保护和发展的关系，也就是绿水青山和金山银山的关系，是实现可持续发展的内在要求，是推进现代化建设的重大原则。

可以说，生态文明是总书记寄予贵州的最大希望，是交给贵州的重大政治任务，是抒写美丽中国的重要遵循。

大数据、大健康、大旅游

信息技术和互联网的新发展带来了大数据的爆发式增长，数据正在成为驱动经济增长和社会进步的重要基础和战略资源。生态气候条件好，要素保障能力强，产业配套基础实，让贵阳这样的落后地区有了发展大数据前沿高端产业的无限可能与机遇。贵州发展大数据，是倒逼政府改革，推进产业转型的有益探索，是坚守发展和生态“两条底线”，发挥后发优势，既实现后发赶超，又实现绿色崛起的创新战略。

大数据助力绿色崛起

贵州要实现跨越式发展，必须走新型特色工业化道路。大力发展大数据产业，既是贵州实现科学发展、转型升级的必然选择，也是贵州实现跨越发展、后发赶超的有效途径。贵阳市市委书记陈刚说，贵州作为一个经济欠发达地区，生态环境好，不能走先污染后治理的老路，必须走跨越式发展的道路。①大数据是新的技术革命与新的产业革命交叉融合的引爆器，大数据让发达地区和欠发达地区站在了同一条起跑线上。

目前，工信部等五部委已联合发布了《关于数据中心建设布局的指导意见》，其中“以节约资源和保障安全为着力点，遵循产业发展

① 《贵州 · 北京大数据产业：生态文明与自主创新结合典范》，搜狐网，2014 年 2 月 21 日。

规律，发挥区域比较优势，引导市场主体合理选址、长远规划、按需设计、按标建设，逐渐形成技术先进、结构合理、协调发展的数据中心新格局”的论述格外吸引眼球，为贵州发展大数据产业提供了国家层面的支持。

从内部条件上看，抛开生态、资源优势，贵州同样具备了扎实的发展基础。在中国电信、中国移动、中国联通数据中心项目和富士康（贵州）第四代绿色产业园的支撑下，“欠发达、欠开发”的贵州迈出了建设高科技、低成本、绿色节能的大数据产业基地的征程，具备了带动周边地区产业配套环境改善和人才集聚，实现大数据采集、分析挖掘、应用服务的全产业链发展，建成国内领先水平的大数据产业集群，推动全省电子政务、电子商务、智慧旅游、智能交通、智慧城市等产业发展的能力。

2014 年 3 月 1 日，“贵州 · 北京大数据产业发展推介会”在中关村国家自主创新示范区举行，仅 3 小时的会议，就签约项目 35 个，总金额达 560 余亿元。2015 年 2 月，国家工信部批准贵阳 · 贵安创建国家大数据产业集聚区。在创造大数据产业发展的完美开局后，贵州凭借该产业突破性发展的强劲带动，一定能够实现打造具有战略地位的国家西部大数据聚集区和国家云计算产业的厚积薄发高地的目标，实现经济社会的跨越发展。

大健康推动绿色跨越

肩负守住发展和生态两条底线的重任，贵州如何因地制宜选择好产业至关重要。除了大数据产业，大健康也是立足自身的资源禀赋和市场需求，从实际出发体现生态友好型、环境友好型的产业。

党的十八大报告提出坚持为人民健康服务的方向，意味着我国发展大健康产业的时代来临。所谓大健康，就是围绕人的生活轨迹，对生命实施全程、全面、全要素呵护，既追求个体生理、身体健康，也追求心理、精神以及社会、环境、家庭、人群等各方面的健康。大健康产业涉及医药产品、保健用品、营养食品、医疗器械、保健器具、休闲健身、健康管理、健康咨询等多个与人类健康紧密相关的生产和服务领域。

大健康产业在我国是一个新兴的事物，如何利用健康要素开发出满足人们潜在需求的产品和服务，极大地考验着相关企业的创新能力。经过多年发展，贵州省医药产业已形成中成药、中药饮片、化学原料药及制剂、生物制品、医疗器械、药用包装材料和卫生材料、中药材种植养殖业等七大门类。全省医药工业企业已达254家，其中药品生产企业155家，医药高新技术企业36家，建立医药科研平台38个，涌现出益佰、百灵、信邦、汉方、神奇、同济堂等一批重点企业。①

虽然贵州的医药产业在不断壮大，但是贵州省医药产业与全国的差距仍然较大，在全国排名第24位。医药产业存在的问题主要体现在以下方面。一是大企业不强，小企业不活。缺乏龙头带动企业，产值上亿元的企业仅45家，产值过10亿元的企业仅5家。二是产品结构单一，品种利用率低。中药、民族药占比超过90%，化学药、生物制品、医疗器械发展严重滞后；化学药品种批号资源与产值贡献背离，有超过一半的药品批号闲置。三是核心技术缺乏，创新能力不

① 《贵州：打造中药材大省和中药民族药强省》，中国日报网，2015年2月26日。

足。新药研发、专利药和首仿药以及关键共性技术自主创新能力水平较低，产品更新换代和技术升级慢，缺乏在全国有影响力的医药知名品牌和优势品种。四是经营理念滞后，缺乏整合动力。省内制药企业普遍存在“小富即安”的心态，市场意识和危机意识不够，经营模式僵化，管理水平较低，缺乏做大做强的动力。

2014 年 8 月，贵州省政府印发《关于加快推进新医药产业发展的指导意见》和《贵州省新医药产业发展规划（2014~2017 年）》明确提出，将把大健康医药产业作为战略性新兴产业来抓，强化支持政策体系，降低物流成本和商务成本；将规划一批示范园区，推动大健康医药相关产业融合发展，建设好综合保税区，构建现代医药流通网络，运用“两个市场”、“两种资源”为大健康医药产业辐射周边、走向全国创造条件；将大健康医药产业打造成为大数据产业的“姊妹篇”，为贵州科学发展、后发赶超、加快全面小康建设增添新的动力。

大旅游拓展绿色空间

伴随着“大数据”概念的不断完善，大数据技术的信息网络必定会将旅游业推向“大旅游时代”。大旅游时代的到来，既是新时代社会发展环境使然，更是旅游产业成熟发展的内生需求。大旅游时代，发展旅游业已成为中国新一轮区域开发的重点任务，是生态环境与产业经济达到和谐共生，实现可持续发展的有效途径。

贵州近年来旅游业发展十分迅猛，旅游总收入和接待游客人数保持在每年 25% 以上的快速增长，旅游业日益成为重要支柱产业。贵州围绕打造贵州旅游发展升级版的目标，全省接待游客 3.21 亿人次，实现旅游总收入 2 895.98 亿元；实现旅游增加值 780 亿元，占 GDP

比重达 8.7% 左右，占服务业增加值的 18% 左右，全省旅游业生产税净额对财政收入的贡献率达 10.5% 左右。①

但是，贵州旅游的信息化水平还很低，目前全省正在积极投资运用大数据发展智慧旅游，加快建设打造智慧旅游体系。先后开通贵州旅游政务网，12301 语音服务热线，旅游局官方微博、微信等，成立贵州省旅游局信息中心，不断提高贵州旅游的信息化水平。2013 年 4 月在贵阳市举办的中国国内旅交会上，“淘宝 · 多彩贵州旅游馆”正式上线销售，馆内设立景区门票、酒店、线路和旅游商品四大门类。目前，贵州的智能旅游电子地图系统、北斗卫星导航系统等智慧旅游项目均已启动，贵州省旅游局与贵州省科学院共同研制的“行游通”大型多媒体互动查询触摸屏已于 2014 年投入使用。贵州智慧旅游的步伐正在不断加快。

倾力打造“东方瑞士”

贵州建设“东方瑞士”的构想于 2013 年提出，习近平同志会见瑞士联邦主席毛雷尔时指出，“贵州地处中国西部，地理和自然条件同瑞士相似。希望双方在生态文明建设和山地经济方面加强交流合作，实现更好、更快发展”。②

瑞士是欧洲大陆的一颗明珠，享有“世界花园”之美誉，是全球游客的向往之地，绿色经济、循环经济、低碳经济发展走在世界前

① 《2014 年贵州省实现旅游收入 2 895 亿元》，中国政府网，2015 年 1 月 26 日。

② 《习近平：希望贵州加强与瑞士生态文明建设交流合作》，《贵州日报》，2013 年 7 月 20 日。

列，而贵州有“公园省”之称，是海内外游客休闲度假的理想目的地。贵州与瑞士虽然空间距离很远，发展差距很大，但在自然地理、生态环境、交通区位、民族人文等方面有许多相似之处，产业互补合作潜力巨大。贵州认同瑞士的发展模式，乐于学习瑞士在工业化上的经验，如是看来，贵州与瑞士确实可谓“志合者”。

一面镜子：路径互信

他山之石，可以攻玉。贵州就是要找到瑞士这样一面镜子，学其长处。瑞士《商报》写道：“瑞士正成为贵州随时查看自己未来样子的时空窗口，这便于立志走生态文明发展道路的人们走在正确的道路上。”

瑞士在百年时间内，通过山区新型工业化、城镇化和现代化改造，迅速追回落后英、法、德等发达国家近百年的发展差距，做到人均GDP排名世界前列。贵州从2010年以来实施的新型工业化和城镇化带动战略，无论从发展条件还是发展路径，都与瑞士相似。瑞士在实现工业化和城镇化突进过程中，顺势建成“世界花园”的相关探索和经验，也成为正行走在新型工业化道路上的贵州目前最迫切需要借鉴的东西。

一是学习瑞士工业化的经验。瑞士工业化体现着因山制宜、因势制宜的特征，其金融、精密机械制造与食品加工等主导产业，均呈现出与其山地地貌、交通不具备优势等独特地理环境深度协同的特点，走的是“微、精、准、效”道路。瑞士走向繁荣的重要原因，就是立足实际、扬长避短，培育发展富有特色的优势产业体系。贵州坚定不移走新型工业化道路，加快构建特色的产业体系，大力培育优势产业，实现产业特色化、绿色化的发展，才能为“绿色赶超”提供有力支撑。

二是学习借鉴瑞士城市建设经验。瑞士被公认为全球最典型的田园风貌的国家。而贵州未来城镇化发展的蓝图和愿景是：“美丽乡村，绿色小镇，山水城市，和谐社区，多彩贵州。”通过现代基础设施的连接和公共服务的延伸，坚持因地制宜、因势利导，不求大、不求洋，只求特，加快推进新型城镇化，为“绿色赶超”拓展空间，使城乡发展融为一体，推进大中小城市和绿色小镇的协调发展。

三是学习借鉴瑞士生态保护经验。瑞士在工业化和现代化进程中生态资源完好保存，人与自然和谐相处。对贵州而言，良好的生态是最大的优势，要进一步加强生态文明建设，促进“金山银山”与“绿水青山”的和谐统一，实现百姓富、企业强、生态美，为“绿色赶超”创造良好环境。

一个市场：要素互补

单向的合作是不存在的，也是不长久的。如果只有贵州单方面对于瑞士的需求，这样的合作平台也许根本就创建不起来。与瑞士需要中国市场、需要贵州市场一样，贵州现实的发展也同样能在瑞士找到商机。因为瑞士资源缺乏，开放的市场对于贵州轻纺、烟酒茶、加工工业产品大量进入瑞士提供的方便，有助于贵州“酒、茶、药、烟、食品”五张名片的发展。“贵州的能源资源、电力、医药、装备制造、特色食品、旅游等产业基础较好，瑞士资本、科技、人才、管理等要素资源雄厚，双方互补合作空间极大。”

2008 年开始，欧洲经济持续疲软，促使瑞士开始为庞大的高科技产品系、金融资本和技术出口寻找新市场，中国成为最理想的首选地。截至 2014 年 8 月，瑞士对贵州投资总额为 1 600 万美元，瑞士企业正逐渐将投资目光从北京、长三角、珠三角地区，转向中国的内陆和西南地区，其中，随着贵安新区、贵阳综合保税区、贵州双龙临空经济区建设的加快和全省交通基础条件的进一步改善，我们相信，贵州正逐渐成为瑞士企业投资的新热点。

2015 年 1 月，李克强总理启程前往瑞士，出席在达沃斯举办的世界经济论坛 2015 年年会，并对瑞士进行工作访问。访问中，双方在金融、经贸、科研、食品与药品及人文等多个领域达成重要共识，宣布一批新的合作成果。贵州将借助李克强总理访问瑞士的东风，进一步加强与瑞士的合作，让更多的瑞士企业投资贵州这片沃土。

一场行动：发展互补

2014 年 7 月 1 日，《中国–瑞士自由贸易协定》正式生效。这是中国同欧洲大陆国家的第一个自贸协定，也是中国同世界经济 20 强国家中的第一个自贸协定。双方协定的零关税比例高，涵盖货物贸易、服务贸易，以及环境保护、劳工就业、知识产权、政府采购、市场竞争等新领域，积极推进贸易便利化进程。

随着《中国–瑞士自由贸易协定》的深入推进，必将进一步激发贵州与瑞士合作的潜力，进一步拓宽合作的高度、广度、深度，《中国贵州省与瑞士联邦发展合作署合作意向书》《中国国际贸易促进委员会贵州省分会与瑞士对外贸易协会合作备忘录》《中国国际贸易促进委员会贵州省分会与瑞中经济协会战略合作框架协议》《贵州省生态文明建设领导小组和世界自然保护联盟 2014~2016 年合作谅解备忘录》等一系列文件的签订，为双方深入合作打下了坚实的基础。

2014 年 11 月，以“绿色发展、山山相映”为主题的贵州（瑞士）商贸旅游推介会在瑞士苏黎世举行。贵州省省委副书记、省长陈敏尔做推介讲话指出，将与瑞士从三个方面深化合作，特别强调要“依托生态文明贵阳国际论坛‘中瑞对话’这一高端平台，推动建立中瑞清洁技术交流中心和黔瑞环保产业基地，在城市规划、节能建筑、垃圾回收等领域开展合作”。

摸着“石头”寻发展

把脉“生态癌症”

“石漠化”是指由于地表植被遭受破坏，导致土壤严重流失，基岩大面积裸露或砾石堆积的土地退化现象，又称“生态癌症”。贵州是全国石漠化面积最大、类型最多、程度最深、危害最重的省份。根据国家林业局公布的贵州省第二次石漠化监测结果：2011 年贵州省石漠化面积 302.38 万公顷，比 2005 年减少 29.23 万公顷，减少了 8.82%，年均减少面积 4.87 万公顷，年均缩减 1.47%。这标志着石漠化每年以 2%~3% 的 速度恶性扩展的趋势得到有效遏制。①

导致贵州喀斯特石漠化发生的因素很多，有自然原因，也有人为原因。习近平总书记对贵州的石漠化问题非常关注，在 2014 年全国两会上参加贵州代表团审议时他还专门询问石漠化治理情况，包括治理一亩石漠化土地要花多少钱这样的细节问题。

① 《贵州省全国政协委员提案建议——继续大力支持贵州省石漠化综合治理》，《贵州日报》，2015 年 3 月 10 日。

客观来看，贵州喀斯特地区地表崎岖破碎，山多坡陡、平地少的地表结构不仅会导致降水极易流失，还会加大降水的侵蚀能力，在人类不合理的开发利用下，喀斯特山地非常容易导致石漠化的形成。据资料统计，贵州省除西北部边缘的威宁、赫章等地年降水量不足 1 000 毫米外，多数地区的降水量为 1 000~1 300 毫米，这为水土流失的发生提供了充足的外动力。在贵州特殊气候条件下，碳酸盐岩的溶蚀作用非常强烈，这对岩溶裂隙的形成十分有利。这无疑加速了地表水的流失，导致地表土层土质疏松，进而在大暴雨的冲刷下出现水土流失，进一步加快形成喀斯特石漠化。

更重要的是人为因素，陡坡耕种、过度放牧、樵采薪柴等现象仍然存在，生态资源遭受破坏的隐患极大，有的地方人为因素甚至上升为贵州石漠化的主要因素。《贵州省石漠化状况公报》数据显示，与 2005 年相比，因陡坡耕种导致 2.96 万公顷潜在石漠化土地转化为石漠化土地，发生在坡度 25 度以上坡耕地的石漠化面积增加了 0.77 万公顷。

探索五大治理模式

近 20 年来，贵州各级政府积极投入到石漠化的综合治理及石漠化区域的生态修复工作，并探索出了几种治理石漠化的有效模式。

一是生态移民模式。荔波县位于贵州省黔南布依族苗族自治州东南部，国土总面积 2 431.8 平方千米，石漠化面积达到 658.71 平方千米，其中极强度面积 49.14 平方千米，强度面积 87.78 平方千米。荔波县石漠化治理的主要方式是实施生态移民，在县内条件好的乡镇修建移民新村，由所移入地村组无偿划出部分耕地及非耕地承包给移民耕种。荔波县通过生态移民，有效地遏制了石漠化发展，促进了自然生态的修复。

二是封山育林模式。在贵州岩溶地区，强度石漠化区域，封山育林是当地生态修复的主要手段之一。各地在采取这一模式时主要抓住两个关键：封和育。封，是指在适宜自然恢复的区域，利用原有植被资源通过封山保护而实现植被的逐步大面积恢复；育，是指针对当地植物种间竞争、选择、淘汰所需时间较长这一现状，辅以人工促进措施。例如实行补播补植，预防病虫害、森林火灾及人畜破坏等，保障植被的正常恢复和生长。

三是水资源开发利用模式。贵州岩溶地区由于岩溶地质环境的特殊性，大量降水往往被快速渗入地下，造成地表河流极不发育，地表严重干旱缺水。但地下水资源丰富，据贵州省地勘局资料显示，贵州全省水资源量 1 036 亿立方米，拥有 1 030 条地下河流。开发利用丰富的地下水资源，成为岩溶地区特别是石漠化严重区域进行生态修复的重要选择。马官镇位于贵州省普定县南部，碳酸盐岩广布，岩溶发育，地貌呈峰丛洼地景观，水资源极为匮乏，为中度石漠化区域。为解决马官地区干旱缺水及饮用水质问题，经地质勘查，提出地下、地表联合建库开发利用岩溶地下水方案，并取得了良好效果。

四是适生经济林木模式。位于贵州省西南部的贞丰县北盘江镇峡谷属南亚热带低热河谷气候，年均降水量 1 300 毫米左右，水热组合条件适宜发展林业，面积约 30 平方千米，岩溶面积占 88%，轻度以上石漠化土地面积占 63.2%，地形相对高差达 600 米以上。土壤仅存于岩溶缝隙和洼地之中；地下水埋深 300 米以上，岩溶干旱现象严重。依托国家西部大开发机遇和林业重点工程的实施，贞丰县北盘江镇顶坛片区率先在陡坡地带种植花椒，以治理石漠化，修复生态，在有效控制水土流失的同时，促进了农民增收致富，并在黔西南州24个条件适宜的乡镇得到推广。

五是草地畜牧业模式。贵州温和湿热的气候条件极有利于牧草的生长，发展以牛羊为主的草食性畜牧业条件优越，特别是在一些人口密度相对较小、草地面积较大的地区（如威宁、晴隆、大方、水城、罗甸、望谟、独山、沿河等）。喀斯特石漠化山区以草带林带粮，进行草农牧林结合，短期内可保持水土，远期则可开发林木资源，既有近期利益又有远期利益。例如，利用种草来发展畜牧业，并结合农作物秸秆和饲料数量，合理控制牲畜规模；对牛羊改放养为舍饲或半舍饲，利用牧草及农作物秸秆饲养，形成畜多、肥多、粮多、收入多的良性循环；选育适合喀斯特地区牧草资源的优质肉牛、肉羊品种；选择适度规模的科学饲养方式，包括牧草、林木和种畜的选择，种植适合饲养动物所需的高产量、高质量的草林植被。

突出“三个坚持”

2008年，国家启动石漠化综合治理试点工程，同时贵州省打响了石漠化治理的攻坚战，将石漠化治理与生态恢复、农民脱贫致富结合起来。2008~2013年，贵州省石漠化综合治理工程建设国家资金23.02亿元，为贵州省石漠化治理提供了强有力的资金保障。总体上看，贵州省石漠化面积逐年减少，程度减轻，石漠化扩展的趋势得到遏制，但局部恶化现象仍然存在，石漠化防治形势依然十分严峻。贵州石漠化综合治理之所以取得成效，根本原因在于突出“三个坚持”。

一是坚持以人为本。贵州喀斯特石漠化地区生态环境较差，土地贫瘠，耕地少，农民大多比较贫穷。因此，贵州在石漠化治理过程中把生态修复和农民脱贫结合起来，大力发展生态农业、生态旅游业、生态畜牧业等适合贵州喀斯特地形特征的山地农业。例如贵州在石漠化地区鼓励农民探索种植林竹、林药、林果、林草、林菜结合等，形成生态经济产业带，既提高了石漠化地区农民的经济收入，又调动和保护了农民参与生态重建的积极性。

二是坚持因地制宜。贵州省各地在石漠化治理过程中，结合当地实际情况，总结归纳出生态农业型、封山育林型、人工造林型、生态畜牧业主导型、水土保持主导型、喀斯特水资源开发主导型、生态旅游主导型共七大类 91 种治理模式。例如六盘水市在全市石漠化地区大力发展草地生态畜牧业、茶产业、经果业、中草药种植等，通过石漠化治理实现了生态效益和经济效益共赢的目标。

三是坚持治防结合。由于贵州的石漠化等级比较全，类型多样，分布广泛，这就要求贵州在石漠化治理过程中，不搞一刀切，而是具体问题具体分析，对于已发生石漠化的地区，实施综合治理，使其逐步向良性发展，而把重点放在轻度和中度的石漠化治理上；对于“潜在石漠化”和“无石漠化”地区，以预防为主，比如搞好封山育林、荒山造林、退耕还林、转变群众生产生活方式、实施生态移民等。

曾经有首老歌唱道：“有一个美丽的传说，精美的石头会唱歌，它能给勇敢者以智慧也能给勤奋者以收获。只要你懂得它的珍贵啊，山高那个路远也能获得。”让荒漠化的石头唱歌，就是对贵州生态文明建设的一个生动比喻。在坚持不懈的努力下，贵州省已成功总结出岩溶地区半石山生态型用材林、金银花、花椒治理模式等，这些模式和理念在石漠化治理中的推广应用，既恢复了植被，又增加了农民收入，取得显著成效，成为生态文明建设中最具代表性的样本。2015年5月16日，中央电视台《新闻联播》节目报道了《贵州："见缝插绿" 治理石漠化》的新闻，肯定了近年来贵州探索行之有效的手段，在石漠化地区"见缝插绿"，使大片石山变成了青山的成果。报道显示，贵州已连续三年每年减少石漠化面积165万亩，占石漠化总面积的3%。贵州还计划在未来两年内绿化1 042万亩荒山，森林覆盖率每年递增一个百分点。①

另外，数据还显示，从2012年开始，贵州省启动实施扶贫生态移民工程，对居住在生态环境脆弱、生态区位重要、自然条件恶劣、资源匮乏、人地矛盾突出山区的47.71万户204.3万人实施扶贫生态移民搬迁。目前，已建设安置点450余个，搬迁42万人。同时，从2015年开始，开展"绿色贵州建设三年"行动，开展森林保护"六个严禁"专项行动和"六个一律"环保执法专项行动。在完善主体功能区规划的基础上，实行最严格的耕地、林地和水资源保护制度，将禁止开发区、公益林地和集中连片优质耕地划为生态保护红线区域，确保红线区域面积占全省面积30%以上。贵州出台了《贵州省生态环境损害党政领导干部问责暂行办法》和《贵州省林业生态红线保护工作党政领导干部问责暂行办法》，成为全国第一个以省级层面出台涉及生态环境、林业生态红线保护的领导干部问责办法正式文件的省份，并按照"源头严防、过程严管、后果严惩"的总体思路，对贵州省生态文明体制机制改革工作做出了安排部署。截至2014年年底，全省44条主要河流85个监测断面达标率为81.2%，出境河流断

① 《贵州："见缝插绿"治理石漠化》，央视网，2015年5月16日。

面水质达标率为 85.7%；9 个中心城市集中式饮用水源水质达标率为 100%，县城集中式饮用水源水质达标率为 96.2%。全省森林面积达 1.295 亿亩，森林覆盖率达到 49%。治理石漠化面积 5 918.6 平方千米，全省石漠化土地年均减少幅度约为 1.5%，石漠化恶性蔓延趋势得到有效遏制。①

① 生态文明贵阳国际论坛 2015 年年会新闻发布会，多彩贵州网，2015 年 5 月 22 日。

第五篇 《贵阳共识》：为中国赢得生态话语权

第十三章　凝聚生态文明新共识，传递绿色中国好声音

为传播生态文明理念，展示生态文明建设成果，推动生态文明建设实践，2009 年，由全国政协人口资源环境委员会、北京大学、贵阳市委、市政府共同发起举办生态文明贵阳会议，此后于 2010 年、2011 年、2012 年连续成功举办。2013 年，经党中央和国务院批准，生态文明贵阳会议升级为生态文明贵阳国际论坛，成为中国目前唯一以生态文明为主题的国家级、国际性论坛。生态文明贵阳国际论坛 2013 年、2014 年年会取得了圆满成功。2015 年年会将于 6 月 26 日~28 日在贵阳召开，年会将设置 30 个左右的主题论坛，以“走向生态文明新时代——新议程、新常态、新行动”为主题，围绕全球新的发展议程下的绿色增长与国际合作，凝聚可持续发展和应对气候变化的共识，深入探讨如何改善可持续发展的全球治理体系，提升治理水平，从而促进全球经济发展方式的绿色转型。

聚焦绿色发展，指引绿色转型新趋势

推动产业绿色转型

随着世界各国工业化、城市化进程的快速推进，经济社会发展受资源环境的制约越来越大，以高能耗、高污染、高排放为主要特征的传统粗放型发展模式已难以为继。调整产业结构，转变发展方式，推动经济实现绿色发展、循环发展、低碳发展，已经成为全球的共识和大势所趋。

生态文明贵阳会议十分关注生态经济、绿色发展，2011 年生态文明贵阳会议高新产业论坛以“科技与金融，引领绿色生产力”为主题，会议认为，在当前能源、粮食、气候变化以及金融危机等多重危机形势下，加快科技、产业与金融的紧密结合和融合发展，引领绿色生产力，开创绿色经济新时代是我们共同的愿望，也是我们共同的使命。2012 年生态文明贵阳会议举行了“中国绿色经济青年论坛”、“绿色建筑与建筑节能论坛”、“绿色金融创新与发展论坛”、“绿色就业论坛”、“企业走出国门与绿色转型论坛”等以“绿色”为主题的分论坛，专家学者们从不同领域、不同行业、不同角度对生态经济发展进行了探讨，提出推动绿色发展的建议和措施。

按照生态文明的发展方向，以包容性开放为带动，实现资本与高新产业的绿色融合，是实现产业转型升级的重要选择，是欠发达地区实现后发赶超、洼地崛起的重要途径。实践证明，加快产业、科技、人才、金融等要素融合驱动、带动引领绿色经济发展是贵阳率先冲出“经济洼地”、实现后发赶超的最佳路径选择。

在 2013 年生态文明贵阳国际论坛年会“贵州与瑞士对话：携手

瑞士，绿色赶超”论坛上，国际可持续发展研究院副总裁马汉里认为，瑞士在工业发展、环境保护方面的在世界处于领先地位，不仅城市发展得好，农村也发展得好，尤其在生态文明和绿色经济发展的过程中制定了非常好的政策，有些经验对贵州来说很值得参考、借鉴。贵州是一个内陆省份，可以突破传统工业化的路径，非常直接、快速地朝着绿色的方向发展，建设绿色文明。

而在 2014 年生态文明贵阳国际论坛年会期间举办的共建绿色丝绸之路论坛上，更是将绿色发展的理念传向了整条丝绸之路。古丝绸之路是一条亲仁善邻、追求和而不同的和平友好之路。而新的丝绸之路应该是绿色、节能、环保之路。建设 21 世纪的丝绸之路需要有一种开放包容的心态，需要加强生态环境合作，发展绿色经济。可以预见，在不远的将来，绿色发展理念必将继续发扬，拓展到“一带一路”，直至全球。

让产业有“氧”呼吸

工业是国民经济和国防安全发展的脊梁，是国家实体经济的主体，是社会经济发展和增强综合国力的主导产业，是大国和强国的重要标志。改革开放 30 多年来，中国工业得到了长足的发展，成就举世瞩目。资源的消费和环境的破坏是工业发展的代价，中国工业的高速发展在很大程度上经历了粗放式增长的过程，为此也付出了巨大的资源和环境代价。因此，建设生态文明必须要大力发展以现代科学技术为依托，运用生态规律、经济规律和系统工程的方法经营和管理的生态工业，实现工业的经济效益、社会效益和生态效益的同步提高，走可持续发展的工业发展道路。

在2013年的生态工业与可持续发展国际论坛上，嘉宾们探讨了生态工业国际理念、成功经验、发展趋势与企业社会责任，同时探讨了如何在工厂或者工业园区建设以节约资源、清洁生产和废弃物多层次循环利用等为特征的生态工业体系。在论坛上，西门子工业业务领域东北亚总裁吴和乐认为，绿色创新助推工业发展更上一层楼，实现绿色工业的关键就是利用高效率来拯救生产力。在采用节能设备的同时，需要构建从设计、生产规划、生产工程到生产及服务的生态全产业链。

在2014年生态文明贵阳国际论坛年会的“2014制造业的变革——先进制造业推动经济转型及变革”分论坛上，嘉宾们就探讨了制造业转型发展之路。论坛嘉宾认为，中国拥有巨大的市场，目前成本较低，政府积极支持研发，工业也很有自律性，这都是优势。产业转型，由低端向中高端的升级，实质就是劳动和资源密集型产业的比重不断下降，资本和技术密集型产业的比重持续上升的转型，是劳动生产率由低向高、赢利能力由弱向强的转型。因此，中国制造业在未来的发展中要关注三个关键因素，即能力、资源和政策。

而站在企业层面，不少企业负责人均表示要依靠科学技术，提高生产力水平，走节能环保的道路。台湾鸿海科技集团（富士康集团）董事长郭台铭就表示，富士康在未来发展中坚持生态文明理念的决心，“下一步，富士康集团努力的方向是：绿色新材料技术——碳纳米管触摸屏；无废弃物产生的制造工艺——绿色新涂装制程；云端大数据分析减少物流碳足迹——物流解决方案；循环经济——绿色维修及回收平台；节能照明；物联网；无纸化时代的来临；新一代节能节水减碳的云端数据库”。

正是在生态文明的引领下，贵阳进一步掀起大数据的浪潮，站在了“互联网+”的风口浪尖。下定决心发展以大数据为代表的高新技术产业，成为国家首个大数据产业发展聚集区。生态产业的快速发展有力地支撑了贵阳经济连续多年保持快速增长，在全国省会城市中排在前列。贵阳初步走出了一条经济发展和生态保护双赢的可持续发展道路。

生态让粮食更安全

如今，生态问题已经成为各个国家和地区共同关注的问题，而农业与生态密切联系且作用广泛，农业本身就具有生态属性，生态农业是可持续发展得以实现的关键所在，生态农业的发展将让粮食安全提高到一个新的层次和水平。

2012 年生态文明贵阳会议中，在以“中国现代生态农业可持续发展的战略对策”为主题的绿色农业论坛上，嘉宾们关注的问题是我国农产品供给与粮食安全，我国的农业生态挑战与生态农业建设，我国有机农业和有机食品产业发展现状、挑战与对策，生态农业产业化等。嘉宾们认为，当前农业面临的生态挑战主要有三个方面：水、能源、自然植被等资源消耗大；氮、磷、温室气体等排出污染多；因添加剂、激素、农药残留导致的食品不安全。要实现农业的可持续发展，必须走循环、低碳、绿色、有机的生态农业之路。

在 2013 年以“中国生态农业发展战略”为主题的现代生态农业论坛上，嘉宾们更关注的是农业在绿色经济的转型中扮演的重要角色、中国耕地质量的现状以及对有机农业的进一步认识。“气候智慧型农业”能够持续性地提高生产能力，抵御气候变化的影响，减少、消除温室气体排放，促进实现国家粮食安全和可持续发展目标。中国耕地质量现状为总体平均中等偏下，区域差异显著，高等级耕地与城市化发展重点区域重叠。有机农业是一种典型的绿色发展、循环发展和低碳发展生产方式，与生态文明的理念、目标一致，是生态文明建设的一项重要的生产实践内容。

而在生态文明贵阳国际论坛2014年年会上，关于生态农业的论坛更是增加到了两个，一个是生态农业与食品安全论坛，一个是农业生态转型与保障粮食安全论坛。前者侧重于关注食品安全问题，后者更加侧重于关注农业生态转型问题。

聚焦生态安全，打造绿色治理新格局

近年来，环境污染事件的频发，雾霾天数持续增加，越来越多的人加入到关注生态安全和环境污染治理的队伍中来。生态文明贵阳国际论坛作为目前国内唯一的国家级国际性生态文明论坛，更是持续高度关注生态安全和环境治理领域的最新事件、最新成果。

气象“大咖”看气象

气候作为人类赖以生存的自然环境的一个重要组成部分，它的任何变化都会对自然生态系统以及社会经济系统产生影响。全球气候变化的影响将是全方位、多维度和多层次的，既包括正面影响，也包括负面效应。但目前它的负面影响更受关注，因为其不利影响可能会危及人类社会未来的生存与发展。在气候变化的背景下，应该如何去防治大气污染、保护环境，如何应对气候变化，雾霾监测预测与变化分析将会带给人类生产生活怎样的影响，气候变化将对粮食、水资源、能源安全造成什么后果，贵州经济社会如何利用好气候变化的“福利”。在2014年生态文明贵阳国际论坛年会期间，中外气象“大咖”和参会嘉宾们围绕这些问题进行了充分的交流。

在气候变化与未来地球分论坛上，瑞士伯尔尼大学教授托马斯·斯托克认为，人类活动导致了1950年以来半数以上的全球平均气温升高事件，全球水循环的变化、冰雪的消融、海平面的升高和某些极端天气的变化也与人类活动关系紧密。

在“气候变化的未来——后2015年之路”分论坛上，与会嘉宾认为，我们只有一个地球，我们要共同保护地球。按照共同带区别、自主的、各自能力的原则来积极应对气候变化。大家各尽其力，不要去相互指责和批评，而是各自去努力，为国际气候变化负责。中国已经意识到气候变化的问题和带来的挑战，并积极采取了应对气候变化的措施。

在此前的2012生态文明贵阳会议城市空气质量论坛上，城市空气质量问题事实上就已经引起了广泛的关注。2013年我国中东部地区爆发了大规模的雾霾污染事件，范围之广、浓度之高、持续时间之长都非常罕见。当年的年会上，各方专家对空气质量的关注上升了一个高度，大家强烈呼吁，必须通过转变经济增长方式，建立预报预警应急减排工作机制，多污染物协同减排，提倡资源节约型和环境友好型的生活方式等途径来控制PM2.5污染。

用什么守护“母亲河”

水是生命之源、生产之要、生态之基，水生态文明是生态文明的重要组成和基础保障。长期以来，我国经济社会发展付出的水资源、水环境代价过大，导致一些地方出现水资源短缺、水污染严重、水生态退化等问题。加快推进水生态文明建设，从源头上扭转水生态环境恶化趋势，是在更深层次、更广范围、更高水平上推动民生水利新发展的重要任务。

在2013年生态文明贵阳国际论坛年会城市建设与饮用水源保护论坛上，与会专家开根森举例说，美国加利福尼亚州由于地形原因严重缺水，输水管网成为当地经济和社会发展的命脉。但是，远距离调水却严重影响生态环境，长期大量的输水造成供水地区产生了许多严重的问题。加利福尼亚根据美国濒危物种法制订了《海外三角洲保护计划》，并得到全面执行，促使生态和水源保护得以实施。

在2014年生态文明贵阳国际论坛年会“母亲河的变迁 · 城市水系综合治理”论坛上，与会专家何巧女指出：“对于母亲河的治理，很多城市努力了很多年，但没有取得明显的成效。比如，淮河也治理了多年，但水质并没有明显好转。为什么治不好？如果把河流治理的成效通过更直观的方式表现出来，就能让城市管理者、河流管理者更加重视环境保护、水系治理，从而扭转河流治不好的局面。”在大都市饮用水源地保护论坛上，与会专家余新晓认为，中国水资源量不足，饮用水安全问题突出。要完善饮用水水源地保护法律法规体系，实行最严格的水源地保护战略，实施水源地基础性、物理性、化学性和生物性保护措施，明晰权责，加强监管。

“挖石头”不能太任性

生态修复重在停止对生态系统的人为干扰，以减轻生态负荷压力，依靠生态系统的自我调节能力与自我组织能力使其向有序的方向进行演化，或者利用生态系统的这种自我恢复能力，辅以人工措施，使遭到破坏的生态系统逐步恢复或使生态系统向良性循环方向发展。生态修复主要是指致力于那些在自然突变和人类活动影响下受到破坏的自然生态系统的恢复与重建工作，恢复生态系统原本的面貌，比如砍伐的森林要补充种植，退耕还林等。

在 2011 生态文明贵阳会议以“生态修复：西部开发中的严峻命题”为主题的生态修复论坛上，嘉宾们就“矿产资源开发的生态环境问题”、“生态修复的理念和原则”、“生态修复与生态文明建设”、“国外先进经验和启示”等主题展开了热烈的交流和深入的探讨，提出了许多富有建设性的意见与建议。

在以“绿色开采：生态保护的创新观念”为主题的 2012 生态文明贵阳会议生态修复论坛上，更加明确了生态修复的关键在于绿色开采。“挖石头”不能毫无节制。绿色开采观念将矿区生态修复拓展到矿区生态保护，且与循环经济、低碳经济相关联，是解决当前矿山地质环境问题的先进理念。

而在以“绿色矿山——贵州生态文明建设的抓手”为主题的 2013 年生态文明贵阳国际论坛年会中的矿区生态修复论坛上，国内外政要、科学家、大学校长和企业首席执行官也围绕“生态文明，绿色发展”提出了“在贵州省建立国家生态保护与矿业发展协同创新示范区”的建议。

另外，生物多样性是地球生命经过几十亿年发展进化的结果，是人类赖以生存和持续发展的物质基础。它为人类提供所有的食物和木材、纤维、油料、橡胶等重要的生产生活原料。目前，直接和间接用于医药的生物已超过 3 万种。可以说，保护生物多样性就等于保护了人类生存和社会发展的基石，保护了人类文化多样性基础。

在以“生物圈保护区——通向和谐生态文明与绿色经济的关键”为主题的2012生态文明贵阳会议生物圈保护区论坛上，嘉宾们十分关注企业发展与生物圈保护的融合、自然保护区的发展经验、改善中国自然保护地立法与提高自然保护效率、自然遗产保护对策等话题。

以“自然保护与生态安全——生态文明建设的核心基础”为主题的2014年生态文明贵阳国际论坛年会“自然保护与美丽中国梦”论坛上，嘉宾们强调，生物多样性不是一个词汇，而应该成为一个新的理念。拯救生物多样性，保护森林原生态，就必须要保护森林这个生态系统。

保护生物多样性不仅仅是环保任务，更是经济可持续发展的基础，是绿色经济的重要组成部分。保护生物圈，只会让世界GDP减少1%；但如果不保护生物圈，世界GDP将每年减少20%。

维护生态公平与正义

生态是最公平的公共产品，维护生态公平与正义是生态文明的重要标志。2013年生态文明贵阳国际论坛年会期间举办的第三届环境司法论坛包括“生态文明建设的司法保障”、“中外法官面对面”、“环境司法与公众参与”三大板块。新常态下，人民法院开展环境司法审判工作中需要积极回应人民群众对生态环境的关切和利益诉求，努力让人民群众在每一个司法案件中都能感受到公平正义。因为好的自然生态环境不仅需要国家公共政策、社会道德规范的保护，更需要完善的法律保护。

2014年生态文明贵阳国际论坛年会期间举办的环境法治论坛，

更是举行了 4 场分论坛，分别以“生态文明、可持续法治目标与环境法”、“立法应对环境危机和可持续发展目标：决策者和立法者的角色”、“国家和民间社会组织在环境法与生态文明进程中的角色、承诺和行动”、“法院和法官在建设生态文明和实现可持续发展目标中的角色”为主题。这 4 个论坛从 4 个层面探究了环境法治在生态文明建设中的重要性和关键问题。

聚焦和谐社会，开创包容发展新局面

实现包容发展，建设社会和谐，始终是人类孜孜以求的社会理想。习近平总书记在党的十八大提出实现中国梦的构想，并认为中国梦是人民的梦，每个人都能享有人生中出彩的机会。中国有 13 亿人口，个人愿望可能千差万别，但有一个共同愿望，就是希望社会和谐、发展、稳定，从这个意义上讲，实现中国梦，就是实现社会的和谐、稳定。

消除“还能吃什么”的焦虑

食品安全关系到每个人的切身利益，保障食品安全是创新社会管理、保障和改善民生、建设生态文明的基本要素。食品安全问题不是中国的“特色”，全世界都有此类问题。但消费者对食品安全问题的严重误解是中国食品安全问题的“特色”之一。在以“食品安全与健康——绿色转型与包容增长屏障”为主题的 2012 生态文明贵阳会议食品安全与健康论坛上，嘉宾们指出了食品安全的问题所在。食品安全没有“零风险”，存在的问题也不容忽视。

消费者因为信息严重不对称而造成的担心和恐慌，是当前我国食品安全面临的最为迫切的问题之一。政府应采取强有力的风险交流政策、策略、措施，让食品信息透明、及时地传播开来，以提升老百姓对食品安全的信心。目前我国食品安全监管模式主要依靠产品抽样和检验，监管水平偏低，监管力度不够，安全风险较大，应尽快转换为先进的过程监管模式。

在 2013 年生态文明贵阳国际论坛年会期间的食品安全与粮食保障论坛上，嘉宾们就近年来频发的安全状况事件展开了“食品安全与食品治理”对话，一致认为近年来中国的食品安全已经发生了翻天覆地的变化，主流产品的食品安全是好的，只是个别产品在发展过程中出现了问题。问题集中在四点：一是价格波动，二是猪肉安全，三是环境污染，四是卫生防疫。

而在 2014 年生态文明贵阳国际论坛年会期间举办的生态农业与食品安全论坛上，更是提出了让人民吃上放心食品是中国梦的主要内容，足以看出生态文明建设中食品安全的重要地位。“环境体系与粮食生产密切相关。水和土壤是粮食生产仰赖的自然资本。环境政策的制定应遵循在社会经济框架下整合自然科学的要素，以应对挑战并提高治理水平，发展透明公平的体系并增强执行力和抗灾能力。”

放大绿色就业的“红利”

中国的人口红利正在走向尾声。但生态文明让人看到绿色化给中国带来的就业红利的延续和扩展的无限空间。绿色就业放大人口红利，低消耗、少排放、能循环、可持续发展的产业提供的就业机会让绿色就业变成 “绿色红利”。推进绿色就业是推进经济向绿色、低碳和可持续方向发展的必然趋势；是推进充分就业和调控失业的重要举措；是对增强就业稳定性和可持续性、全面提高劳动者就业质量的重要支撑。

当前，中国的绿色就业可归纳为三大类：直接性绿色就业，如造林、环保等；间接性绿色就业，如太阳能和节能建筑材料等产品的制造等；转化性绿色就业，如通过生产性污染治理和节能环保技术应用等措施，把高污染、高排放环境转化成绿色工作环境。将推进绿色就业与贯彻落实科学发展观、加快转变经济发展方式和大力发展绿色经济紧密结合，促进绿色就业与绿色经济增长的良性互动和协调发展。

在以“包容性增长背景下的绿色就业”为主题的2012生态文明贵阳会议绿色就业论坛上，嘉宾们探讨了何为绿色就业、绿色就业具备的优势、绿色就业为我们带来了哪些改变。认为绿色就业能够保护和改善生态环境，有助于经济社会可持续发展，有利于劳动者实现有尊严的劳动，发展绿色建筑、深化循环经济、增加森林碳汇等，能创造大量绿色岗位，有效促进绿色就业。

“绿色减贫”成为新共识

生态与贫困紧密联系，反贫困是全人类共同的事业，是人类追求平等的生存和发展权利、公平的生态环境、普遍被尊重对待的全球正义实现的重要内容。

在2014年生态文明贵阳国际论坛年会期间举办的以“反贫困——以贫困群体能力成长为先导，社区行动为根基，绿色减贫为战略取向，经济、社会与环境发展目标并重的协同行动”为主题的生态文明与反贫困分论坛上，嘉宾们指出，绿色减贫的本质和核心是坚持以人为本的多维扶贫，也是转变发展理念和模式、提高发展质量的理念创新。反贫困工作必须同时兼顾经济、社会、生态文明三个目标，既要增加贫困群体的经济收入，同时也要建立良好的生态、健康的水环境、和谐的人与自然关系、互助协作的人际关系，社会合作基础上的社区福利生产和供给。

创新减贫理念，将生态文明建设与反贫困结合，就是在贫困地区实施绿色发展与减贫结合战略，在可持续发展和减贫的背景和前提下推动绿色发展、实现绿色减贫。绿色减贫是生态文明建设中减贫方式的创新，是符合生态文明发展、以绿色增长绿色减贫为目标的减贫新理念，是把生态文明与反贫困有机结合的减贫新战略。“绿色发展”及“绿色减贫”已经成为全球共识，成为社会各界关注点，成为反贫困的战略选择。

聚焦生态文化，提升生态教育新高度

创建生态文明是一项关系到人与自然关系命运的事业，是关系到人类文明能够继续下去的事业，这一事业能否取得最终的成功，根本上取决于作为生态文明创建者的主体条件，取决于每一个社会成员建设生态文明的素质和能力。为了胜任这个艰巨的历史重任，有效地提高全民的生态文化素养，培养正确的生态价值取向则显得尤为重要。

培育可持续发展的种子

大学是知识传播和人才培养的重要场所。利用大学的知识平台，面向青年、面向全社会，开展针对公民的生态道德及伦理教育，是大学教育的题中之意。2009年生态文明贵阳会议期间举办的“生态教育和传媒”论坛上，多位与会的专家学者与科研教学人员一致同意在大学未来的发展中，应该着眼于体现生态价值的高新技术的掌握与运用，如信息技术、生物技术、纳米技术及新材料、新能源技术等，以实现资源利用最大化、环境污染最小化、废物利用循环化及生态效益最大化。大学不仅能在这些方面进行基础性和前瞻性的研究，更重要的是能够服务于社会需求和环境管理的决策需要，为重大环境问题的治理提供人才与技术支持。

在2010年的教育论坛上，参会各方对在知行合一的层面上发挥大学绿色引领的作用达成共识。加强高等教育的行动取向和引领作用，是本次会议的核心内容。大家一致认为，可持续发展的种子只有通过付诸现实的行动才能获得肥沃的土壤；同时，绿色校园建设的示范效果又反过来扩大和宣传了环保理念，引领了时代发展的潮流，这两者是相辅相成的关系。

在2011年的教育论坛上，与会专家从绿色教育意识、政策、知识、科技和实践等各个层面出发，积极探讨和交流绿色教育的成功尝试以及所遇到的问题与挑战。目前，全球生态危机已使人与自然的和谐发展成为关系到整个人类生存和发展的现实问题。因此，实现人文、科技和整个生态环境的一体化是人类社会由工业文明迈向生态文明的重要标志，而教育在这一进程中起着重要的引领与促进作用。专家们关注于人类的可持续发展，教育面临的挑战、多学科性在绿色教育中的作用，应对绿色教育挑战，发展环境保护领导力的新方式等议题。

以“生态教育与大众参与”为主题的2012生态文明贵阳会议生

态教育论坛强调，在生态文明建设中，除需要政府的大力推动和法律法规的制度保障外，还离不开生态意识的不断深化及大众的积极参与。随着人类对生态危机认识的加深，生态教育逐渐走出了生态学的专业范围，登上了公共领域的舞台。环境问题的解决不仅需要转变观念，从思想上高度重视，更需要采取切实行动，在实践中身体力行。

2014 年生态文明贵阳国际论坛年会期间举行的生态文明教育的全球视野论坛分为两个分论坛。一是以“生态文明国际大学联盟与全球绿色教育平台的构建”为主题；二是以“全球未来可持续发展领导力的培养者”和“全球视野中的贵州省生态文明建设的现状与愿景”为主题。

搭建生态传播的平台

在 2009 年的生态教育和传媒论坛上，嘉宾们就指出传媒事业是社会公共利益的代表，与大学一样，传媒也成为信息流通和传播的重要平台，是中国环保事业的核心推动力量。

在当前环保意识还较为淡薄的情况下，传媒要加强以环保知识为中心的传播，引导受众保护环境、热爱环境，增强环境意识、弘扬生态文明、倡导绿色观念。在生态文明理念的传导过程中，通过大量有针对性、有效果的宣传和报道，传媒可以体现出较强的舆论倾向性，为构建生态环保和谐发展提供强有力的舆论支持。与此同时，基于环境保护工程的复杂性，除了需要在全社会进行生态文化建设舆论的引导，还要积极发挥传媒的舆论监督功能。在大数据时代，媒体监督，由于其自身所特有的开放性与广泛性，能够为监督体系注入新的活力，能够为环境保护和生态建设发挥积极作用。

我国环境保护的基础还很薄弱，面临的问题和困难还很多，更重要的是，一部分人的认识和行为与公众构建和谐生态的要求还存在着很大差距，这些问题无疑将给环保建设的推动带来许多阻碍。因此，构建公民文化，培育公民社会，畅通信息渠道，加强新闻舆论监督，是公众监督行之有效的土壤与根基。媒体应该不遗余力地继续深化公民意识教育，提高公民的监督意识，促使公民以负责任的态度参与生态文明建设。传媒的舆论监督作用越来越强，这种监督反过来对社会的进步与发展又产生了积极的推动作用。在推进生态文明建设的进程中，大众传媒要充分认识到自身所担负的重要使命，认真探索、把握和履行好舆论监督的职责。

在 2010 年的生态文明与传媒行动论坛上，媒体就众多生态内容达成共识，无论是何种形态，无论是哪种属性，无论在何地，目的如何，媒体均应该在生态文明发展中承担起应有的责任。媒体与生态文明建设的关系重在行动，媒体本身不但要发挥舆论上的引领作用，更要从自身做起，成为生态媒体、绿色媒体建设的生力军。

身处大数据时代，无论是传统媒体还是新兴媒体，都需要转变，不仅要用事实说话，也要用数据说话，还应该成为社会的解读者和分析预见者，对海量的信息进行解读。在 2013 年年会期间举办的“大数据时代的媒介文明与社会责任”论坛上，嘉宾们就在大数据时代媒体怎样传播生态文明及负有怎样的社会责任进行了探讨。认为大数据时代，新闻信息生产和传播模式加速变革，新的传播体系、舆论生态系统正在形成，媒体业面临前所未有的发展机遇和严峻的挑战，社会责任也愈加凸显。媒体在大数据时代的重要社会责任之一就是推进中国价值理念的有效国际传播。首先，基于“社会认同理论”，在国际传播中要“突出共性，淡化个性”。其次，根据国际传播的研究成果，要强化民间团体和个人作为国际传播的主体功能。

大国崛起的生态文化底气

我国传统文化与生态文化密切联系，相辅相成。无论是倡导“道法自然”的道教，还是倡导“心净则国土净”的佛教，抑或是以“天人合一”为最高境界的儒家生态哲学，都从各自领域阐释了生态文化与生态价值取向的重要性。

在以“现代视野中的生生之道”为主题的2012生态文明贵阳会议国学讲座上。道教嘉宾围绕“全球变局下的绿色转型与包容性增长”会议主题，结合道家“生道合一”、“道法自然”、“大德曰生”、“和则相生”、“简则益生”等主张与养生实践发表了精彩演讲。道家传统思想与当今社会提倡的生态文明、养身之道非常契合，人们应当从道中悟出其与现代文明的关系，并将其用于生活之中。生生之道在于和，致和在于通，和是生的基础，通则是和的桥梁。人与自然的默契与融合也是人与自然和谐的基本条件。“和则相生”，生态环境密切关系人的健康，人要学会包容、善待万物。人要“安”，先要“天地安”，如果违背了自然发展的规律，就会引发一系列的问题，而环境一旦受到影响就会影响人的生存。

在以“大国崛起的文化底气”为主题的2012生态文明贵阳会议国学讲座上，嘉宾从国学视角出发，围绕文化底蕴与美国霸气、文化焦虑与三君子之间、文明古国与文化强国、文化底气与发展支撑、文化底气与生态文明等5个方面发表了精彩演讲。

在以“佛学的生态观”为主题的2012生态文明贵阳会议国学讲

座上，佛教代表从佛学视角出发，围绕“佛法与心灵环保”、“心净则国土净”等观点发表了精彩演讲，并倡导制订有取有舍的发展计划。对于助长人的贪欲、且对自然界损耗巨大的产业，需要特别警惕，强调谋求长远发展，放弃有些看似美好实则却急功近利的事情非常重要。

在以“儒学与生态文明”为主题的2013年年会儒学生态论坛上，与会代表倡议充分认识到发展与代价、索取与付出的辩证关系，尽快行动起来，改变我们的发展模式，推动生态文明的建设。在从事生态文明建设的过程中，我们除了借鉴和利用世界其他国家的经验和做法外，也要善于从传统文化中汲取智慧，获得启迪。应该回归传统，认真反思，借助丰厚的历史文化资源，积极思考和探索更加符合人与自然和谐相处的生存之道。

在2014年年会期间举办的生态文化与生态文明论坛上，生态文化与生态文明的辩证关系得以明确。生态文明是生态文化的提升，生态文化为建设生态文明提供了内生动力。只有从更深的思想文化层面解决问题，才能从根本上消除生态危机，才能建设好生态文明。弘扬生态文化、建设生态文明应着力推进理念文明、制度文明、行为文明。

聚焦城市发展，推动经济生态新平衡

当今中国，伴随着经济的迅速发展，城市化步伐也不断加快，越来越多的高楼大厦犹如钢筋水泥森林在城市拔地而起。与此同时，城市规模的扩张、人口对环境压力的加大、极端天气的频发等也使得我们在追求经济发展、追求城市化的同时开始渴望拥有更加和谐、生态良好的居住空间，开始认真思考城市发展与生态平衡问题。

生态城市发展的必由之路

生态城市建设是全面提升城市生态环境保护工作的重要载体，是全民参与的生态环境保护运动，通过生态城市建设才能最大限度地推动城市的可持续发展，改善城市的生态环境质量。而随着生态文明理念的不断深入，生态城市建设也得到了越来越多的关注。

在以“生态城市——宜居、宜业、宜游”为主题的2009生态文明贵阳会议生态城市论坛上，嘉宾们就生态城市进行了战略上和观念上的探讨，并形成了前瞻性的共识。生态城市是一个发展战略。生态城市不仅仅是单纯的环境保护，也并非一个权宜之计，而是一个涵盖政治、经济、文化和社会发展等各个方面的城市发展战略。建设生态城市是当今世界城市发展的必由之路。无论哪个城市愿不愿意、要不要求，日益增长的环境、气候、资源、人口和就业压力都要求它必须走生态城市的道路，而且在全球气候变暖、极端灾害性天气频发的今天，生态建设与环境保护已刻不容缓。因此，无论从经济还是社会的角度来看，生态化都是当前和今后国内外城市发展的必然选择。生态城市建设必须走多样化道路，各个城市有不同的特点，所处的发展阶段不一样，工作的重点和目标也不一样，必须结合自身的经济、资源、气候与人文特点，制定符合自身实际的生态城市发展战略。

2010生态文明贵阳会议生态城市论坛以“生态城市的规划、建设和产业发展”为主题，就“东部地区与中西部地区生态城市建设模式的异同与实现途径”、“如何通过生态城市建设，解决好资源、环境约束矛盾，实现城市的协调可持续发展”展开讨论，深入探讨以行动促进生态文明城市建设。虽然不同地区有不同的地理、环境、经济发展状况，但在生态文明城市建设过程中始终要坚持以资源、能源节约和环境保护为中心，实现可持续发展和绿色发展。生态城市发展不仅是经济的发展理念，更是人类的发展理念。城市的灵魂是生活在城市中的人，要按照以人为本的理念，建设生态建筑、生态产业，通过生态文化培育提升市民素质，真正实现生态城市发展的目标。

低碳城市发展的重要方向

低碳城市，是指以低碳经济为发展模式与方向、市民以低碳生活为理念和行为特征、政府公务管理层以低碳社会为建设标本和蓝图的城市。低碳城市的建设包括开发低碳能源、实现清洁生产和循环利用、节能减排、可持续发展等。

随着能源消耗的日益增加，生态环境的不断恶化，气候变化问题急剧升温，可持续发展道路面临前所未有的挑战。基于此，低碳城市建设的理念顺应发展潮流，呼声越发高涨。

在 2011 年会议期间举办的“共建低碳生态城市”主题论坛上，嘉宾们就如何协助中国城市落实低碳发展规划、推进城市低碳发展展开了务实的讨论。贵阳生态文明会议提供了一个很好的平台，让政府、企业和专家共同探讨如何共建低碳生态城市。

2012 年，森林碳汇论坛的主题是“森林碳汇与低碳城市”。无论是增加森林碳汇，还是发展低碳城市，都将是人类应对气候变化的必然选择。森林碳汇是实现城市低碳发展的重要措施，在低碳城市的建设和发展过程中，增加森林碳汇不仅是低碳城市的一个重要指征，更是一种实现减排指标经济而有效的路径选择，利用森林碳汇可以减缓承担减排义务给经济发展带来的压力。

2013年，在节能减排工业与社会责任分论坛上，与会专家关注了节能减排，强调节能减排是社会发展的内在需求，社会发展需要节能减排。节能减排关系到人民生活的方方面面，关系到每一个人的生存。在中国低碳发展宏观战略研讨会上，与会专家针对气候变化和低碳发展问题，总结出了“5个度”：深度、广度、尺度、难度、进度；并提出我国低碳城镇化的4个实现路径。

2014年，在绿色交通、低碳城市分论坛上，交通运输部副部长冯正霖指出：“中国政府高度重视交通领域生态文明建设，大力发展绿色交通。实施绿色循环低碳交通示范区域‘十百千工程’，打造10个绿色循环低碳交通示范省区、100个绿色循环低碳交通示范城市、1 000个绿色循环低碳交通示范项目。到2020年，基本建成绿色循环低碳运输体系，为生态文明建设做出积极贡献。”

智能城市的一剂治病良方

2012生态文明贵阳会议举行了以“智能城市发展前景”为主题的智能城市建设论坛。在整个人类文明历程中，生态文明是低消耗、低污染、整体协调、循环再生、健康持续的文明形态；在工业、农业、服务业、基础设施建设等领域，实现信息化、网络化、智能化是建设智能城市的重要内容；智能城市的建设涉及多个领域，包括智能医疗、智能交通、智能城管、智能社区、智能教育、智能旅游等。但是可以看到，此次论坛上对智能城市的认识仍然处于起步阶段，嘉宾们对智能城市能够发挥出的能量尚未全面认识。时至今日，贵阳市如火如荼的智能城市建设为此带来了更加全面的诠释。

2013 年生态文明贵阳国际论坛年会期间举办了智能城市与绿色经济论坛，论坛针对未来城市生态系统在可持续性方面面临的巨大挑战、特别是大城市在空间上的扩张所带来的“大城市病”，探讨未来城市必须以智能化的手段赢得时间和空间，并经过“智能升级”应对全球城市发展中的人口膨胀、交通拥挤、环境污染、资源紧缺等问题，具有深远意义。

智能城市建设的目标是惠及大众，实现城市和谐可持续发展，实现智能城市的基础是智能服务产业，技术难关是跨部门的信息共享和大数据的分析和利用。目前，智能城市建设存在缺乏愿景目标分析和整体规划、对基础条件和面临的困难挑战缺乏足够认识、各城市间缺乏统筹协调等问题。智能城市的基础设施本质上就是大数据的基础设施，大数据能够催生新产业。

生态城市发展的根本保障

生态平衡是生物维持正常生长发育、生殖繁衍的根本条件，也是人类生存的基本条件。生态平衡遭到破坏，城市将无望实现可持续发展。

在以“全球气候变化下的灾害预防与预警”为主题的 2012 生态文明贵阳会议气候变化论坛上，嘉宾们围绕地球氮素生物地球化学循环与生态文明和社会发展、对我国 PM2.5 及其与雾霾天气的联系以及如何防治的思考、极端天气和气候事件的变化、气候变化条件下的山地灾害风险管理、社会气象意识等主题发表了演讲。在城市空气质量论坛上，嘉宾们意识到，空气污染问题是城市化和工业化进程中必然面对的问题；如何从环境学和气象学这两门学科交叉的视角出发，剖析城市群污染空间结构及其区域性大气污染相互影响问题，将是城市大气污染控制与对策研究关键目标之一。

在 2013 年生态文明贵阳国际论坛年会期间举办的湿地保护与绿色转型论坛上，参会嘉宾强调：“湿地面积减少、城市发展、环境补偿、政策支撑等是湿地保护领域的重要问题，要实施城市洪水管理、综合性的水源地管理策略，采取水源地保护、现代水处理技术、可靠的输送系统、专业培训、定期检测等多重保护措施实施管理。”

在 2014 年生态文明贵阳国际论坛年会期间举办的大都市饮用水源地保护论坛上，与会专家指出，“世界上 8 亿人缺乏安全饮水，12 亿人生活在水资源不能持续发展地区”，“世界人均水资源约为 2 100 立方米，我国不到世界平均水平的 1/3，水资源面临严峻形势”，“经济社会发展要考虑水资源承载能力，合理确定发展规模和速度，优化产业结构”。可以看出，专家们已经越来越关注生态平衡问题。

第十四章　塑造生态文明价值观，激扬绿色发展大智慧

党的十八大报告前所未有地把生态文明建设放在更加突出的位置，报告中有 29 次提到生态，12 次提到生态文明，明确将生态文明与经济、政治、文化、社会建设并举，形成“五位一体”的总布局，这是我党理论和实践上的一次飞跃，表明我国在科学发展的历史进程中进入一个崭新的生态文明时代。

倡导绿色理念，铸生态发展之魂

“天人合一”的生态发展观

在生态文明贵阳国际论坛上，各方专家学者在倡导生态文明发展理念、塑造生态文明价值观等方面积极建言献策，提供了很多内容深刻、值得借鉴的思路。其主要内容可概括为：首先，确立科学的价值观、财富观、消费观、发展观以及绿色道德观；其次，倡导社会各界

担负起自己的责任，树立良好的责任意识；再次，要注重生态教育，特别是从学校抓起。

全国政协原副主席郑万通曾指出：“生态文明不仅是传统意义上的污染控制和生态恢复，还包含了物质文明、精神文明、政治文明等多方面的内涵。生态文明理念下的物质文明致力于消除人类活动对自然界稳定与和谐构成的威胁，逐步形成与生态相协调的生产方式和消费方式；生态文明理念下的精神文明提倡尊重自然规律，建立人类自身全面发展的文化氛围，抑制人们对物欲的过分追求；生态文明理念下的政治文明，尊重利益和需求的多元化，协调平衡各种社会关系，实行避免生态破坏的制度安排。建设生态文明是全社会共同的理念，也是全社会共同的责任。要引导、维护、激励整个社会的生产生活方式向生态文明转型，不断提高公众的生态意识，倡导科学、节约、合理、适度的消费观念，使每一个人都成为生态文明建设的参与者、推动者和受益者。”

第十一届全国政协常委、全国政协人口资源环境委员会主任张维庆在《关于建设生态文明的思考》中指出：“生态文明是一种全新的思想观念。生态文明的价值观认为不仅人是主体，有价值；自然也是主体，也有价值。人类、自然共同作为宇宙的成员，具有相互独立又相互依存的运行轨迹。生态文明的财富观认为农业文明是以土地资产为主流的财富观，工业文明是以有形和无形资本为主流的财富观，而生态文明则是要求以‘绿色财富’为主流的财富观。绿色财富是指以资源安全、环境安全和社会安全为前提，有利于人与自然和谐发展的财富，具有生态性、和谐性、安全性、节约性和可持续性的特征。按照世界银行的新标准，绿色财富包括绿色人造资本、绿色自然资本和绿色人力资本。生态文明的消费观则要求扩大绿色文明发展空间，倡导绿色消费，要求消费无污染、质量好、有利于人类身心健康的产品，提供节能、环保、健康、安全、舒适的服务；要求转变消费观念、优化消费结构，形成生产、消费的良性循环；鼓励人们更加关注节约资源和保护环境，努力建设绿色家园。”

和谐相处的生态道德观

对于生态道德观，北京大学生态文明研究中心主任、教授陈寿朋就全球生态危机与生态道德问题的提出、我国生态道德的欠缺进行了分析，并对比阐明了传统生态道德文化和现代生态道德文化的区别。他认为，现代生态道德文化，是一种全新的道德意识，它与传统道德文化有着许多本质的不同。主要表现在5个方面：首先，传统道德文化认为，人与自然界是割裂的，是区别于自然界之外不同于自然界其他物种的特殊物种，是大自然的主宰；现代生态道德文化认为，人和自然界中其他物种一样，是自然界大家庭中的一员。第二，传统道德文化认为，只有人与人、人与社会之间才有道德关系，因此，也只有人才是目的，才能获得道德权利和道德待遇；现代生态道德文化认为，人与自然界的所有物种都有道德关系，因此，所有物种也同样应获得道德权利和道德待遇。第三，传统道德文化认为，生态系统和生态资源价值是无限的，因而人可以随心所欲地利用和获取自然界的资源价值；现代生态道德文化认为，自然界的资源价值是有限的，人类索取自然资源价值，必须控制在资源价值所允许的范围之内。第四，传统道德文化认为，发展只是经济的增长；现代生态道德文化认为，发展是包括人自身在内的物质、文化、政治、经济等各个方面的共同协调发展。第五，传统道德文化不关注和很少关注代际的道德关系；现代生态道德文化不仅关注而且必须处理好代际的道德利益关系。通过这一对比分析更加明确了现代生态道德文化的培育方向。

重在行动的生态教育观

针对生态文化教育，联合国教科文组织助理总干事、战略规划署署长汉斯·道维勒说道："当一个国家提供一种解决办法的时候，往往会受到文化差异的影响。因此，我们讲的所谓软实力包含多个因素，既有文化，也有教育。因此，生态文明的教育有多种多样的好处，它可以帮助人们改变自己的思维，改变自己的习惯和行为方式。这样就可以为我们提供一种新的标准，用生态文明的观点来培养教师，来教育和影响学生，让学生以更有效的方式来适应生态文明的发展。"大学生是祖国的未来，他们代表的就是这个国家的可持续发展的实力，是一股非常大的潜力，所以他们能够维持国家的长治久安，更能够促进国家综合实力的提高；而对于生态文明发展，他们又将会是主力军，倡导者、实践者，所以学校的生态教育非常重要。

国务院原副总理、第九届全国人大常委会副委员长姜春云用贵阳市的做法作为一个成功例子进行了分享："贵阳市狠抓生态道德文化建设，在全民倡导生态伦理、生态良心、生态正义和生态义务，努力把生态意识上升为全民意识，把生态文化上升为主流文化，收到了良好效果，形成了全民参与生态文明建设的可喜局面。全市生态文明志愿者达 36 万多人，占总人口的 9.09%，10 万公职人员承诺每年志愿服务不少于 48 小时。群众真正行动起来了，生态文明就会遍地开花。"贵阳市的这些做法很好地营造了生态文明发展的氛围，推动了绿色发展理念的泛化。

各司其职的生态责任观

社会各界在生态文明建设责任担当方面都有义不容辞的责任，无论是政府还是企业或者是个人都应该牢固树立责任意识，尽自己的责任。正如第十一届全国政协人口资源环境委员会副主任、中国环境科学学会理事长王玉庆所说："实现绿色转型需要政府、企业和社会组织合力推动。这三者缺一不可，需要三方各就其位、各司其职，又要相互配合、相互监督，形成合力。重要的是，三方面的努力都要坚持以人为本，把提高人民的科学素养和公民意识、建设和谐成熟的社会作为重要举措，让发展的成果惠及全体人民，实现中国老百姓共同富裕的伟大目标。"

在如何推动企业参与到生态文明并加强自我责任意识方面，北京商银信商业信息服务有限责任公司董事长兼首席执行官林耀认为："企业家作为国家的公民，也是国家的主人。在这种全球变革的环境下，企业家应该是共同去推动国家的、社会的可持续发展和经济建设，而不应该是埋怨、回避，去国外做义工、当观客。因此，应从生态文明论坛企业家的合作平台做起，打造一个企业家们能够共通、共享、共赢的平台，建立良好互动的政商关系，共同推动国家、社会可持续的绿色发展。"通过平台的建设和政商关系的良好互动，企业也会在发展的过程中不断增强自我责任意识。

肩负着生态教育的神圣使命，大学应如何发挥自己的教育科研与人才培养优势，从而提升大众的参与程度，北京大学校长、中国科学院院士周其凤认为："首先，大学应该成为可持续发展的典范，为社区做好表率，成为活的实验室，把学生的生活经历与教育经历有机地结合起来。其次，大学应努力创建跨学科的学术机制，将生态教育、科研与实践紧密结合，在实践中提高学生的领导能力、工作能力和解决问题的能力。再次，我们应积极寻求生态教育的有效合作机制。最后，我们应着力搭建跨地域、跨学科的高端平台，以传播生态知识和理念，积极促进大众参与。”

政策制度改革，为绿色发展护航

制度设计是生态文明建设最大的保障，将这个屏障做强做实，重在制度规划设计、政策制度改革、体制机制完善。在生态文明贵阳国际论坛 2013 年年会上，各方的脑力激荡给人留下深刻印象。

绿色规划的脑力激荡

专家们认为，出台一系列生态文明的政策制度，首先应该具备科学合理的发展观，还要注重民生问题，保护好人民的利益。

美国哥伦比亚大学地球政策研究所所长杰弗瑞 · 萨克斯针对构建可持续性发展的整体框架说道：“可持续发展就意味着我们需要制定一个全面的框架，这个框架就像是生态文明的目标一样，必须是非常全面的，它要有 4 个构成元素：一是经济发展，我们都需要持续的经济发展，这是我们的愿望；二是社会包容，也就是说，每个人都能从经济发展中受益；三是环境可持续性；四是善治，也就是政府、企业、民间社会的善政和良好的治理。”

全国政协原副主席，第十五届、十六届中央委员李金华把民生工作方在了更加突出的位置。"一切发展都是为了提高民众的幸福感和满意度，最终实现人的全面发展。我们应当坚持经济社会协调发展，在发展经济的同时，更加强调以人为本，更加重视社会建设，更加关注民生问题，不断做大社会财富蛋糕，努力建立覆盖全民的社会保障体系，着力解决教育、就业、医疗、养老、住房等民生问题，让更多的人享受发展带来的成果。""应当不断消除公民参与经济发展、分享发展成果方面的障碍，努力创造平等发展的环境、公平竞技的舞台，做到权利公平、机会均等、规则透明、分配合理，让发展的成果普惠大众尤其是弱势群体，让每一个人都能过上幸福、有尊严的生活。"

全国政协原副主席、中国工程院主席团名誉主席、中国工程院院士徐匡迪对于城市化的发展进行了深入的思考："总结我国城市化历程的经验教训，必须走资源节约型、环境友好型、具有中国特色的城市化道路。大中小城市将进一步优化组合，一批以大城市为中心的中小城市密集区将会在城市化进程中逐步出现。我国幅员广大，民族众多，文化积淀深厚，城市发展必须传承历史文化，切忌照搬照抄、千城一面。城市化要以科学发展观作为指导思想，循序渐进，统筹兼顾城乡共同发展。"

以上三者都以辩证、事物之间联系变化的观念来分析发展问题，而这种科学的观念正是做全面规划、制定政策制度所需要的。

政策法规的思维碰撞

除了整体规划和战略部署，在生态文明贵阳国际论坛2013年年会上，围绕制度建设和政策改革方面的问题，各方也提出了不少建议。

泰国副总理兼商业部部长尼瓦塔隆·本松派讪对泰国的成功做法中进行了经验总结："泰国成功履行绿色增长的关键在于要求主要产业部门及中央、地方政府之间实现有效的制度协调。政府相应地建立了一套有效的国有企业管理指导方针，并将其作为国家战略的重要部分，包括国有企业改革、法治建设、提高行政水平来增加透明度。该战略将分三个层级开展，以实现国家从中央、部委到地方通力合作，有效保持政治上的一致。"

全国政协人口资源环境委员会副主任解振华倡导要着力构筑促进节能环保产业发展的政策法规支撑体系，他认为："要强化法规标准监督和引领。通过严格标准、监督检查和强化执法，促使有关单位、企业节约资源和治理污染，为节能环保产业创造外部市场，催生相关环保产业发展壮大。包括落实节能目标责任制，强化节能环保评估审查，加大监督检查和严格执法力度，逐步提高重点用能产品能效标准，严格执行各项污染排放强制标准，修订氮氧化物、汽车尾气等排放标准。"

国家发展和改革委员会原副秘书长赵家荣在加快完善经济政策方面谈道："继续深化资源性产品价格改革，严格落实差别电价、惩罚性电价、脱硫电价，推进燃煤电厂脱硝电价试点，全面试行居民用电阶梯价格，加大财政资金对绿色发展的支持力度，引导社会资金投入，落实节能减排税收优惠政策，推进资源税改革，加快开增环境税，建立健全生态补偿机制。"

体制机制的观点交锋

构建高效的生态文明体制机制，加快推进生态文明建设，不仅对经济社会发展、提高人民群众生活质量有着重要意义，也关系到整个国家的生态安全。

国家环境保护部副部长、国家核安全局局长李干杰就构建生态文明建设指标体系，指导生态文明发展建议：“抓紧制定和完善生态文明建设指标体系，从而指导各地开展生态文明建设。在指标制定的过程中不仅考虑生态环境、生态意识、生态伦理、生态经济、生态文化、生态制度等因素，也将统筹考虑能全面反映绿色增长内涵的相关指标。”

全国政协人口资源环境委员会副主任周生贤根据“以建设生态文明为指导，积极探索中国特色环境保护新道路”这一主题提出：“探索中国特色环保新道路，必须加强制度建设，建立健全有利于环境保护的体制机制。解决环境问题，需要理论创新和实践创新，同样也需要制度创新，制度创新是理论创新和实践创新的中间载体和重要抓手。注重制度建设，构建高效的体制机制，是加强环境保护的一条鲜活经验。”

第十一届全国政协常委、全国政协人口资源环境委员会主任张维庆在《关于建设生态文明的思考》中说道：“建立健全生态文明建设的体制机制，主要是建立生态、资源、环境三大补偿机制。按照破坏者付费、使用者付费、受益方付费等原则，率先在森林、矿产资源开发、国家重点保护的野生动植物栖息地、自然保护区、重点流域及区域生态功能区等关键领域建立补偿机制，并积极推行市场化生态补偿。”

战略规划整体布局，制度及政策的改革实施需要一个过程，但即使进程慢，只要朝着好的方向迈进，就会推进社会发展的进程。而如果一成不变，没有向前推进，那么，不仅仅是对社会经济发展无益，更有可能会损害社会经济的可持续发展。各位专家针对不同的领域及方向提出的这些建议，在很大程度上明确了生态文明建设以后的改革方向，指明了发展道路。

学习先进经验，提升生态治理能力

良好的生态环境对于生态文明建设的重要性不言而喻，搞好生态建设，在开发建设中注重自然资源的保护，修复已经损害的自然环境等也是论坛代表们积极倡导的主要观点。

学习国外先进经验

在生态保护方面有着成功经验的瑞士值得很多地方学习，尤其是自然环境等各方面都与之较相似的贵州，更应该向其取经。在论坛上，瑞士联邦议会联邦院议长汉纳斯·格尔曼结合了瑞士开展生态保护的经验进行了分享："在瑞士，我们采取了内部多种企业之间合作的方式，实行更加清洁的生产，更好的废水处理，更加有效的能源管理系统、废气过滤排放系统，还有各种有可能影响到环境因素的检测系统。瑞士98%的住宅都已经连接到污水处理厂，在固体废物方面不再进行垃圾填埋，公共部门和企业界间的互动极为重要，我非常骄傲地告诉大家，政府已经出台了各种措施，采取了各种创新性技术，帮助瑞士进一步研发技术，促进可持续的环境发展和福利。"这些具体的环保做法，有效地帮助瑞士走好了绿色发展道路，贵州也应从这些方面着手，积极走向更为葱茏的绿色时代。

加大环境治理力度

除了国外的先进经验，国内的代表们也纷纷表达了自己对于生态保护与治理的观点。

赵家荣认为："首先要全面推进水源地环境整治，加强重点流域水污染防治，实施重点区域大气污染联防联控，做好城市细颗粒物的治理，加快城市环境基础设施建设，推进农业面源污染防治，加大土壤和重金属污染治理力度，全面推行清洁生产，大力发展环保产业。同时也要保护修复后的生态环境。大力推动植树造林，加强草原保护和合理利用，推进防沙治沙和防治石漠化，治理水土流失，开展湿地恢复与综合治理，保护海洋生态，加强生物多样性保护，开展生态建设重点地区综合治理，构建生态安全屏障。再次，积极应对气候变化。通过节能提高能效、优化能源结构、增加森林碳汇等多种手段，有效控制温室气体排放，加快适应气候变化，特别是应对极端气候变化能力建设。开展低碳省市试点示范，推进碳排放权交易试点。"

在针对治理荒漠化及水土流失方面，国家林业局局长赵树丛建议："通过加快现代林业建设步伐，为建设美丽中国做出我们应有贡献。这里有'四条线'可供选择：一是划定红线。根据国家主体功能区的要求来优化国土空间布局。瑞士就划定了红线。我国也要划定红线，确保有森林又有湿地，确保有基本的自然生态存在基础。二是守住底线。树立保生态就是保民生的理念，把确保人民的基本生态需求作为我们的底线。三是补足短线。就森林建设来讲，西部要尽快绿起来，东部要尽快好起来。四是建设长线，要建立有利于自然生态恢复发展的法律法规，弘扬生态文化。通过生态文化的弘扬使生态文明理念深入人心，也使全国动员、全民动手和全社会方针落到实处。"

搞好生态文明建设

来自国内外政府与企业的代表们对于生态文明的建设纷纷畅所欲言，他们的这些观点将会为自然保护，生态建设点亮明灯。

地球是人类唯一的家园，搞好自然生态保护就是维护人类共同的财产，全世界应该共同努力，应对生态保护问题。就如全国政协原副主席郑万通所说："在一个全球化的世界里，生态问题构成的挑战及其应对也应该是全球化的，这需要我们超越国家间的竞争，开展积极的合作，超越短期狭隘的经贸利益，谋求未来的共赢。"同时建议世界各国要把凝聚的共识转化为行动，转变为各国具体的战略部署和规划，要以更加开放、开明、开通的态度，打破技术壁垒，加快技术转让，共享合作成果。

财政部部长楼继伟认为："生态建设应该控制生产和使用中对生态环境的影响，加强循环利用，鼓励替代性使用，比如控制农业生产过程中化肥、农药等的污染。发展水能、风能、太阳能等绿色能源，加强安全监管和运营情况下的核能。希望所有国家的领导人都有远见卓识，因为环境问题是全球的问题，地球是我们共同的家园。"

绿色道路的顺利行走离不开我们每一个人。如今，生态文明贵阳国际论坛已经成功走过了 6 年的历程，层次逐步提升、规模不断扩大、影响力不断增强。更重要的是，来自世界各国的专家学者等代表们在会议上建言献策，打造了这一场场精彩的思想盛宴，构筑起了生态文明建设的重大智库。而在今后，相信通过这个平台能更好地进行思想碰撞，产生智慧火花，共同创造绿色未来。

第十五章　开启绿色发展新窗口，扩大生态文明话语权

连续 7 年，一以贯之，生态文明贵阳国际论坛打开了通向生态文明新时代的中国窗口，透过这扇绿意盎然的中国之窗，可以感受到从全国各地乃至世界各地吹来的生态文明之风，也能够以世界与历史的视角更加深入地思考人类的过去、现在和未来，为建设美丽中国汇聚生生不息的绿色智慧和力量。

生态贵阳，铸就绿色梦想

绿色是读懂当代中国的一个坐标，生态文明是认识当代中国的一个窗口。生态文明贵阳国际论坛每年通过的《贵阳共识》是中国的绿色好声音的传递，是中国的生态大智慧的结晶。

找寻必由之路

围绕处理经济发展和生态保护的关系，促进经济社会可持续发展，构建人与自然和谐相处的生态文明，2009年，第一届生态文明贵阳会议达成的《贵阳共识》认为，生态文明是人类社会发展的潮流和趋势，不是选择之一，而是必由之路。生态兴则文明兴，生态衰则文明衰。以高投入、高能耗、高消费、高污染为特征的工业文明在物质生产取得巨大发展的同时，对地球资源的索取已超出了合理范围，对生态环境的破坏已达到临界状态。当前各类自然灾害呈增加趋势，特别是气候恶化已对人类社会和自然生态系统构成严重威胁，严重影响人类可持续发展的进程。保护自然资源和生态系统因此显得尤为迫切。

应对气候变化是后危机时代国际社会面临的重大机遇和挑战。2010年，第二届生态文明贵阳会议达成的《贵阳共识》认为，应对气候变化、生态环境恶化趋势，与其坐而论道，不如起而行之。要从当前的事情做起，从能够做到的事情做起，立即把凝聚的共识落实到行动上，让生态文明走进楼宇，走进社区，走进车间，走进田野，渗透到每一个角落，深入到每一个人的脑海，不仅把生态文明作为一种理念，而且要作为一种行动指南，作为一种道德标准。《贵阳共识》倡议要把环保投入加大到足以加快扭转生态环境恶化趋势、消除生态赤字、达到良性循环的幅度；大力发展低碳经济、循环经济、绿色经济；积极推动绿色消费；大力发展绿色科技。

实现共同选择

绿色发展已成为世界各国摆脱困境、度过后金融危机时代、合力解决气候变化问题的共同选择。2011 年，第三届生态文明贵阳会议达成的《贵阳共识》提出，在现代化进程中，要坚持以生态文明理念引领经济社会发展，引领工业化和城镇化，构建符合生态文明要求的产业结构、增长方式和消费模式，实现新型工业化与生态文明建设互动双赢，做到既尊重自然、保护自然，又合理开发、永续利用自然资源。要立足国内、面向国际进行战略思考和综合研究，推动我国绿色、生态可持续发展的理念、技术、政策、措施与国际发展趋势相对接，确定现阶段我国绿色发展的方向和目标。坚持把建设生态文明、推动可持续发展作为一项长期战略。机制上，加快节能环保标准体系建设，建立“领跑者”标准制度，促进用能产品能效水平快速提升等。政策上，重点理顺资源性产品价格，完善污水和垃圾收费政策，深化政府推广高效节能技术和产品的激励机制。技术上，加快低碳技术开发和推广应用。行动上，大力开展生态修复、生态治理活动，带动更多人关注生态环境保护。

绿色转型与包容性增长本质都是寻求经济与社会协调、可持续的发展。绿色转型与包容性增长，相互关联、相互促进。2012 年，1 200 余位来自国内外的学者、政府官员和企业家围绕“全球变局下的绿色转型与包容性增长”的主题，分别就绿色转型与绿色就业、绿色食品安全、生态城市与包容性增长等方面内容展开深入讨论，并达成《贵阳共识》。与会专家一直认为，通过绿色转型实现绿色发展，可以做出高品质的财富蛋糕，为社会分享成果打好物质基础。坚持包容性增长并实现社会财富的公平分配，可以有效地提高民众的幸福指数，凝聚各方力量参与绿色转型，实现绿色发展。要实现绿色转型与包容性增长，应当坚持把加快发展作为第一要务，打牢生态建设与环境保护的物质基础，增加社会财富，改善人民生活水平，维护社会和谐稳定，在更高层次上实现对生态环境的保护；应当探索绿色经济的有效模式，注重建设低投入、高产出，低消耗、少排放，能循环、可持续的经济体系，注重培育绿色生产方式和消费模式，注重生态建设和环境保护；应当遵循以人为本、公平公正的发展理念，突出人与自然和谐相处，促进人人平等获得发展机会，实现经济增长、人口发展和制度公平三者之间的有机统一。

承担共同责任

保护生态环境，应对气候变化，维护能源资源安全是全球面临的共同挑战。当今世界，地球变暖已经日益严重地威胁着人类生产发展，人类所消耗的资源对环境造成的破坏已经远远超出地球的自我修复能力。首次上升为国家级、国际性的生态文明贵阳国际论坛2013年生态文明贵阳国际论坛年会达成的《贵阳共识》认为，必须找到经济发展和生态环保之间的平衡，采取一种更宜于环境保护的生产方式、生活方式，彻底摒弃“先污染，后治理”的传统工业化思维模式，走出一条既不破坏生态，又能让人们过上美好生活的共赢发展新路，给未来世界留下一个宜居的地球。面对能源资源危机和气候变暖、环境破坏，任何一个国家或地区都应该顺应历史潮流，承担共同但有区别的责任，履行共同但有区别的义务，建议把生态文明建设的议题纳入联合国后2015年的发展议程，深入开展生态文明领域的交流合作，共同应对气候变化、促进可持续发展，以造福世界人民和子孙后代。

人类只有一个地球。生态文明源于对发展的反思，也是对发展的提升，事关当代人的民生福祉和后代人的发展空间。保护生态环境、促进绿色发展是各国利益的汇合点。2014《贵阳共识》认为，人与自然的关系是永恒话题，人类与自然共同组成世界。人类与自然和谐相处是人类社会可持续发展的必要条件。因此，人类应该给予自然足够的关怀和尊重。与会者意识到，发展经济和保护生态环境是可以实现共赢的。走向生态文明新时代离不开坚定的信念、科学的制度和脚踏实地的行动，需要政府、企业、公众同心奋进。社会各方前来分享智慧、理念与实践，参与未来更多务实、落地的项目，全球携手，一定会迎来生态文明新时代的曙光，共同建设一个人与自然和谐相处、各民族相濡以沫的繁荣祥和的地球。

生态贵阳，拥抱绿色未来

一个国际性的高端论坛与一个城市直接联系在一起，这在世界上是不多见的。生态文明贵阳国际论坛，让贵阳这个西部欠发达城市站在了世界生态文明的浪尖。

大踏步走向国际化

生态文明贵阳国际论坛被冠以贵阳之名，是贵阳人民的荣耀。7年来，论坛立足贵阳、扎根中国、面向世界，既展示了贵州、贵阳的生态实践，又宣传了中国的生态文明建设。在这一绿色盛宴上产生的《贵阳共识》更是向世界展示了生态文明的无穷魅力，发出了推进生态文明建设的“中国声音”，展示了加快绿色发展的“中国行动”。论坛有效树立了中国在面对全球性问题时高度自觉和负责任的大国形象，成为中国生态文明建设的对外交流窗口。

在《贵阳共识》的倡导和引领下，中国将更加自觉地推动绿色发展、循环发展、低碳发展，为子孙后代留下天蓝、地绿、水净的生产生活环境。同时，《贵阳共识》还深刻阐述了中国生态文明建设的内涵、理念、意义、基本国策，让国际社会进一步了解和认识到中国建设生态文明的现实性和必要性，必将对推进全球生态文明建设产生重大而深远的影响。

生态之花绽放，让贵阳这座城市的发展进程、精神气质和外在形象因此发生了深刻变化。贵阳人民是论坛的见证者、参与者，也是最大的受益者。通过这个论坛，把中国西部的贵阳直接推向了世界的最前沿，让贵阳第一次有机会真真切切与世界拥抱在一起，大踏步走向国际化。

大踏步引领绿色化

自 2000 年起，贵阳市就开始探寻生态发展之路，积极推进生态文明建设，经过 14 年来的努力探索和快速发展，成为全国生态文明建设中的一颗明珠，成为引领中国绿色化的一个标杆。

出台全国首部循环经济地方性法规。2004 年 11 月 1 日，《贵阳建设循环经济生态城市条例》正式施行。这是我国第一部循环经济方面的地方性法规。作为国家环保总局确认的全国第一个“循环经济型生态城市”，贵阳以法律的形式明确了城市发展循环经济的总体原则，在全国引起了广泛关注。

成立全国首家环保法庭。2007 年 11 月 20 日，贵阳市中级人民法院环境保护审判庭和清镇市人民法院环境保护法庭同时挂牌成立，这是全国首家环保法庭。贵阳也因此成为全国首个运用法律手段保护饮用水源和森林资源、为建设全国生态文明示范城市提供司法保障的城市。

诞生全球第一个示范村。2009年首届生态文明贵阳会议召开期间，英国前首相托尼·布莱尔与壹基金发起人李连杰在贵阳启动了“太阳能LED（发光二极管）照明千村计划”，花溪摆贡村成为该计划在全球的第一个示范村庄。

组建全国首个生态文明委。2012年11月27日，贵阳市生态文明建设委员会挂牌成立。负责统筹和协调全市生态文明建设，增强了生态文明建设的整体性、系统性，使生态文明建设有了更有力的统筹领导机构和更科学的顶层制度设计。

获批首个全国生态文明示范城市。2012年12月17日，国家发改委批复了《贵阳建设全国生态文明示范城市规划（2012~2020）》。这是国家发改委审批的全国第一个生态文明城市规划。

2014年6月5日，国家发改委等六部委印发了《贵州省生态文明先行示范区建设实施方案》。其主要目标是：到2020年，贵州省成为资源能源富集、生态环境脆弱、经济欠发达地区转型发展和绿色崛起的先进典范。

生态文明贵阳国际论坛，让外界更加清楚地了解贵阳在生态文明建设方面进行的探索，更加清楚地了解近年来贵阳生态文明建设取得的这些成就，更加清楚地了解贵阳在经济社会发展方面的新理念、新思想、新作为。同时，通过这个论坛，贵阳如饥似渴地学习最先进的生态文明知识、理念和体制机制，广泛开展生态文明技术合作，大力引进生态文明建设资金，落地了一大批生态文明建设项目，在治理空气、河流以及城市垃圾、污水等方面取得了明显成效。现在，贵阳的空气是好的，水是干净的，森林覆盖率是逐年上升的。通过这个论坛，贵阳的市民感受生态文明，参与生态文明，享受生态文明，生态理念和观念都得到极大提升，将生态文明变成自觉行动，使生态文化成为贵阳的主流文化。这种生态自信和生态自觉是贵阳建设生态文明的永久动力和强大支撑。

生态贵阳，照亮绿色时代

生态文明建设关系人民的福祉，关乎民族未来。各方必须共同努力，生态文明建设关系全人类的福祉和未来，绿色梦想不只是中国的，更是世界的；不只是政府的，更是每个人的；不只是未来时，更是现在进行时，建设生态文明人人有责，人人有权。

与全球携手

如果放在15年前，让一国做出减排承诺还非常困难，但现在，大多数国家都在全力推进节能减排。“我们没有B计划，人类必须协同合作，共同面对。”2015年11月底，第21届联合国气候变化大会将在巴黎举行，这将是在一定程度上决定人类未来命运的会议。“民众意识的觉醒”是本届气候大会成功的基础。回望过去，全球生态文明建设只是名义上属于全球。尽管发达国家阶段性成功地克服了它们的环境问题，但在其环境实践中，没有，也不可能包括当时正处于工业化早期的众多发展中国家。之所以说“没有”，是因为上述理论和政策实践都有着严苛的限制条件，譬如市场化、中高收入的发展阶段等。彼时，发展中国家显然都不具备这些条件。因此，即使此前的全球生态文明的实践是公开的、透明的，也无法普及和扩散。之所以说“不可能”，是因为发达国家在主观上没有让生态文明惠及全球的想法。相反，它们迫切希望发展中国家降低其环境管治水平，以有利于将相关污染型资本和产业进行国际转移。

现在，走向全球生态文明新时代，就是全球携手来共同应对，通过建立一种全球普惠的文明形态，真正夯实生态文明的全球基础，从而使得生态文明上升到足以与农业文明、工业文明等全球不同阶段文明实质相匹配的地位。

生态文明贵阳国际论坛正是这一惠及众生的文明形态的体现和施行，其核心成果《贵阳共识》的不断丰富和深化关系着全人类的福祉和未来，也孕育着世界发展的历史性机遇。《贵阳共识》的不断深化和完善不仅为跨领域、跨行业、跨部门、跨国界深度合作共赢搭建了一个重要桥梁，也将有力推动全球可持续发展和治理体制建设；通过深入开展区域间绿色发展的交流与合作，使生态文明建设的路径更加清晰，信心更加饱满，为全球发展绿色产业、绿色城市和绿色消费破题，建立更多的合作平台和渠道，推进生态文明全球化一体化。

与世界相约

迈向生态文明新时代是时代的呼唤，也是人民的期盼。毋庸讳言，环境保护、污染治理不可能一蹴而就，生态文明建设注定是一场持久战、攻坚战。当前和今后一个时期，中国把生态文明建设作为“五位一体”的总体布局，放在更加突出的位置，是对人类文明发展潮流的主动引领，是对我国改革开放以来发展实践的深刻总结，是对中国特色社会主义建设规律认识的重大升华，是对人民群众生态诉求日益增长的积极回应，具有极为重大的现实意义和深远的历史影响。

迈向生态文明新时代，各方必须共同努力。保护地球家园、促进可持续发展，加强生态文化建设，需要政府、企业、社会的共同努力。无论家庭还是社会，无论官方机构还是非官方群体，无论学校还是大众传媒，都应当各尽其能、各负其责，共同建设生态文明新家园。

迈向生态文明新时代，必须全球紧密携手。人类只有一个地球，面对全球性的环境挑战，建设生态文明需要世界各国齐心协力，集体行动。各国都应更积极、更深入地参与到可持续发展进程当中，认真执行有关国际环境协议，承担“共同但有区别的责任”，坚持同舟共济，携手应对气候变化、生态安全等重大问题，共同呵护人类赖以生存的地球家园。

从 20 世纪 80 年代末联合国环境规划署和世界气象组织成立气候变化政府间会议，到 1994 年 3 月 21 日世界上第一个为应对全球气候变暖给人类经济和社会带来不利影响的《联合国气候变化框架公约》正式生效，减少温室气体排放，减少人为活动对气候系统的危害，减缓气候变化等就成为我们共同的目标。气候问题的妥善解决标志着一个国家的“气候领导力”。2014 年 12 月，利马气候大会通过的《气候变化框架公约最终决议》为 2015 年应对气候变化全球协议制定了基本框架，也让中国更加认识到气候外交的重要性。生态文明贵阳国际论坛第一次确立了中国的绿色领导力、生态文明话语权。

当然，这个生态论坛绝不只属于贵阳，更属于贵州、属于中国、属于世界。通过这个平台，实现生态文明知识的分享、智慧的碰撞、经验的交流，最终普及生态文明理念、推动生态文明实践，其贡献最终是对全人类的贡献。

从绿色读懂中国

30 多年的改革开放让中国发生了翻天覆地的变化。中国已然是世界第二大经济体，中国已然成为全球最大外国投资目的地，同时，中国已经发展成为全球最大的互联网市场。但所有这些似乎还不足以说明中国已经发生和即将发生的变化。

当前中国最大的变化是什么？答案有很多，改革、法治、民生，不同的历史阶段会有不同的特点。但从关系人民福祉、关乎民族未来，甚至事关“两个一百年”奋斗目标和中华民族伟大复兴中国梦的实现的角度看，答案只有一个，那就是生态文明建设。

绿色是读懂当代中国的一个坐标，生态文明，是认识当代中国的一个窗口。

党的十八大以来，习近平总书记 60 多次谈到生态文明问题。2014 年 5 月由中共中央文献研究室编辑的《习近平关于全面深化改革论述摘编》里就有很多关于生态文明的论述，很多是第一次公开发表的。其中就有一段谈到，如果仍是粗放发展，即使实现了国内生产总值翻一番的目标，环境污染的代价要远远大于经济增加的价值。届时资源环境恐怕完全承载不了。想一想，在现有基础上不转变经济发展方式实现经济总量增加一倍，产能继续过剩，那将是一种什么样的生态环境？经济上去了，老百姓的幸福感却大打折扣，甚至产生强烈的不满情绪，那将是什么形势？所以，我们不能把加强生态文明建设、加强生态环境保护、提倡绿色低碳生活方式等仅仅作为经济问题，“这里面有很大的政治问题”。

绿色新政要“走心”

绿色，是一种价值观的凝结；绿色新政，是国家顶层设计的重大战略。这既与我们对“为发展而付出环境代价”的经验教训的反思有关，更与国家未雨绸缪良性循环发展的战略目标相连。

虽然中国传统文化中饱含“天人合一”的思想，体现为人们的一种基本的思维方式。但面对利益的诱惑和无止境的欲望的驱使，“人定胜天”还是后来居上，膨胀到了极致。虽然恩格斯早就警告：“我们不要过分陶醉于人类对自然界的胜利。对于每一次这样的胜利，自然界都对我们进行了报复。”其实，这句话不过是采取了一种让大部分人类能够听懂并且认同的表述方式，也许他真正想说的是：在自然面前，人类何曾有过真正的胜利可言？自然也从来不必报复人类，一切都是人类自食恶果。正像户外骑行的驴友们常说的那样：“大自然稍一动容，人类将交出全部。”

绿色化的价值观要从细节上一点点筑牢，要让“绿色化”随处可见、随时可为，生态文明才会真正入脑入心。尽管环保宣传画很精致，但是垃圾桶上分类标识却模糊不清，又怎能让人明明白白地环保？人人都知道开车污染环境，可是大排量汽车的广告仍然铺天盖地，新能源汽车的补贴却又如杯水车薪，人们又怎么会心甘情愿地改变出行方式？要让“绿色化”融入主流价值观，就必须让绿色理念成为生活中的主流，通过细节的反复提示，在脑海里打上价值观的烙印。

绿色新政是“坐标”

生态文明，绿色新政，是认识中国、读懂中国的新坐标。党的十八大首次将生态文明建设纳入社会主义建设事业“五位一体”总布局，习近平总书记在阐述中国梦时做出了建设“美丽中国”的庄严承诺。李克强总理则将生态文明这个“绿色芯片”植入了中国经济“升级版”。日前，中共中央、国务院正式公布《关于加快推进生态文明建设的意见》。这是继党的十八大和十八届三中、四中全会对生态文明建设做出顶层设计后，中央对生态文明建设的一次全面部署，“新四化”全面升级为“新五化”，绿色新政成为中国生态文明的新常态。

绿色化、绿色新政顺应了整个社会从“求生存”到“求生态”，从“盼温饱”到“盼环保”的发展趋势，回应了人民群众对干净水质、绿色食品、清新空气、优美环境等比以往任何时候都更为迫切的生态需求。让“生态兴则文明兴，生态衰则文明衰”，“保护生态环境就是保护生产力、改善生态环境就是发展生产力”等理念深入人心。从“用绿水青山去换金山银山”，到“既要金山银山，也要绿水青山”，再到“绿水青山本身就是金山银山”，生态文明正在成为当代中国最重要的一种价值认同和心灵纽带。

绿色新政贵在行

绿色新政真正“走心”和“过脑”，还要抓“关键少数”。当前有关生态文明的呼吁和号召并不少，社会共识也已基本形成，但在实实在在的利益面前，无论怎样刚性的原则，似乎都可以“通融一下”、“打个折扣”。尤其是一些地方政府，平时乐于做出重视环保的姿态，更善于在记者的镜头前摆出与污染势不两立的架势，但他们一碰到GDP就原形毕露。要改变这一现状，就得对政绩考核体系做出修改与完善，科学认识发展的内涵，合理评估GDP中的绿色占比，同时用业已取得的发展成果反哺环境欠账，逐步消化转型阵痛。当地方政府言行一致，不再留有说一套、做一套的腾挪空间，潜移默化，绿色化的价值观才能真正得到认可，绿色新政才能转化为绿色发展的成果。

有了理念，行动才能跟上。理念到位，措施才能有力。无论是生产方式还是生活方式，“绿色化”都将是未来最主要的特点和趋势。处理好人与自然的关系，使经济社会发展建立在资源能支撑、环境能容纳、生态受保护的基础上，使青山常在、清水长流、空气常新，让人民群众在良好生态环境中生产生活。因此，生态文明建设不仅仅局限于种草种树、末端治理，更在于发展理念、发展方式的根本转变，涉及经济、政治、文化、社会建设方方面面，并与生产力布局、空间格局、产业结构、生产方式、生活方式，以及价值理念、制度体制紧密相关，是一项全面系统的工程，是一场全方位、系统性的绿色变革，必须人人有责、共建共享。

马克思曾说过：“自然界，就它自身不是人的身体而言，是人的无机的身体。”生态文明建设也好，绿色化也好，归根结底是人类如何与自然界进行和解，如何合理地调节人与自然之间的物质变换。当“绿色化”成为一国之价值理念，并贯通于上至国家，下至经济体，以及每个公民的心中时，它就会内化为所有人和组织的自觉，外化成自然而然的实际行动。只有真正“像保护眼睛一样保护生态环境，像对待生命一样对待生态环境”，才能凝聚起最广泛的生态共识，并汇集为最强大的生态合力。